MIT
ZÄHNEN UND
KLAUEN

David Macdonald

MIT ZÄHNEN UND KLAUEN

LEBEN UND ÜBERLEBEN DER RAUBTIERE

Aus dem Englischen von Andreas Held

Bildquellen

Ardea Seiten 29, 39 (Joanna van Gruisen), 66 (Y. Arthus-Bertrand), 93 (John Daniels), 100 (Clem Haagner), 102 (Stefan Meyers), 119 (Clem Haagner), 168–9 (S. Roberts), 188–9 (Jack A. Bailey), 220 (Joanna van Gruisen) und 229 (Clem Haagner); **Stuart Brooks Animation** Seiten 12–13, 16–17, 18, 19, 20–21, 25, 52 (*oben drei*), 52–3, 54, 55, 56, 79, 82, 83, 96–7, 120, 127, 129 (*oben*), 130, 148–9, 161, 162, 183 und 184–5; **Bruce Coleman** Seiten 30 (Carol Hughes), 31 (Rod Williams), 45 (Günter Ziesler), 151 (Bob & Clara Calhoun), 152 (Hans Reinhard), 154 (Hans Reinhard), 157 (Rod Williams), 175 (Gerald Cubitt), 181 (Wayne Lankinen), 206–7 (Kim Taylor) und 212 (Erwin & Peggy Bauer); **DRK** Seite 46 (Stanley Breeden); **4:2:2 Videographic Design** Seiten 22, 24, 27, 52 (*unten*), 53, 58, 59, 63, 125 und 129 (*unten*); **Steve Kaufman** Seite 89; **Richard Matthews** Seiten 142–3; **Gus Mills** Seiten 137 und 139; **NHPA** Seiten 70 (Gérard Lacz), 2 und 73 (Anthony Bannister), 84 (Orion Press), 112–13 (Martin Wendler), 132 (Anthony Bannister), 160 (Andy Rouse), 200–1 (Stephen Krasemann), 204 (Anthony Bannister), 223 (Anthony Bannister) und 245 (Peter Johnson); **Oxford Scientific Films** Seiten 32 (Animals Animals/Mickey Gibson), 35 (Doug Allan), 48–9 (Animals Animals/Marty Stouffer Productions), 61 (Owen Newman), 67 (Rafi Ben-Shahar), 81 (Partridge Films/Jim Clare), 85 (Konrad Wothe), 115 (Tom Ulrich), 153 (Animals Animals/C. C. Lockwood), 186 (Tom Ulrich), 194–5 (Lon Lauber), 226–7 (David Macdonald), 231 (Animals Animals/E. R. Degginger), 234 (David Macdonald) und 240–1 (David Macdonald); **Planet Earth Pictures** Seiten 65 (Richard Matthews), 99 (Jonathan Scott), 101 (Jim Brandenburg) und 109 (Richard Matthews); **Philip Richardson** Seite 124; **Claudio Sillero** Seite 105; **Survival Anglia** Seiten 57 (Bruce Davidson), 122 (Alan Root), 156 (Alan Root) und 198 (Jeff Foott).

Die Deutsche Bibliothek – CIP-Einheitsaufnahme

Macdonald, David:

Mit Zähnen und Klauen : Leben und Überleben der Raubtiere / David Macdonald.

Aus dem Engl. von Andreas Held. – Köln : vgs, 1995

Einheitssacht.: The velvet claw <dt.>

ISBN 3-8025-1291-X

By arrangement with BBC Books, a division of BBC Enterprises Ltd.

Umschlaggestaltung: Papen Werbeagentur, Köln
Umschlagfoto: TCL/BAVARIA
Lektorat: Marcus Reckewitz, Bonn
Herstellung: Wolfgang Arntz
Satz: ICS Communikations-Service GmbH, Bergisch Gladbach
Druck: Butler & Tanner, Frome und London
Printed in England
ISBN 3-8025-1291-X

Inhalt

Für
Jenny, Ewan, Fiona und Isobel

VORWORT UND DANKSAGUNG

Wissenschaft basiert auf Zusammenarbeit. Die Studien eines jeden Forschers sind angereichert mit unzähligen Fakten und Zahlen, die eine Vielzahl von Kollegen gesammelt haben, und bestimmte Ideen werden oft von unterschiedlichen Wissenschaftlern unabhängig voneinander entwickelt. So erhielt auch ich, als ich dieses Buch und die begleitende BBC-Fernsehreihe schrieb, Anregungen durch die Arbeiten und Ideen von Hunderten von Kollegen. In Fachpublikationen erkennen Biologen diese Schuld gewöhnlich an, indem sie die Namen derjenigen anführen, denen jeweils eine bestimmte Beobachtung zuzuschreiben ist. In einem für interessierte Laien geschriebenen, populärwissenschaftlichen Buch wird darauf jedoch übereinstimmend verzichtet, weil es nur verwirren würde, wenn der Text mit Namen und Anmerkungen übersät wäre. Daher kann ich zu Beginn nicht deutlich genug darauf hinweisen, daß die folgenden Seiten auf den Arbeiten einer ganzen Generation von Biologen beruhen, die sich mit Raubtieren beschäftigt haben.

Es würde mehrere Seiten füllen, all jene namentlich zu nennen, aus deren Werken ich zitiert habe. Im folgenden möchte ich jedoch wenigstens diejenigen anführen, deren Entdeckungen meine Arbeit ganz besonders bereichert haben. Ich kann nur hoffen, ihre Ergebnisse korrekt dargestellt zu haben.

D. Adams, William Akersten, Roland Albignac, Peter Apps, Ted Bailey, Melissa Bateson, Mark Bekoff, Brian Bertram, Don Bowen, C. K. Brain, G. Brandes, David Bruce, David Bygott, Lu Carbyn, Tim Caro, Colin Clarke, Tom Clarke, Anthony Collins, Laurie Corbett, Orin Courtenay, Scott und Nancy Creel, Tamar Dayan, Seán Doolan, Nigel Dunstone, Nichole Duplaix, Marion East, Sam Erlinge, Paul Errington, James Estes, Griff Ewer, John Fanshaw, Clare Fitzgibbon, George und Lory Frame, Laurence Frank, Eduardo Fuentes, Eli Geffen, Dennis Gilbert, Darren Gills, Michael Gilpin, Luc-Alain Giraldeau, John Gittleman, J. Gliwicz, Matthew Gompper, Martyn Gorman, Richard Goss, Chris Gow, Manfred Gutjahr, Ruth Harkness, David Henry, Pall Hersteinsson, Ray Hewson, Heribert Hofer, Maurice Hornocker, Giora Ilany, Fabian Jaksic, Susan Jenks, Charles Jonkel, Gillian Kerby, Kim King, Hans Kruuk, Karl Kugelschafter, Hugo van Lawick, Niles Lehman, Richard Leonard, Paul Leyhausen, Erik Lindström, Nick Lunn, Kathy Lyons, Barbara Maas, J. MacLean, Audrey Magoun, Larry Marshall, Dave Mech, John Messick, Gus Mills, Patricia Moehlman, Jan Nel, Ralph Nelson, Alan Newsome, A. J. Nicholson, Steve O'Brien, Peter Oeltgen, Nikita Owsianikow, Mark und

Dehlia Owens, Jane Packard, Craig Packer, Warner Passanisi, Rolf Petersen, Roger Powell, Anne Pusey, Leonard Radinsky, Anne Rasa, Philip Richardson, Lynn Rodgers, Jon Rood, James Russel, Bob Savage, George Schaller, Torbjorn von Schantz, Claudio Sillero, Michael Soulé, Ian Stirling, Frederick Szalay, Mitch Taylor, Blaire Van Valkenburgh, Denis Voigt, Peter Waser, Robert Wayne, Lars Werdelin, Chris Wozencraft und Yoram Yom-Tov.

Einige Freunde nahmen freundlicherweise zum Manuskript des gesamten Buches kritisch Stellung. Tamar Dayan, Joshua Ginsberg, John Gittleman, Gus Mills, Bob Savage, Blaire Van Valkenburgh, Robert Wayne und Lars Werdelin gelten auf ihren Fachgebieten als führend in der Welt, und so bin ich ihnen von Herzen dankbar für ihre Mühen, mich auf dem richtigen Weg zu halten. Andere begutachteten bestimmte Abschnitte und steuerten oftmals ihre eigenen, nicht veröffentlichten Beobachtungen bei: Tim Caro, Scott Creel, Laurence Frank, Kathy Lyons, James Malcolm, Roger Powell, Anne Rasa, Philip Richardson, Mikael Sandell, Claudio Sillero und Ian Stirling.

Bei der Fertigstellung dieses Buches wurde mir große Hilfe von Mitgliedern der Forschungsabteilung für Artenschutz der Universität Oxford zuteil: Laura Handoka, Clare Hawkins, Paul Stewart und Rosie Woodroffe arbeiteten unermüdlich, um für mich interessante Geschichten auszugraben. Die Arbeit an diesem Buch und die Produktion der Fernsehreihe »Mit Zähnen und Klauen« schritten Hand in Hand voran, und ich bedanke mich bei den Produzenten der BBC, Melinda Barker, Andrew Jackson, Chris McFarling, Paul Reddish und Paul Stewart, für ihre Unterstützung und ihre Loyalität. Auch danke ich dem leitenden Produzenten Mike Benyon für seine Einladung, dem Team anzugehören.

Dieses Buch wird zum 20. Jubiläum meiner beruflichen Beschäftigung mit Raubtieren erscheinen. Sie führte mich von Borneo bis nach Brasilien, von Südafrika bis nach Island, und auf der ganzen Welt genoß ich die Freundschaft von Naturforschern, die genau wie ich fasziniert sind von diesen Geschöpfen. Ihr Wissen hat mich beflügelt und jeglichen Wert, den dieses Buch haben mag, gesteigert. Seit 1977 ist meine Forschungsgruppe in Oxford die Heimat für eine Reihe von Raubtierenthusiasten: Peter Apps, Geoff Carr, Danielle Clode, Orin Courtenay, Scott Creel, Jack da Silva, Chris Dickman, Patrick Doncaster, Seán Doolan, Eli Geffen, Joshua Ginsberg, Dada Gottelli, Pall Hersteinsson, Heribert Hofer, Nick Hough, Gillian Kerby, Ian Lindsay, Malcolm Newdick, Warner Passanisi, Claudio Sillero und Rosie Woodroffe. Ihre Forschungsergebnisse schlagen sich — wie auch die meiner nicht an Carnivoren arbeitenden Studenten — auf den folgenden Seiten nieder, dazu gehören auch unveröffentlichte Erkenntnisse, für die ich sehr dankbar bin. An dieser Stelle möchte ich meinen Studenten danken, die mir wahrscheinlich mehr beigebracht haben als ich ihnen, und spreche jenen meinen herzlichen Dank aus, die zu Beginn meines eigenen Studiums um meine Ausbildung bemüht waren: dem verstorbenen Niko Tinbergen und Hans Kruuk.

Es soll den Dank an die anderen keineswegs schmälern, wenn ich hier betone, daß sich vor allem zwei Freunde um die Qualität dieses Buches und der begleitenden Fernsehserie bemüht haben. Paul Stewart und Lars Werdelin investierten in »Mit Zähnen und Klauen« drei Jahre lang zahllose Stunden und ihr umfassendes Wissen. Mir schaudert angesichts der Erkenntnis, vor welchen Irrtümern sie mich bewahrten.

David W. Macdonald

EINFÜHRUNG

Im Verlauf von 65 Millionen Jahren entwickelten sich aus eichhörnchengroßen Tieren, die Insekten nachstellten, alle modernen Raubtiere (Carnivora), von Bären, Hunden, Mardern und Kleinbären bis hin zu Katzen, Hyänen, Schleichkatzen und Mangusten. Einige Abkömmlinge starben auf diesem langen Weg aus, zum Beispiel die Säbelzahnkatzen, bärengroße Waschbären, katzenartige Hunde und gepardähnliche Hyänen. Dieses Buch versucht, rekonstruierte Bilder dieser Räuber mit detaillierten Forschungen über lebende Carnivoren zu verbinden, um herauszufinden, wie sich eine derart vielgestaltige Tiergruppe aus ein und demselben Ausgangsmaterial entwickeln konnte.

Die heutigen Raubtiere reichen vom Tiger bis zum Mauswiesel, vom Eisbär bis zum Fennek, die Palette variiert vom fleischfressenden Leopard bis hin zum bambusfressenden Großen Panda, mit jeder nur denkbaren Abstufung dazwischen. Unterschiede in der Ernährung und in anderen Aspekten hatten eine Vielzahl von Lebensweisen zur Folge, von in erster Linie solitär lebenden Tieren, bis hin zu jenen, die innerhalb einer Gruppe auf ausgeklügelte Weise kooperieren.

Dieses Buch erzählt zwei Geschichten — eine spielt in der Gegenwart, die andere in der Vergangenheit. Verbunden sind sie durch eine Reihe von Regeln, die heute genauso gelten wie vor Millionen von Jahren; Regeln, die die Verhaltensmuster mit den ökologischen Bedingungen verknüpfen und insbesondere mit den Ernährungsgewohnheiten. Das Sozialverhalten der Carnivoren stellt ebenso eine Anpassung an die herrschenden Bedingungen dar wie die Entwicklung von Reißzähnen und scharfen Krallen. Und da die Gemeinschaften der Raubtiere so ausgesprochen komplex sind, bildet ihr Sozialleben das Hauptthema dieses Buches.

Wovon sich ein modernes Raubtier ernährt, spiegelt sich in seinem Knochenbau wider und ganz besonders in seinen Zähnen. Die wissenschaftlichen Detektive, die den Fall der Carnivoren bearbeiten, haben jeweils ihre Spezialgebiete: Ökologen untersuchen die Zusammenhänge zwischen Ernährung und Lebensweise, Anatomen können einen Zahn wie eine Speisekarte lesen. Beweise findet man bei den lebenden Raubtieren: Die Zusammenhänge zwischen Zahnform, Nahrung und Lebensweise sind erwiesen. Von den schon vor langer Zeit ausgestorbenen Raubtieren verfügen wir zwar nur über fossilisierte Knochen und Zähne, aber diese liefern uns Hinweise auf deren Ernährung und somit auch auf ihr Verhalten. Es ist uns also möglich, von den Knochen aus der Vergangenheit auf eine bestimmte Lebensweise zu schließen.

Die fossilen Reste der ausgestorbenen Vorfahren der heutigen Carnivoren auszugraben ist die Aufgabe der Paläontologen. Eingehende Studien der fossilen Knochen ermöglichen es den Forschern, die Geschichte einer Abstammungslinie Stück für Stück zusammenzusetzen. Durch die Reihenfolge, in der die Fossilien in den geologischen Schichten auftreten, lassen sie sich zeitlich relativ gut einordnen. Eine Möglichkeit zur Altersbestimmung von Fossilien ist die Radiokarbonmethode: Weil ein Kohlenstoffisotop mit einer konstanten Rate zerfällt, kann man es wie eine Eieruhr verwenden, um Fossilien altersmäßig einzuordnen. Die Verwandtschaftsverhältnisse der heutigen Raubtiere lassen sich unter anderem von anatomischen Ähnlichkeiten ableiten, insbesondere durch die Analyse bestimmter Schädelknochen. Darüber hinaus entwickelten Biochemiker unlängst raffinierte Techniken, um die verwandtschaftlichen Beziehungen zwischen Arten zu ergründen und festzustellen, zu welchem Zeitpunkt sie sich von einem gemeinsamen Vorfahren abspalteten.

Um die Geschichte der Raubtiere zu verstehen, muß man die Evolutionstheorie von Darwin, insbesondere die Mechanismen der natürlichen Selektion kennen. Jedes Tier besitzt eine Ausstattung an Genen, die sozusagen den Bauplan dieses Individuums bilden. Über die Eizellen und Spermien werden die Gene an die Nachkommen weitergegeben. Mit jeder neuen Generation wird die genetische Ausstattung neu gemischt, und gelegentlich kommen durch Mutationen neue Merkmale zustande. Die genetisch an die herrschenden Bedingungen am besten angepaßten Individuen haben die größte Chance, zu überleben und ihre Eigenschaften weiterzugeben. Somit sind Arten also keine fixierten Gebilde: In dem Maß, wie sich die Bedingungen wandeln, ändern sich auch die zum Überleben erforderlichen Anpassungen.

Die Kräfte der freien Marktwirtschaft und die Kräfte der natürlichen Selektion in der Evolution haben vieles gemeinsam. Die Geschichte von den zwei Töpfern verdeutlicht dies: Ein Vater hinterließ seinem einen Sohn, dem Töpfer A, eine Gußform und seinem anderen Sohn, Töpfer B, eine Töpferscheibe. Beide stellten Töpfe her, aber A konnte sie mit seiner Gußform schneller und billiger erzeugen als B mit seiner arbeitsaufwendigen Töpferscheibe. So war B durch seinen Konkurrenznachteil bald am Rande des Bankrotts. Dann entdeckte Töpfer B, daß er mit seiner Scheibe auch Teller, Tassen, Schüsseln und eine ganze Reihe anderer Gegenstände anfertigen konnte, die A mit seiner starren Gußform nicht herzustellen vermochte. Indem er sein Produktangebot erweiterte, konnte Töpfer A neben Töpfer B im Geschäft bleiben. Einige Zeit später kamen Kunststoffgefäße in Mode, und der Markt für Tontöpfe brach zusammen. Das war eine Katastrophe für Töpfer A, der mit seiner Gußform nichts anderes erzeugen konnte. Töpfer B litt unter dem Verlust des Topfhandels, konnte aber nach wie vor seine Teller, Tassen und Schüsseln vermarkten. Somit überlebte Töpfer B, während Töpfer A sein Geschäft aufgab. Dann änderte sich die Mode wieder, und plötzlich waren Tontöpfe wieder gefragt. Töpfer B erkannte die Marktlücke und begann, mit seiner Töpferscheibe Tontöpfe herzustellen, wie er es auch früher schon getan hatte. Auf ähnliche Weise wird eine Linie A von hochgradig an eine bestimmte Nische angepaßten Tieren diese Nische effektiver nutzen können als Linie B mit ihren weniger spezialisierten Eigenschaften. Dies bedeutet aber nicht, daß Linie A in jedem Fall überleben oder daß B völlig verdrängt wird. Wenn sich Linie B auseinanderentwickeln kann, gelingt es ihr vielleicht, auch andere Nischen zu nutzen und so zu überleben. Willkürliche Veränderungen, wie sie analog zur Mode von Kunststoffgefäßen zum Beispiel Verschiebungen des Klimas darstellen, können sich negativ auf die Spezialisierung von A auswirken. Unter Umständen stirbt die Spezialistenlinie A daher aus, während die Generalistenlinie B überlebt.

Die Carnivoren schlugen viele verschiedene Wege ein, von denen keiner dem anderen übergeordnet ist. Ob jemanden die Größe des Kodiakbären, der »Daumen« des Großen Panda oder die Kleinheit des Mauswiesels mehr beeindruckt, ist eine Sache des persönlichen Geschmacks. Doch die Ehrfurcht vor der Geschichte der Raubtiere geht zwangsläufig mit der Befürchtung einher, daß ihr Auftritt auf der Bühne der Evolution vielleicht tragisch endet. Das Leben an der Spitze der Nahrungspyramide ist riskant, und viele der prächtigsten Raubtiere sind ernsthaft gefährdet.

KAPITEL 1

DIE REISSZAHN-CONNECTION

Dies ist die Geschichte der Raubtiere oder Carnivoren. Vom Mächtigsten bis zum Winzigsten stammen sämtliche Vertreter dieser Säugetiergruppe von einem gemeinsamen Vorfahren ab. Heute zählen sie rund 236 Arten, von denen zahlreiche bisher nur selten beobachtet und noch nie eingehend studiert wurden. Einige, wie der Eisbär, der Tiger und der Wolf, sind den meisten Menschen bekannt. Andere, wie der Kinkaju, die Fossa und der Erdwolf, sind in ihren Gewohnheiten für uns genauso geheimnisvoll wie ihre Namen. Manche schwimmen, wie die Otter, andere graben, wie die Dachse, und wieder andere klettern, wie die Marder. Einige kommen überall und häufig vor, wie die Waschbären, andere, wie der Afrikanische Wildhund, sind vom Aussterben bedroht, und manche sind besonders auffällig, wie die Skunks. Diese bemerkenswerte Vielfalt geht auf Entwicklungen zurück, die Millionen von Jahren währten, und ist größtenteils das Ergebnis von Anpassungen, die mit der Sicherung der Nahrungsgrundlage zu tun hatten.

Trotz des Namens Carnivora – »Fleischfresser« – ernähren sich nicht alle diese Tiere ausschließlich von Fleisch. Das Wort »Carnivor« kann man wie viele andere Begriffe allgemein oder als Eigenname verwenden. Man bezeichnet Tiere von Käfern bis zum Bussard als carnivor (mit kleinem »c«), weil sie sich von anderen Tieren ernähren. Zahlreiche Carnivoren (mit einem großen »C«) fressen Fleisch, andere jedoch sind Allesfresser (omnivor) und einer, der Große Panda, ist sogar ein recht strenger Vegetarier. Was die Carnivoren aber von allen anderen Säugetieren unterscheidet, ist, daß fast alle einen Satz scherenartig ausgebildeter Zähne besitzen, die sogenannten Reißzähne, mit denen sie Fleisch durchschneiden können. Wie in diesem Kapitel noch deutlich werden wird, war die Konstruktion dieser auch als Brechschere bezeichneten Zähne die entscheidende Grundlage für die Evolution der Carnivoren.

Fleisch zu fressen ist Luxus, und die Carnivorie kann mit einer sehr aufwendigen und risikoreichen Lebensweise verbunden sein, denn Beute zu schlagen ist schwierig und auch gefährlich. Aber Fleisch ist leichter zu verdauen als die viel häufiger vorkommende Pflanzenkost und ist überdies sehr nahrhaft. Daher haben Fleischspezialisten wie die Wildkatze und der Luchs einen Verdauungstrakt von nur vierfacher Körperlänge. Die omnivoren Füchse und Wölfe besitzen bereits Gedärme von fünffacher Körperlänge. Seeotter, die Muschelschalen verdauen müssen, haben einen Darm, der sogar zehnmal so lang ist wie ihr Körper.

Da Knochen schwer zu verdauen sind, produziert die Tüpfelhyäne in ihrem Magen ausreichend Salzsäure, um dieses schwerwiegende Problem zu lösen. Katzen können sogar willentlich erbrechen, um sich von stechenden Magenschmerzen durch Knochensplitter zu befreien. Pflanzenfresser besitzen eine Darmaussackung, das sogenannte Caecum (Blinddarm), um Pflanzen zu verdauen, die den fleischfressenden Carnivoren wie Katzen, Wieseln und Mangusten fehlt. Omnivore, wie Füchse, besitzen hingegen einen großen Blinddarm. Der eurasische Dachs ist vielleicht benachteiligt, weil er zu einem Allesfresser wurde, aber wie alle Marderartigen (Mustelidae) keinen Blinddarm aufweist.

Die Nahrungsgrundlage eines Carnivoren wirkt sich auch auf andere Aspekte seines Lebens aus, etwa auf sein Sozialleben. Manche Nahrung kann man teilen, andere nicht, manche Nahrungsquelle erneuert sich binnen Stunden, andere braucht Jahre, um sich wieder zu erholen, einige Beutetiere werden am effektivsten von einem einzelnen Tier erjagt, andere durch Zusammenarbeit in einem Rudel. Diese Unterschiede führten zu einer Vielzahl verschiedener Lebensweisen; und so reicht die Palette von Tieren, die überwiegend einzelgängerisch leben, bis hin zu Tieren, deren Überleben von der Kooperation mit ihren Artgenossen abhängt.

Man unterteilt die Carnivora gewöhnlich in acht Familien: die Ginster- und Zibetkatzen (auch Schleichkatzen, Viverridae, Kapitel 1), die Katzen (Felidae, Kapitel 2), die Hunde (Kapitel 3), die Hyänen (Kapitel 4), die Großbären (Ursidae, Kapitel 5), die Kleinbären (Procyonidae, Kapitel 5), die Marderartigen, wie Wiesel, Otter, Dachse und Skunks (Mustelidae, Kapitel 6) und die Mangusten (Herpestidae, Kapitel 7). Heute umfassen diese Familien alle terrestrischen »Gipfelräuber«, in der Vergangenheit jedoch nahmen sie weitaus niedrigere Positionen in der Nahrungspyramide ein. Die Carnivoren mußten sich erst von unten an die Spitze kämpfen – in einem 65 Millionen Jahre dauernden Wettlauf um die Krone der Räuber.

Um herauszufinden, wie die Carnivoren zu ihrer Vormachtstellung kamen, müssen wir 65 Millionen Jahre zurückgehen, bis zum Ende der Kreidezeit. Während der Kreidezeit waren die vorherrschenden Raubtiere Dinosaurier — eine Gruppe, die auch zahlreiche andere Nischen ausfüllte, und das seit 150 Millionen Jahren. Hätte es zu dieser Zeit schon Menschen gegeben, wären sie wohl schnell in Deckung gesprungen, wenn ein Rudel braungestreifter, zwei Meter hoher *Deinonychus* in einer wilden Verfolgungsjagd einem anmutigen, vegetarisch lebenden *Ornithomimus* nachgestellt hätte. Der Pflanzenfresser wäre wohl vergeblich vor den 70 Kilogramm schweren, fächerförmig hinter ihm ausschwärmenden Rudeljägern geflohen. Bei einem Ausweichmanöver wäre der erschöpfte *Ornithomimus* über einen *Deinonychus* gestolpert; dieser hätte in Kung-fu-Manier ausgetreten und ihm mit seinen krallenbewehrten Hinterklauen den Bauch aufgeschlitzt. Dann hätte er *Ornithomimus* mit seinen starken Zähnen gepackt, in hohem Bogen auf den Rücken geworfen und ihn dabei wie ein heutiges Wiesel mit seinen Vorderfüßen weggestoßen und mit seinen Hinterfüßen getreten, um so das um sich schlagende Beutetier auf Distanz zu halten. Nur einen Augenblick später wäre das Rudel der *Deinonychus* über die Beute hergefallen und hätte sie zerstückelt; danach hätte sich jeder zurückgezogen, um seinen Anteil für sich alleine zu verzehren.

Wie bei allen Rekonstruktionen prähistorischer Szenarien können wir nur mutmaßen. Wir können weder sicher sein, daß *Deinonychus* in Rudeln gejagt hat, noch, daß er durch braune Streifen getarnt war und wie ein Wiesel tötete. Aber das Grundgerüst der Geschichte ist wohl wahr, weil die Skelette von *Deinonychus* und *Ornithomimus* als

Fossilien erhalten sind und uns zeigen, daß der eine als Räuber und der andere als Beute lebte.

Die Dinosaurier sind für die Geschichte der Raubtiere von ausschlaggebender Bedeutung, weil ihr Massenaussterben vor 65 Millionen Jahren eine Welt für Lebewesen hinterließ, die bis dahin noch zurückgezogen gelebt hatten. Darunter waren auch kleine, spitzmausartige frühe Säugetiere, die in den feuchten tropischen Wäldern und Sümpfen heimisch waren und mit anderen Gruppen begannen, die freigewordenen Nischen auszufüllen: Einige wurden zu großen Pflanzenfressern, andere zu Allesfressern und wieder andere zu Räubern. Der Niedergang der Dinosaurier war das Startsignal für den Wettlauf zum »Gipfelräuber«.

Die Welt vor 65 Millionen Jahren sah gänzlich anders aus als die heutige. Die Landschaft ähnelte zwar manchen modernen tropischen Wäldern, aber die Lage der Kontinente war völlig anders. Es gab zunächst einen riesigen Kontinent, Pangaea, der vor ungefähr 136 Millionen Jahren begann, auseinanderzudriften. Die Umrisse der heutigen Kontinente zeigen noch, wie sie einmal zusammengesetzt waren: Die Ostküste Südamerikas schmiegte sich an die Westküste Afrikas, und Skandinavien war über Baffinland, Grönland und Island fest mit Kanada verbunden. Wann genau und in welcher Reihenfolge die Kontinente auseinanderdrifteten, ist umstritten; nach einer verbreiteten Ansicht teilte sich Pangaea zunächst in zwei Kontinente: in das nördliche Laurasia und das südliche Gondwana. Kurz danach, vor weniger als 130 Millionen Jahren, trennte sich Afrika zusammen mit Indien vom Südkontinent ab. Vor rund 60 Millionen Jahren spaltete sich Laurasia entlang des heutigen Nordatlantik und hinterließ in der Lücke Grönland. Nordamerika und Eurasien drifteten auseinander, um sich am anderen Ende der Welt wieder

Nicht alle Dinosaurier waren so schwerfällige »Dummköpfe«, wie sie oft dargestellt werden. Deinonychus *war ein geschickter Räuber und hat vielleicht in Rudeln Pflanzenfresser wie* Ornithomimus *gejagt.*

zu treffen, wo Alaska und Kamtschatka zeitweilig über eine Landbrücke durch die Beringstraße miteinander verbunden waren. Zur Zeit des Niedergangs der Dinosaurier waren Laurasia und Gondwana schon durch einen großen Ozean getrennt. Solange das nördliche und das südliche Reich getrennt blieben, entwickelten sich die Raubtiere in zwei separaten Linien.

Zum Zeitpunkt des Aussterbens der Dinosaurier war der Südkontinent die Heimat von drei Hauptgruppen von Säugetieren. Eine davon, die »Zahnarmen« oder Edentaten (hierzu zählen die Faultiere, Ameisenbären und Gürteltiere), zeigte keine Ambitionen zur Carnivorie. Ihr Name, der eigentlich »zahnlos« bedeutet, übertreibt die Angelegenheit ein wenig, weil diese Tiere mit Ausnahme der Ameisenbären durchaus Zähne besitzen, wenn auch nur einfache und oft sehr kümmerliche. Die zweite Gruppe, die Didolodonten, bestand nur aus Pflanzenfressern. Somit blieb es der letzten Gruppe vorbehalten, den Beuteltieren oder Marsupialia, die ersten großen Räuber unter den Säugetieren des Südens hervorzubringen. Heute reichen die Abkömmlinge dieser Geschöpfe von den Känguruhs bis zu den Koalas. Beuteltiere gebären im Vergleich zu Carnivoren, zum Menschen und zu anderen plazentalen Säugetieren ausgesprochen unreife Jungtiere. Manche, wie die Känguruhs, tragen ihre hilflosen Jungen in Beuteltaschen, während andere, wie die Opossums, sie einfach an die Zitzen festheften.

Die Marsupialia entstanden vor dem endgültigen Auseinanderbrechen von Pangaea in Nordamerika. Einige breiteten sich über Europa nach Asien aus; vor 25 Millionen Jahren jedoch waren die Beuteltiere des nördlichen Kontinents ausgestorben. Andere waren vor 100 bis 75 Millionen Jahren südwärts nach Gondwana gezogen. Ihnen erging es besser: Sie stießen in Gebiete vor, die später einmal Südamerika, Antarktis und Australien werden sollten. Der Vorfahre der Räuber unter den südlichen Beuteltieren war ein kleines Geschöpf mit einer langgezogenen Schnauze, großen Ohren und großen Augen. Er ähnelte wahrscheinlich einem kleinen Nordopossum, einem sehr erfolgreichen, rattenähnlichen Allesfresser des heutigen Amerika. Zu dem Zeitpunkt, als sich Südamerika vom Südkontinent abtrennte, war dieser Vorfahre weit verbreitet. Dann spalteten sich Australien und Antarktika mit ihrem jeweiligen Bestand an Beuteltieren ab. Antarktika driftete nach Süden und vereiste vor etwa 40 Millionen Jahren. Ganz sicher liegen tief unter dem Eis Fossilien seiner ehemaligen Fauna verborgen. Mittlerweile drifteten Australien und Südamerika als ziellose Archen für Beuteltiere über die südlichen Weltmeere.

In Australien und Südamerika entwickelten sich räuberische Beuteltiere in allen Formen und Größen. Bis vor wenigen Millionen Jahren gehörten die meisten südamerikanischen zu der Gruppe der sogenannten Borhyaeniden. Einen der am besten erhaltenen fossilen Nachweise hinterließ ein mittelgroßer Borhyaenide namens *Cladosictis* aus der Zeit vor 19 Millionen Jahren. Mit einer Länge von 80 Zentimetern sah *Cladosictis* eher wie ein heutiger Otter oder Marder aus und lebte in Patagonien. Auch wenn er mit den modernen Carnivoren nicht verwandt war, nahm *Cladosictis* ihre Erfindung spitzer Eckzähne und wie Scheren geformter Backenzähne vorweg. Wahrscheinlich jagte er sowohl zu Wasser als auch an Land, wie der Yapok (Schwimmbeutler) der Anden, ein Vertreter der modernen Familie der Opossums, die vor zwölf Millionen Jahren entstand. Der Yapok ist das einzige moderne Beuteltier, das an eine halbaquatische Lebensweise angepaßt ist. Seine Hinterfüße sind mit Schwimmhäuten versehen, und der Beutel der Weibchen öffnet sich nach hinten, ist durch einen Ringmuskel verschließbar und wird so während des Tauchens zu einer wasserdichten Kammer. Als der besser angepaßte Yapok entstand, trat er sicherlich in Konkurrenz zu *Cladosictis* um das semiaquatische Metier. Vor zwei Millionen Jahren schließlich erwiesen sich die Borhyaeniden gegenüber den modernen Opossums als Auslaufmodell der Evolution. Eine weitere Linie von räuberischen Beutlern führte zu unbeholfenen Sohlengängern mit schwerem Körperbau, die ihre Beute wahrscheinlich aus dem Hinterhalt überfielen. Einer davon war *Proborhyaena;* man kennt ihn nur von Teilen eines 60 Zentimeter langen Schädels — was in etwa der Schädelgröße eines heutigen Büffels entspricht.

Die räuberischen Beuteltiere beherrschten Südamerika 30 Millionen Jahre lang während des Eozäns und des Oligozäns, doch vor vier Millionen Jahren sahen sich viele von ihnen der Konkurrenz eines neuen Schlages von Räubern gegenüber — den Phororhacoiden oder »Donnervögeln«. Diese flugunfähigen Verwandten der heutigen Kraniche, Rallen und Trappen wurden bis zu drei Meter groß, besaßen furchterregend kräftige Beine und trugen mächtige, gebogene Schnäbel, die länger waren als der Kopf eines Pferdes. Zweifellos stritten sich die Donnervögel mit den damaligen Geiern um jedes Aas, auf das sie stießen. Da sie aber als flugunfähige Vögel keinen so guten Überblick hatten wie die Geier, um Nahrung dieser Art ausfindig zu machen, scheint es unwahrscheinlich, daß sie nur von Aas lebten. Man kann sich leicht vorstellen, wie sie in einem angsteinjagenden Spurt ihre massigen Schnäbel schwangen und Tritte austeilten, die Beutetiere zerschmettern konnten. Auf dem Höhepunkt ihrer Entwicklung haben sie vielleicht sogar einige wolfsähnliche, räuberische Borhyaeniden verdrängt. Heute sind die Donnervögel ausgestorben, aber die kranichähnliche Seriema, die immer noch durch die südamerikanischen Grasländer schreitet, ist ein entfernter Abkömmling ihrer Linie.

Vor etwa vier Millionen Jahren entstand aus den Borhyaeniden ein säbelzahnbewehrter, räuberischer Beutler, bekannt unter dem Namen *Thylacosmilus* oder Säbelzahnbeutler; er lebte in der Pampas des heutigen Argentinien. Es war ein gedrungenes Tier, in Körperbau und Größe dem modernen Leoparden sehr ähnlich. Um große Beutetiere im offenen Gelände auszumanövrieren, jagten die Säbelzahnbeutler wahrscheinlich in Gruppen. Sie waren nicht für eine schnelle Verfolgung gebaut, hatten aber eine kräftige Nackenmuskulatur und starke Brustmuskeln, um ihre knapp zwölfeinhalb Zentimeter langen Säbel wirksam einsetzen zu können. Wie sie diese Waffen zum Töten benutzten, ist nicht bekannt.

Im Jahre 1900 schlug ein Paläontologe die reizvolle, wenn auch unwahrscheinliche Theorie vor, die Säbelzahnbeutler hätten ihre Zähne wie Dosenöffner benutzt, um die sogenannten Glyptodonten zu überwältigen. Dies waren schwerfällige, gürteltierartige Säugetiere, die 20 Prozent ihres Gewichts in einen schützenden Knochenpanzer und einen keulenförmigen Schwanz investierten. Angesichts eines Säbelzahnbeutlers hätte ein Glyptodon seinen ungeschützten Bauch tief ins Gras gedrückt, seinen Kopf so weit wie möglich in den Panzer zurückgezogen und mit seinem fürchterlichen, einen Meter langen Schwanz herumgewirbelt, um den Angriff eines Säbelzahnbeutlers mit einem vernichtenden Schlag abzuwehren.

Die Rekonstruktion der Funktionsweise der Zähne des Säbelzahnbeutlers war jahrelang durch irreführende Zeichnungen bestimmt, die auf dem ersten beschriebenen Schädel eines Säbelzahnbeutlers beruhten; dieser war jedoch durch die Fossilisierung weitestgehend entstellt. Die Zeichnungen stellten die säbelförmigen Eckzähne als divergierend dar; eine solche Wuchsform ist aber recht unwahrscheinlich, denn sie hätte zu einem nicht tragbaren Druck auf den Kiefer des Tieres geführt, der diesen wohl beim Eindringen der Zähne in das Beutefleisch zerspalten hätte. Mittlerweile ist man der Ansicht, daß die Fangzähne des Säbelzahnbeutlers parallel verliefen. Die Muskeln zum Senken des Kopfes waren außerordentlich stark, wahrscheinlich noch kräftiger als die der Säbelzahnkatzen. Außerdem waren seine Fangzähne nicht geschwungen, sondern gerade und ermöglichten ein direktes Zustoßen nach unten, was eine tiefe, dolchstoßartige Wunde hinterließ. Also könnten die Säbelzahnbeutler ihre Beutetiere mit einer kräftigen, ruckartigen Bewegung ihres Kopfes erdolcht haben. Die Zähne der Säbelzahnbeutler wuchsen im Gegensatz zu jenen von Carnivoren wie den Säbelzahnkatzen kontinuierlich. Durch dieses Dauerwachstum konnten die Säbel nicht mit einer keulenartigen Verdickung im Kiefer verankert sein, wie es bei Katzen der Fall ist. Statt dessen wurzelten die Eckzähne der Säbelzahnbeutler tief in Kanälen, die im Schädel bis weit hinter und oberhalb der Augen verliefen. Ihre scharfe Schneidekante behielten die Eckzähne während des Wachstums vermutlich, weil sie durch hornige Wülste an zwei Fortsätzen am Kinn der Säbelzahnbeutler geschärft wurden. Vielleicht rammte das Tier auch diese Fortsätze in die Flanken seiner Beute und benutzte sie während des dolchartigen Bisses als Widerlager. Sie dienten wohl auch als Schutzscheiden für die Säbel und verhinderten, daß die Säbelzahnbeutler ihre eigene Brust verletzten.

Pristichampus, *eines der »Killerkrokodile«, die sich vor 50 Millionen Jahren als rechtmäßige Erben der räuberischen Dinosaurier entwickelten.*

Während die räuberischen Beuteltiere ihre Stellung als vorherrschende Räuber in der südlichen Hemisphäre festigten, stritt auf der nördlichen Landmasse ein großes Spektrum von Lebewesen um diese Rolle. In Asien und Amerika verließen vor 50 Millionen Jahren Krokodile das Wasser, um an Land auf die Jagd zu gehen. Eines davon, mit Namen *Pristichampus,* war ein mit Hufen bewehrtes Tier mit Sägezähnen; es erbeutete wahrscheinlich frühe Säugetiere. Diese »Killerkrokodile« schickten sich an, eine neue Dynastie herrschender Reptilien zu entwickeln und so den Platz der Dinosaurier einzunehmen. Doch zu diesem Zeitpunkt waren die Säugetiere bereits zu vielfältig, um sich unterwerfen zu lassen, wie ihre Vorfahren unter der Herrschaft der Dinosaurier.

Der Nordkontinent war die Heimat von Säugetieren, die sich grundsätzlich von den Beuteltieren unterschieden. Statt in einer Beuteltasche ließen die plazentalen Säugetiere ihre Nachkommen in ihrem Körperinneren, in einer Gebärmutter, heranwachsen. Benannt sind sie nach einem speziellen Organ in der Gebärmutter, der Plazenta (Mutterkuchen), über welche die Jungen während der Schwangerschaft ernährt werden, bis sie wohlentwickelt zur Welt kommen. Die ersten großen plazentalen Säugetiere, die im Norden um die Carnivoren-Nische wetteiferten, rekrutierten sich überraschenderweise aus der Reihe der Herbivoren (Pflanzenfresser). Sie stammten aus der Sammelgruppe der Wurzeln und Pflanzen fressenden sogenannten Condylarthra oder Urhuftiere, aus denen letztlich alle modernen großen Pflanzenfresser hervorgingen, von Hirschen bis hin zu Elefanten. Paläontologischer Spürsinn brachte ans Licht, wie einige dieser altertümlichen Vegetarier zu »Wölfen im Schafspelz« wurden.

Arctocyon, *Begründer einer Huftierlinie, der Urhuftiere, die vor 60 Millionen Jahren ihre Blüte erlebte.*

Der erste bekannte Vertreter der Condylarthra war ein kleines Huftier namens *Arctocyon,* das vor über 65 Millionen Jahren lebte. Es ähnelte im Aussehen eher einem heutigen Schliefer und ernährte sich wahrscheinlich von Schößlingen. Vor etwa 60 Millionen Jahren sahen einige seiner Abkömmlinge wie Kreuzungen zwischen Bären und Hunden aus und werden daher als Arctocyoniden (»Bärenhunde«) bezeichnet — obwohl sie mit keinen von beiden verwandt sind. Aus den Arctocyoniden wiederum entstanden die zum Fleischkonsum neigenden sogenannten Mesonychiden. Die Vertreter dieser Familie entwickelten sich zu den vorherrschenden Räubern und hielten diese Stellung für 20 Millionen Jahre während des Eozäns. Ein Beispiel ist *Mesonyx,* der vor 50 bis 40 Millionen Jahren in Nordamerika lebte. Er ähnelte einem Wolf mit einem hoch aufgewölbten Schädel, dessen Kiefer malmend zubeißen konnten. Mit Hilfe der Furchen an seinen Backenzähnen konnte er vom Knochen gelöstes Fleisch festhalten. Er besaß keine scherenartigen Backenzähne, aber die Hinterseiten seiner Molaren kamen einer solchen Schneidekante schon sehr nahe. Doch wie andere Mesonychiden wies auch *Mesonyx* noch Erbstücke von seinen behuften, vegetarisch lebenden Ahnen auf: kleine, wenngleich eher krallenartige Hufe. Man könnte annehmen, daß ein Räuber mit Hufen seine Beute zwar hervorragend verfolgen konnte, wohl aber keine Chance hatte, sie zur Strecke zu bringen, weil ihm die notwendigen Greifwerkzeuge fehlten, um sie festzuhalten, doch tatsächlich wurden über 20 Millionen Jahre behufte Beutetiere erfolgreich von behuften Räubern gejagt.

Die condylarthren »Wölfe im Schafspelz« besaßen noch ein weiteres Erbstück von ihren Ahnen, das sich als fatale Bürde erwies: Ihre zum Zermahlen von Pflanzen geeig-

Der Kadaver eines Embolotherium *stellte für eine Gruppe von* Andrewsarchus *vor 37 Millionen Jahren ein Festmahl dar.* Andrewsarchus *war einer der behuften Räuber, die den nördlichen Kontinent 20 Millionen Jahre lang während des Eozäns beherrschten.*

neten Backenzähne entwickelten sich nie wirklich zu Scherenzähnen, wie sie zum Zerschneiden von Fleisch erforderlich sind. Ihre Fähigkeiten blieben darauf beschränkt, das Fleisch festzuhalten und es von den Knochen der Beutetiere abzuziehen. Daher wurden die meisten von ihnen schließlich von zwei Säugetierlinien verdrängt, die unabhängig voneinander das System der Brechschere entwickelten. Die Existenz beider läßt sich 60 Millionen Jahre zurückverfolgen, aber es brauchte lange Zeit, bis diese Neuankömmlinge die »Wölfe im Schafspelz« völlig verdrängten.

Einer der letzten »Wölfe im Schafspelz« war ein riesiger Aasfresser aus der Mongolei names *Andrewsarchus;* er lebte vor rund 37 Millionen Jahren im Gebiet der heutigen Wüste Gobi. Möglicherweise war dies das größte je lebende aasfressende Landsäugetier. Sein Schädel war nahezu einen Meter und sein Körper vermutlich über vier Meter lang. Die Kiefer von *Andrewsarchus* waren so furchterregend wie die eines Krokodils. Er schleppte sich durch die Ebenen der Mongolei, fraß von den Kadavern großer Pflanzenfresser wie *Embolotherium,* einem viereinhalb Meter langen, nashornähnlichen Tier mit groteskem Kopf. Da ihm die Zahn-Brechschere fehlte, war er sicher nicht imstande, Fleisch vom Kadaver abzuschneiden, und hat sich wohl eher unbeholfen ernährt, indem er Stücke abriß und sie hinunterschlang. Die Größe der Beutetiere läßt darauf schließen, daß mehrere *Andrewsarchus* gemeinsam gefressen haben, vielleicht als lose zusammenhängende Familie, die ihre Beute verteidigte.

Hapalodectes *war ein otterartiger Räuber mit Hufen, dessen aquatische Lebensweise der erste*
Schritt zur Evolution einer bemerkenswerten Linie von Abkömmlingen war: der Wale.

Vor 46 Millionen Jahren war Pakicetus (oben) einer
heutigen Robbe sehr ähnlich. Seine Beine waren
im Begriff, sich zu Flossen zu entwickeln, und seine
Augen lagen hoch oben am Kopf.

Durch die natürliche Selektion entwickelten
sich aus ursprünglich behuften Räubern die
modernen Wale (großes Bild).

Protocetus *war ein reiner Wasserbewohner mit einem sehr muskulösen Schwanz, der ihm zur Fortbewegung im Wasser Antrieb verlieh (oben).*

Bevor die Condylarthren als Räuber ausstarben, setzten sie eine der bemerkenswertesten Entwicklungen in der Historie der Säugetiere in Gang. Vor etwa 53 Millionen Jahren glitt ein langgestrecktes Tier mit dünnem Fell in eine tropische Lagune, tauchte unter und stieß sich bei seinen behenden Verfolgungsjagden auf Fische kräftig mit seinen Füßen ab. Es handelte sich um *Hapalodectes*, der einem heutigen Riesenotter sehr ähnlich sah, mit der Ausnahme, daß seine stämmigen Gliedmaßen Hufe trugen. Von der Nase bis zur Schwanzspitze maß er vermutlich rund 1,3 Meter. Mit der Zeit paßten sich seine Nachfahren immer stärker an das Schwimmen an und bezahlten für ihre hervorragenden Fähigkeiten zu Wasser mit einer zunehmenden Schwerfälligkeit an Land. Vor 46 Millionen Jahren hatte sich diese Linie zu *Pakicetus* gewandelt, einem zwei Meter langen Tier mit Schwimmhäuten an den Füßen. Er sah einem modernen Seehund oder Seelöwen sehr ähnlich: Seine Nase und Augen lagen weit oben an seinem Kopf, um sie beim Schwimmen über Wasser zu halten, und seine Gliedmaßen waren auf dem besten Wege, zu richtigen Flossen zu werden. Rund zwei Millionen Jahre später besaß dann der drei Meter lange *Protocetus* einen Schwanz mit mächtigen Muskeln als Hauptantrieb zum Schwimmen. Er lebte vermutlich ausschließlich im Wasser. Die Entwicklung schritt weiter, und vor 35 Millionen Jahren waren jegliche Spuren von Hintergliedmaßen verschwunden. Eine Linie der »Wölfe im Schafspelz« war zu Walen geworden.

Jene Tiere, welche die »Wölfe im Schafspelz« vermutlich an Land verdrängten, hatten als Vorfahr ein Lebewesen namens *Cimolestes* oder ein ihm zumindest sehr ähnliches Tier. Vor über 65 Millionen Jahren hastete dieses eichhörnchengroße Geschöpf zu Füßen der Dinosaurier hinter Insekten her, schnupperte mit seiner empfindlichen Nase

Vor 65 Millionen Jahren entwickelte der eichhörnchengroße Cimolestes *jene Scherenzähne, die direkt zur Evolution der Carnivoren führten.*

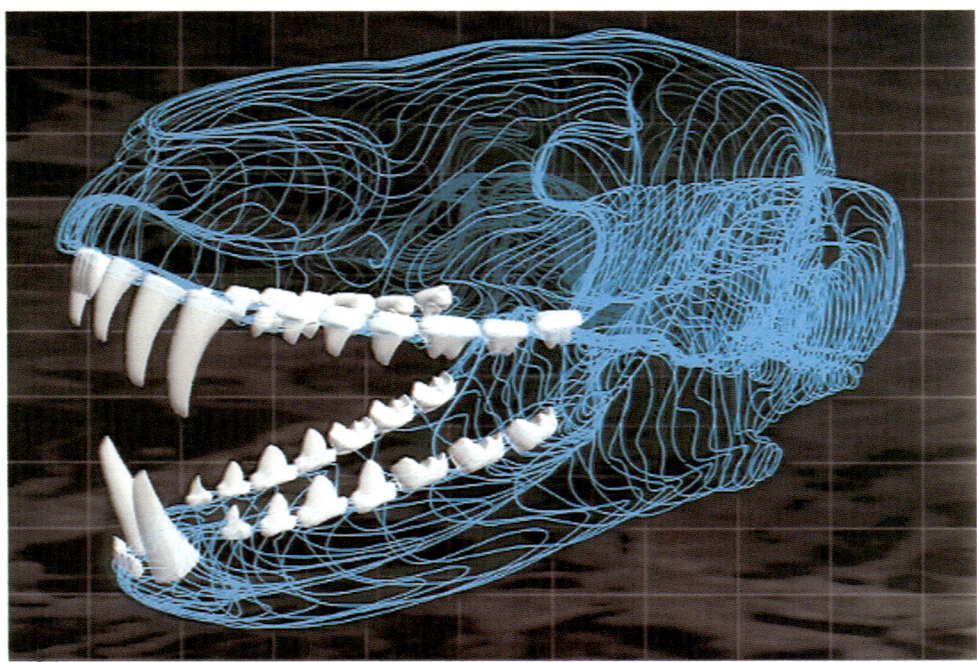

und schaute mit nervösem Blick umher. Es sah den heute in Malaysia lebenden Spitzhörnchen recht ähnlich und war so klein, daß es von den meisten heutigen Carnivoren mit einem Biß gefressen worden wäre. Doch all die verschiedenen Lebewesen vom Puma bis zum Großen Panda, die heute den Namen Carnivora gemeinsam haben, stammen von einem Tier wie *Cimolestes* ab.

Vermutlich ergänzte *Cimolestes* seine Insektennahrung gelegentlich durch kleine Wirbeltiere, die er vielleicht durch eine Reihe schneller Bisse tötete, wie es Zibet- und Ginsterkatzen noch heute tun. Sein entscheidendes Vermächtnis war jedoch der Zahn-Apparat, mit dem er seine Beute zerkleinerte. Seine Backenzähne waren seitlich etwas abgeflacht und stellten somit den Beginn einer scherenartigen Funktion dar. Über Millionen Jahre hinweg wurden diese Scherenzähne zur sogenannten Brechschere verbessert und weiterentwickelt, mit der sich Fleisch und Sehnen zerschneiden lassen. Vor etwa 58 Millionen Jahren wurde der Bauplan der Brechschere von *Cimolestes* auf zwei getrennte Linien vererbt. Beide modifizierten die grundlegende Gestalt der Scherenzähne, und beide waren bald sehr erfolgreich. Aus einer Gruppe entstanden die heutigen Carnivoren. Aber es waren zunächst Vertreter der anderen Gruppe, der Creodonten, die als Fleischfresser dominierten.

Die Creodonten oder Urraubtiere hatten ihre Blüte in der Zeit von vor etwa 55 bis vor 35 Millionen Jahren. Ihre Vorherrschaft verdeutlichen in Afrika gefundene Fossilien, von denen keines ein echter Carnivor war, elf aber Creodonten. Auf ihrem Höhepunkt brachten die Creodonten hunde-, bären-, hyänen- und katzenähnliche Arten hervor, darunter auch einige mit Säbelzähnen. Die Creodonten umfaßten zwei Familien, die Oxyaeniden und die Hyaenodontiden; beide kamen in ganz Nordamerika und Eurasien vor. Die Hyaenodontiden besiedelten auch Afrika und wiesen Vertreter von der Größe eines Hermelins bis zu jener einer Streifenhyäne auf.

Ein besonders furchteinflößender Hyaenodontide muß ein wolfsgroßes Tier mit Namen *Hyaenodon horridus* gewesen sein, das vor 25 Millionen Jahren in Nordamerika lebte. Wie die heutigen Mitglieder der Familie der Hunde besaß es schlanke Beine und ging auf seinen Zehen, was darauf hindeutet, daß es ein Läufer war. Seine gespreizten Zehen legen jedoch nahe, daß es mehr auf Ausdauerleistungen als auf Geschwindigkeit ausgelegt war. *H. horridus* ist auch wegen seines recht kleinen Gehirns bemerkenswert.

Zu den größeren Creodonten gehört der Oxyaenide *Sarkastodon*, ein bärenähnliches Tier, wenngleich es mit drei Metern größer als der größte echte Bär war. Dieser auf das Zerbrechen von Knochen spezialisierte Aasfresser ernährte sich wahrscheinlich von den großen Pflanzenfressern, die durch Zentralasien streiften. Der größte gefundene fossile Creodont — und vermutlich das größte je lebende räuberische Landsäugetier — war der Hyaenodontide *Megistotherium;* er bewohnte vor etwa 20 Millionen Jahren die Sahara. Dieses Tier wog wahrscheinlich um die 800 Kilogramm — ein wenig mehr als ein heutiger männlicher Bison. Ein vollständig erhaltener Schädel, den man in Gebel Zelten in Libyen fand, maß 65 Zentimeter und war damit doppelt so lang wie der Schädel eines Tigers. Womöglich ist der Schädel von *Megistotherium* lebenslang gewachsen. Er war mit mächtigen Eckzähnen und enorm starken Kiefermuskeln ausgestattet, die den speziell zum Knacken von Knochen gestalteten Backenzähnen ihre Kraft verliehen. *Megistotherium* besaß auch das im Verhältnis zu seiner Körpergröße größte Gehirn aller Creodonten.

Zur Zeit von *Megistotherium* wurden die Creodonten von einer anderen Gruppe verdrängt, die ebenfalls über eine Brechschere verfügte, von den Carnivoren. Zwar konnte
sich der letzte Creodont, *Dissopsalis,* in Pakistan bis vor acht Millionen Jahren behaupten, doch bereits vor 30 bis 20 Millionen Jahren stiegen die Carnivoren auf den nördlichen
Kontinenten zu den »Gipfelräubern« auf. Das Zusammentreffen des Aufstiegs der Carnivoren und des Niedergangs der Creodonten könnte vordergründig auf einen Zusammenhang im Sinne von Ursache und Wirkung deuten, aber die beiden Linien waren einander
so ähnlich, daß man sich nur schwierig vorstellen kann, welche Vorteile die Carnivoren
gegenüber den Creodonten gehabt haben sollten. Beide Gruppen gehen offenbar auf
denselben Vorfahren zurück, und beide besaßen gut entwickelte Brechscheren zum Zerschneiden von Fleisch. Ihren Fossilien zufolge bestanden in der Effizienz ihrer Zähne und
in der Ausprägung ihrer Sinne nur wenig Unterschiede, wenngleich die Creodonten ein
etwas weniger flexibles Rückgrat besaßen. Einige Wissenschaftler behaupteten, die
Creodonten seien durch die intelligenteren Carnivoren überlistet worden. Das Gehirn
der Creodonten war zwar im Verhältnis zur Körpergröße kleiner als das moderner Raubtiere, aber es entsprach durchaus jenem der Carnivoren ihrer Zeit.

Die überzeugendste Erklärung bezieht sich auf den einzigen bekannten bedeutenden
Unterschied zwischen den beiden Gruppen: die Backenzähne zum Zerschneiden von
Fleisch. Die Carnivoren entwickelten ihre Brechschere aus dem hintersten oberen Vor-

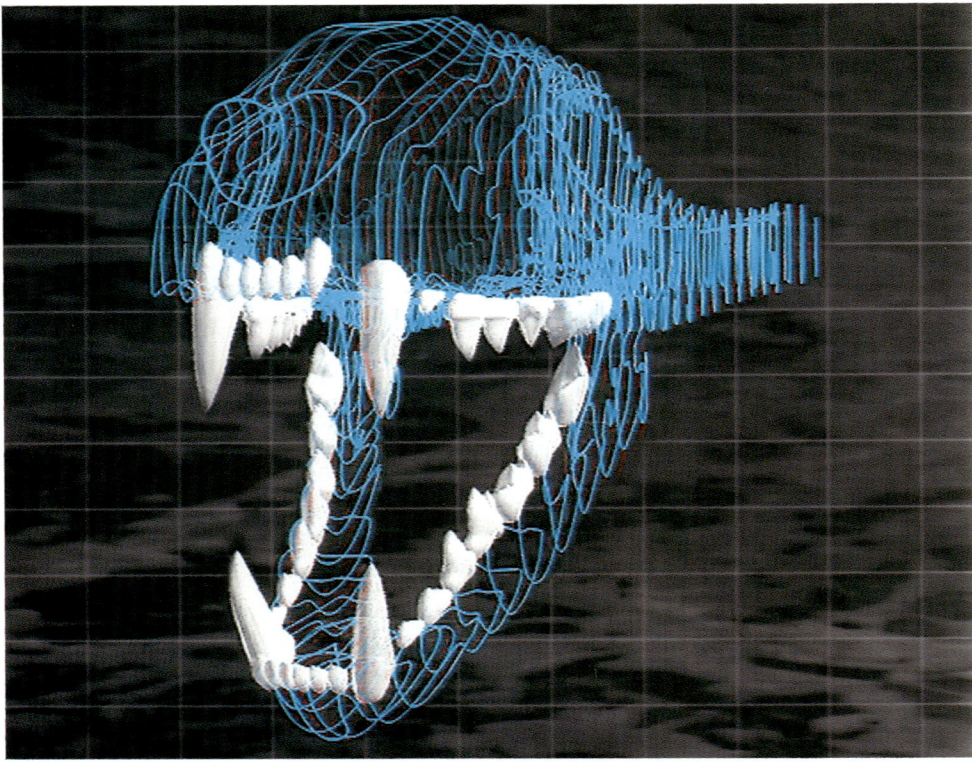

Oben und rechts: Hyaenodon, *ein Creodont, nutzte seine hintersten Zähne als Brechschere.*

backenzahn (Prämolaren), der gegen den vordersten unteren Backenzahn (Molaren) schneidet; die Creodonten hingegen hatten ihre Brechschere weiter hinten im Mund zwischen dem zweiten und dritten oberen Molaren und dem dritten und vierten unteren Molaren. Folglich lagen bei den Creodonten hinter den Reißzähnen keine weiteren Zähne mehr, um faseriges Material zu zerkleinern, und dies hat sie vielleicht zu sehr auf das Fleischerhandwerk festgelegt. Die Carnivoren dagegen besaßen mehrere Zähne hinter der Brechschere. Wenn sich die Gelegenheit ergab, konnten diese Zähne für andere Dinge genutzt werden, etwa zum Zermahlen von Früchten und Pflanzen. So konnte es nur so viele Creodontenarten geben, wie die Welt Fleischfressernischen bereithielt, die Carnivoren aber konnten spezialisierte Fleischfresser hervorbringen ebenso wie Arten, die von gemischter oder sogar rein pflanzlicher Kost lebten. Folglich waren die Carnivoren in der Lage, sich weiter zu verbreiten und vielfältiger zu entwickeln als die Creodonten. Und tatsächlich gab es nur 45 Creodontengattungen, während heute 98 Gattungen von Carnivoren existieren. Sollte diese Erklärung richtig sein, dann war es ironischerweise die Fähigkeit der Carnivoren, sich von der Carnivorie zu lösen und darüber hinaus andere Eigenschaften zu entwickeln, die ihren Erfolg sicherte.

Es haben sich aber wahrscheinlich auch die Umweltbedingungen geändert, was sich auf die spezialisierten Creodonten stärker auswirkte als auf die Carnivoren. Auf eine drastische Klimaverschiebung, die vor etwas mehr als 30 Millionen Jahren auftrat, deutet die Form fossiler Blätter hin: Blätter aus warmen, regenreichen Klimaten haben zumeist glatte Ränder und lang ausgezogene »Träufelspitzen«; solche aus kälteren Regionen sind oftmals kleiner mit gesägten Rändern. Die Anteile dieser Blattformen in fossilen Wäldern nehmen am Ende des Eozäns radikal zu. Zuvor war Laurasia warm gewesen mit ganzjährigen Regenfällen und geringen jahreszeitlichen Temperaturschwankungen. Der immergrüne tropische Regenwald erstreckte sich 20 bis 30 Breitengrade weiter nach Norden als heute, und selbst am 60. nördlichen Breitengrad, in Alaska, erreichten die Temperaturen im Jahresmittel 22 Grad Celsius. Durch die Klimaverschiebung sanken die Durchschnittstemperaturen um zwölf Grad, und laubwerfende Laubwälder der gemäßigten Zone dominierten. Diese Klimaverschiebung wurde vermutlich durch eine Veränderung der Neigung der Erdachse und somit der Menge des einstrahlenden Sonnenlichtes in bestimmten Breiten verursacht. Sie wirkte sich in den verschiedenen Breiten unterschiedlich aus, aber die Pflanzenvielfalt ging generell zurück, da viele Pflanzen diese Veränderung nicht vertrugen. Vielleicht verringerte der Verlust der pflanzlichen Vielfalt das Beutespektrum der Creodonten, während die ausgeprägtere Jahreszeitlichkeit zu einem regelmäßigen Überangebot an Früchten und Insekten führte, das die flexiblen Carnivoren zu nutzen vermochten. Solche Klimaverschiebungen tauchten in Intervallen von 9,5 Millionen Jahren auf, wobei die höchsten Temperaturen vor 25, 15 und fünf Millionen Jahren sieben bis neun Grad über dem Minimum lagen. Wie in späteren Kapiteln noch deutlich werden wird, fiel zumindest das erste und das letzte dieser Temperaturmaxima mit bedeutenden Veränderungen in der Geschichte der Carnivoren zusammen.

Die frühen Carnivoren, die sogenannten Miaciden, waren keine besonders spektakulären Exemplare. Vor 60 bis 55 Millionen Jahren waren sie vor allem geschmeidige, baumlebende Jäger in den üppigen Wäldern jener Zeit. Zwei Formen von Miaciden stehen am Anfang der Geschichte der Carnivoren: die Vulpavinen und die Viverravinen.

Die Vulpavinen lebten überwiegend in der Neuen Welt und ähnelten wohl modernen Baummardern, geschickte Jäger in den Baumkronen. Die Viverravinen lebten in der Alten Welt und sahen vermutlich den heutigen Ginsterkatzen sehr ähnlich, die Jagd auf kleine Wirbeltiere machen. Zusammmen mit den Zibetkatzen gehören die Ginsterkatzen zu der modernen Carnivorenfamilie der Viverridae oder Schleichkatzen. Obwohl die Viverriden wahrscheinlich nicht älter sind als die anderen heute noch lebenden Raubtierfamilien, sind sie den primitiven Carnivoren im Erscheinungsbild am ähnlichsten. Das liegt daran, daß viele die Lebensräume nie verließen, welche auch die frühen Carnivoren bewohnten, und somit an vergleichbare Lebensumstände angepaßt sind. Somit sind die Viverriden sozusagen ein Fenster in die Vergangenheit, aber da wir so wenig über die heutigen Schleichkatzen wissen, ist das Glas dieses Fensters etwas beschlagen.

Zibet- und Ginsterkatzen findet man nur in der Alten Welt. Die ältesten bekannten sind die europäische *Semigenetta* aus der Zeit vor 24 Millionen Jahren und ihr afrikanischer Zeitgenosse *Kichechia*. Die 35 heutigen Viverridenarten leben normalerweise auf Bäumen, besitzen an jeder Pfote fünf Zehen und nach Katzenart zurückziehbare Krallen. Viele sind gefleckt und haben in der Regel lange Schwänze. Die modernen Viverriden variieren im Körpergewicht von der 20 Kilogramm schweren Fossa bis hin zum 600 Gramm leichten Fleckenlinsang, einem geschmeidigen, nachtaktiven Baumtier aus Borneo.

Zwei Merkmale der Viverriden sind besonders bemerkenswert. Erstens bildet die Haut des äußeren Ohrrandes eine kleine Falte, deren Funktion aber nicht bekannt ist.

Miaciden *waren die ersten Carnivoren und nutzten den vierten oberen Vorbackenzahn und den ersten unteren Backenzahn als Brechschere, wodurch die hintersten Molaren für andere Aufgaben frei blieben.*

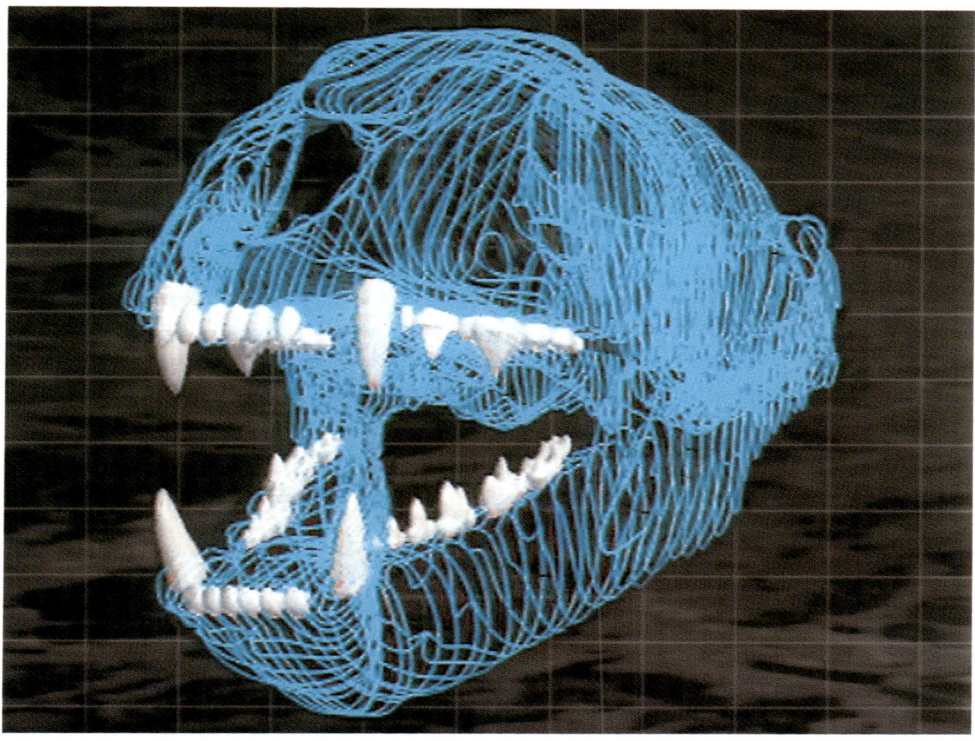

Und zweitens besitzen die meisten Viverriden einen hochentwickelten Duftbeutel, die sogenannte Damm- oder Perinealdrüse, die zwischen den Genitalien und dem After liegt. Die Menschen begannen später, daraus die dickflüssigen, schmierigen, gelblichen Sekrete zu entnehmen, die unter den Namen Zibet oder Moschus bekannt sind. Shakespeare schrieb in »Wie es euch gefällt«: »Zibet ist von schlechterer Abkunft als Teer, der unsaubere Abgang einer Katze.« Sein Duft kann in hohen Konzentrationen ekelerregend sein, wirkt jedoch in winzigen Spuren anziehend. Für den Menschen ist seine Funktion als intensiver Duftverstärker in Parfüms bedeutend.

Das Zibetsekret soll angeblich die Transpiration verringern, Hautkrankheiten heilen und — wie so viele andere Zaubermittelchen — als Aphrodisiakum, als potenzsteigerndes Mittel, wirken. Eine Afrika-Zibetkatze reichert pro Woche in ihrem Drüsenbeutel vier bis 19 Gramm Moschus an. In Äthiopien halten Zibetfarmer bis zu 60 männliche Afrika-Zibetkatzen. Der Handel mit ihren Sekreten hat Tradition: König Salomo führte schon im 10. Jahrhundert vor Christus Zibetkatzen-Moschus aus Afrika ein. Auch wenn es heute synthetisch hergestellte Alternativen gibt, blüht der Handel in einigen ostafrikanischen und orientalischen Ländern nach wie vor.

Man unterteilt die Viverriden in vier Unterfamilien, die sich hinsichtlich ihrer Duftbeutel unterscheiden. Die drei Arten der madagassischen Unterfamilie besitzen keine Duftbeutel, wenngleich man eine von ihnen, die Fossa oder Frettkatze, gelegentlich dabei beobachten kann, wie sie Baumstämme umfaßt und dabei kreisförmig ihre Genitalien bewegt, wobei wahrscheinlich ein Duftstoff verteilt wird. Die zweite Unterfamilie setzt sich aus den Bänder- und Otterzivetten zusammen; diese Tiere haben recht kleine Duftbeutel. In der dritten Unterfamilie der Palmenroller liegt die Drüse in einer einfachen langen Hautfalte und produziert nur einen dünnen Zibetfilm. Sie ist bei beiden Geschlechtern aller Palmenrollerarten vorhanden, mit Ausnahme des Streifenrollers. Die eigentlichen Zibetkatzen (die auch die Ginsterkatzen einschließen) besitzen die Duftbeutel mit dem größten Fassungsvermögen, sieht man einmal von den Linsangen ab, die rätselhafterweise überhaupt keinen Duftbeutel aufweisen. Die eigentlichen Zibetkatzen setzen ihre Duftmarken und Exkremente an speziellen Dunghaufen an den Territoriumsgrenzen und entlang ihrer Pfade.

Den Fossilbelegen zufolge waren die Zähne der frühen Carnivoren jenen des Pardelrollers sehr ähnlich. Das bedeutet, daß sie sich wohl auch ähnlich ernährten und ein den Pardelrollern vergleichbares Sozialleben führten. Trotz seines Namens ist dieses afrikanische Tier wahrscheinlich kein Mitglied der Unterfamilie der Palmenroller, die ansonsten ausschließlich in Asien leben. Es besitzt sehr viel schärfere Reißzähne als die echten Palmenroller und steht wohl der Unterfamilie, der die Zibet- und Ginsterkatzen angehören, näher, wenn auch seine genauen Verwandtschaftsverhältnisse bisher nicht bekannt sind. Wie die meisten echten Zibetkatzen sind Pardelroller überwiegend nachtaktive Jäger, die ihre Beute aufstöbern, indem sie sich durch die Baumkronen schlängeln und gelegentlich ihren Hauptspeiseplan aus kleinen Wirbeltieren, Eiern und Insekten mit Früchten erweitern. Abgesehen von Früchten sind die Nahrungsquellen zu spärlich, um sie auch noch teilen zu können, und brauchen, sind sie erst einmal aufgebraucht, recht lange, um sich wieder zu regenerieren. Diese Nachteile, die beim Teilen des Territo-

Die Duftdrüsen der Afrika-Zibetkatze produzieren einen wertvollen Bestandteil für teure Parfums.

Oben: Die Ginsterkatze lebt heute noch ganz ähnlich wie einige der frühesten Carnivoren des Katzenzweiges.

Rechts: Der Streifenroller sucht in den Bäumen Südostasiens nach kleinen Wirbeltieren, Insekten und Früchten.

riums aufträten, erklären wahrscheinlich, warum Pardelroller solitär leben. Ein ausgewachsenes Männchen bewohnt ein Territorium von über 100 Hektar und setzt regelmäßig Duftmarken entlang der Grenze und an fruchttragenden Bäumen innerhalb seines Bezirks ab. Im Territorium eines Männchens leben bis zu drei Weibchen, von denen jedes sein eigenes »Grundstück« hat, das es nur mit dem Männchen und seinen halberwachsenen Töchtern teilt. Andere Männchen, vermutlich heranwachsende, drängen zwar in dieses Revier, bleiben jedoch zurückhaltend. Männliche und weibliche Pardelroller gesellen sich nur selten zusammen und gehen nur gelegentlich im selben Baum auf Nahrungssuche, zweifellos, um Begegnungen zu vermeiden. Durch schaurig klingende, sirenenartige Rufe, die sie manchmal als Duett ausstoßen, halten sie jedoch Kontakt untereinander.

Die meisten anderen Viverriden sind ebenfalls vorwiegend nachtaktive Jäger, aber über ihre Vorlieben weiß man nur wenig. Die Kleinfleck-Ginsterkatze zum Beispiel raubt Vogelnester aus. Die Pantherginsterkatze lauert in Höhleneingängen, um vorbeifliegende Fledermäuse zu schlagen, wenn diese ihre Schlafplätze verlassen, und bevorzugt den süßen Nektar der von Fledermäusen bestäubten Bäume. Fleckenmusangs oder

Malaiische Palmenroller haben eine Schwäche für einen Tropfen Toddy, jenen Saft, den die Menschen in vielen Teilen Südasiens abzapfen, um ihn zu Palmwein zu vergären. Diese Gewohnheit brachte ihnen den volkstümlichen Namen »Toddy Cat« ein. Zu den 34 anderen Nahrungsbestandteilen, welche diese Palmenroller nachweislich in Java zu sich nehmen, zählt auch die fleischige Hülle von Kaffeebohnen. Die unverdauten Kerne scheiden die Palmenroller mit ihrem Kot aus; aus ihnen läßt sich angeblich der bestmögliche Kaffee machen. Einige Palmenroller wie der Celebesroller und der Streifenroller fressen große Mengen Früchte.

Einige dieser Nahrungsbestandteile sind wohl leichter zu teilen als die Beute rein carnivor lebender Viverriden. So tragen im Territorium eines Palmenrollers, der überwiegend von tropischen Früchten lebt, immer einige Bäume Früchte, und jeder von ihnen produziert genügend Nahrung, um mehrere erwachsene Tiere zu sättigen. Unter solchen Umständen könnte ein Männchen seine Nachkommenzahl erhöhen, indem es sein Territorium zusammen mit einer Partnerin bewohnt und ihr bei der Aufzucht der Jungen hilft. Leider ist das Sozialleben der Viverriden nur unzureichend bekannt, um sagen zu können, ob Fruchtfresser geselliger sind als jene Arten, die sich auf weniger gut teilbare Wirbeltierbeute spezialisiert haben.

Bei den meisten Viverriden sind Männchen und Weibchen etwa gleich groß, und wenn es einen Unterschied gibt, dann ist das Weibchen größer. Eigentlich würde man das Gegenteil erwarten, zumindest bei Arten wie dem Pardelroller, bei denen ein Männchen um mehrere Weibchen kämpft. Vielleicht sind die Geschlechter normalerweise deshalb von ähnlicher Größe, weil die Notwendigkeit, auf der Jagd nach Nahrung auf Zehenspitzen über dünne Zweige zu schleichen, verhindert, daß die Männchen größer und somit stärker werden. Der extremste Größenunterschied tritt beim Binturong auf, einer Palmenrollerart, deren Weibchen angeblich 20 Prozent schwerer sein sollen als die Männchen und die recht maskuline Genitalien besitzen. Binturongs weichen am meisten von der herkömmlichen Gestalt der Viverriden ab. Sie haben ein zotteliges schwarzes Fell, und jedes einzelne Haar endet in einer gelben oder weißen Spitze. Wenn ein Binturong klettert, schleift seine Duftdrüse auf den Ästen und hinterläßt eine parfümierte Schmiere, die vom Geruch angeblich an Popcorn erinnern soll. Der Greifschwanz des Binturongs dient ihm in den Bäumen als fünfte Gliedmaße und ermöglicht ihm, kopfüber zu klettern und mit seinen Vorderpfoten Früchte zum Mund zu führen. Nur noch ein weiterer Carnivor hat einen greiffähigen Schwanz: der Wickelbär oder Kinkaju (siehe Seite 155).

Von den Viverriden wird oft behauptet, sie verkörperten noch den Typ der urtümlichen Carnivoren als baumlebende, nachtaktive Jäger – eine Verhaltensweise, die von anderen modernen Familien später übernommen wurde. Doch Viverriden weisen noch verschiedene andere Carnivoren-Typen auf. Die Afrika-Zibetkatze zum Beispiel ist ein robustes, zwölf Kilogramm schweres, hundeartiges Tier mit einer einschüchternden Mähne mit einem Punkt- und Fleckenmuster. Sie ist neben der Ameisenschleichkatze die einzige Viverride, die wie Hunde nicht zurückziehbare Krallen besitzt. Die Otterzivette aus Südostasien und Westindonesien liegt im Wasser auf der Lauer nach Beute.

Der baumlebende Binturong Borneos stellt unter den Carnivoren insofern eine Ausnahme dar, als er einen Greifschwanz besitzt und die Weibchen größer als die Männchen sind.

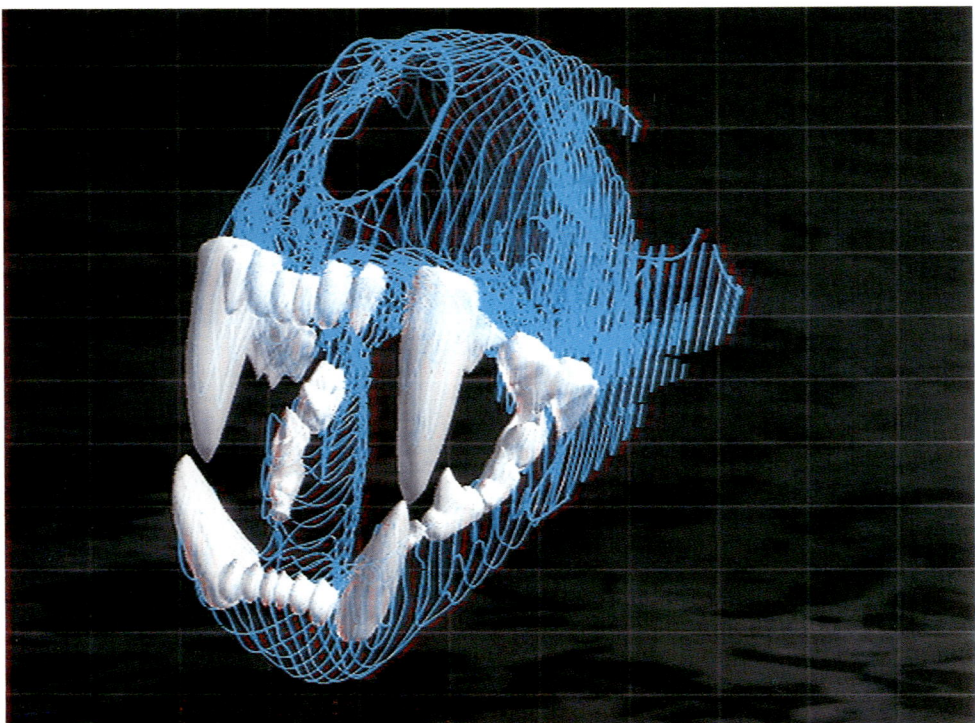

Oben: Die madagassische Fossa besitzt Zähne, die bemerkenswert jenen ähneln, die typisch für die Familie der Katzen sind.

Rechts: Die Fossa ist in Wirklichkeit eine Schleichkatze (Viverridae), doch weil auf Madagaskar Katzen fehlen, hat sie sich in deren Nische eingerichtet.

Sie ist mit ihrem dichten Fell, den langen Barthaaren und verschließbaren Nasenlöchern auf der Oberseite der Schnauze und ebenso verschließbaren Ohren an ein Leben im Wasser angepaßt. Auch ihre Zähne sind für zwei Zwecke nutzbar. Ihre Prämolaren sind ungewöhnlich groß, scharf und klingenartig, um glitschige Fische und Frösche zu packen. Ihre Molaren scheinen von einem ganz anderen Tier zu stammen, denn sie sind zum Zerreiben von Mollusken (Weichtieren) und anderen Schalentieren abgeflacht.

Die drei Arten der madagassischen Unterfamilie, die Fossa oder Frettkatze, die Falanuk oder Ameisenschleichkatze und die Fanaloka unterscheiden sich besonders augenscheinlich. Dies liegt sicherlich daran, daß die einzigen anderen Carnivoren, die mit ihnen die Insel teilen, einige recht sonderbare Mungos sind, und sich die Viverriden an Lebensräume angepaßt haben, die ansonsten sicher andere Carnivoren ausgefüllt hätten, würden sie dort vorkommen. Außer der Tatsache, daß alle drei keinen Duftbeutel aufweisen und sie sehr selten sind, hat das madagassische Trio sehr wenig gemeinsam. Die Fossa oder Frettkatze, ein 20 Kilogramm schwerer, gut kletternder Sohlengänger, dessen Zehen teilweise häutig verbunden sind, ist so katzenähnlich, daß man sie ursprünglich fälschlicherweise als solche einordnete und bisweilen sogar einer eigenen Familie, Cryptoproctidae, zuordnete. Zu ihrer Nahrung gehören zehn Kilogramm schwere Lemuren (Halbaffen) — wahrscheinlich die größten Beutetiere einer Schleichkatze überhaupt. Das Außergewöhnlichste an der Fossa ist vielleicht, daß die weiblichen Genitalien die männ-

lichen nachahmen – das heißt, die Weibchen scheinen einen Penis zu besitzen. Fossas geben sich regelrechten Marathonbegattungen hin, die bisweilen 165 Minuten dauern, wobei das Männchen die ganze Zeit den Nacken des Weibchens gepackt hält. Die zweite madagassische Viverride, die vier Kilogramm schwere Ameisenschleichkatze (Falanuk), ähnelt am ehesten einem Dachs, denn sie besitzt eine langgezogene Schnauze und nicht zurückziehbare Krallen. Sie ernährt sich hauptsächlich von Wirbellosen. Die 2,2 Kilogramm schwere Fanaloka sieht mehr wie ein Fuchs aus, hat zurückziehbare Krallen und verzehrt in erster Linie kleine Säugetiere, Reptilien und Amphibien.

Das Abweichen von der gewöhnlichen Rolle der Viverriden als Baumkletterer ermöglichte den madagassischen Schleichkatzen, andere Nischen zu erobern. Aus ähnlichen Gründen entwickelten auch die alten Miaciden verschiedene Erscheinungsformen. Vor etwa 55 Millionen Jahren entstanden aus diesen frühen, baumlebenden Carnivoren zwei Hauptzweige: der Katzenzweig und der Hundezweig, oder formaler, die Überfamilien Feloidea und Canoidea. Der Hundezweig bildete sich aus den Vulpavinen der Neuen Welt, während der Katzenzweig aus Viverravinen der Alten Welt hervorging. Jeder hat sich seither weiter verzweigt und vier der acht heutigen Familien hervorgebracht, die Thema dieses Buches sind. Aus dem Katzenzweig entwickelten sich die vier »katzenartigen« Familien: Die Zibet- und Ginsterkatzen oder Schleichkatzen (Viverrideae), die Katzen (Felidae), die Hyänen (Hyaenidae) und die Mangusten (Herpestidae). Der Hundezweig spaltete sich in die vier »hundeartigen« Familien auf: die Hunde (Canidae), die Großbären (Ursidae), die Kleinbären (Procyonidae) und die Marderartigen (Mustelidae). Zusätzlich ging noch eine neunte Familie aus dem Hundezweig hervor, die »Vorbären« (Amphicyonidae). Diese starb vor rund sechs Millionen Jahren aus, wahrscheinlich aufgrund der Konkurrenz mit den echten Hunden.

Vor dem Erscheinen der modernen Familien entwickelten sich der Hunde- und der Katzenzweig getrennt in der Neuen beziehungsweise der Alten Welt. Im frühen Oligozän jedoch, vor 30 Millionen Jahren, wurde diese ordentliche Trennung aufgehoben. Zwischen Amerika und Eurasien entstand die Landbrücke über die Beringstraße, und von jedem Zweig wechselten Vertreter jeweils hinüber. Zwar blieben die echten Hunde bis vor etwa sechs Millionen Jahren in Nordamerika, doch wurden andere Familien des Hundezweiges in Eurasien häufiger als in Amerika. Die meisten Carnivoren des Katzenzweiges blieben in der Alten Welt, aber die echten Katzen wechselten in der Folge nach Amerika über. Die beiden Carnivorenzweige sahen sich alsbald direkt miteinander konfrontiert, und wie aus den folgenden Kapiteln hervorgeht, waren ihre Aufeinandertreffen oft so explosiv wie Begegnungen zwischen heutigen Katzen und Hunden.

Die Evolution lief sowohl in der nördlichen als auch in der südlichen Hemisphäre weiter, während die Kontinente als Inseln auseinanderdrifteten. Im späten Miozän, vor sieben Millionen Jahren, waren alle modernen Carnivorenfamilien in Nordamerika und Eurasien entstanden. Es existierten bereits alle grundlegenden Carnivorentypen, die wir heute kennen, wenngleich noch keine der heutigen Arten die Bühne betreten hatte. Im Süden waren nach wie vor räuberische Beuteltiere die dominierenden Räuber.

Während der langen Trennung von Nord und Süd hatten einige wenige Säugetierarten die Meere, welche die Kontinente trennten, fliegend, auf Treibholz oder vielleicht einfach mit günstigen Meeresströmungen schwimmend überquert. Nur wenige überlebten diese Reise, und noch weniger pflanzten sich fort, nachdem sie erst einmal angekommen waren, aber ein winziger Bruchteil hatte im Verlauf der Millionen Jahre, in denen die Kontinente getrennt blieben, Glück. Einer von ihnen war der nordamerikanische Carnivor *Cyonasua,* der vor rund sieben Millionen Jahren nach Süden zog. Er war mit den heutigen Wasch- und Nasenbären verwandt, und sein Name bedeutet »hundeartiger Nasenbär«. Das erste Individuum war vielleicht ein trächtiges Weibchen, das während einer großen Überschwemmung im Gebiet des heutigen Texas an Bord eines treibenden Floßes aus Pflanzen sprang, um Tage später an einer fremden Küste angespült zu werden. Es fand wohl eine Welt vor, die recht anders war als jene, die es verlassen hatte. Riesige flugunfähige »Donnervögel« rannten hinter ihrer Beute auf Ebenen her, auf denen gewaltige Kamele grasten. Doch damals wie heute erwiesen sich omnivore Raubtiere wie *Cyonasua* als anpassungsfähig. Das Weibchen gebar wohl seine Jungen und lernte, sie mit dem Fleisch von Beutetieren zu ernähren, die es noch nie zuvor gesehen hatte, und sie vor Räubern zu schützen, denen ihre Vorfahren nie begegnet waren.

Diese Tiere und ihre Abkömmlinge gediehen fünf Millionen Jahre in Südamerika. Die Vorstellung, daß nur eine Handvoll Reisender eine ganze Dynastie gründete, mutet seltsam an, aber selbst in der Geschichte des Menschen gibt es Hinweise darauf, daß eben dies geschah. Aus den genetischen Ähnlichkeiten zwischen menschlichen Populationen schließen Wissenschaftler, daß weniger als 100 unserer Vorfahren Eurasien von Afrika aus besiedelten und lediglich zehn nach Nordamerika übersiedelten, um dort die Eingeborenenvölker zu gründen.

Einer der Abkömmlinge von *Cyonasua* mit der Größe eines Großen Pandas war der sanfte Riese *Chapmalania.* Seine bloße Größe und Stärke reichten vermutlich aus, um sich vor Raubbeutlern und »Donnervögeln« zu schützen. Er ernährte sich von Früchten und Schößlingen. Leider überlebten weder *Chapmalania* noch irgendein anderer Abkömmling der als Pioniere aufgetretenen *Cyonasuas* bis heute. Sie wurden durch ein Ereignis ausgelöscht, das ihre Welt unwiderruflich veränderte und auch ihre südlichen Zeitgenossen, die Säbelzahnbeutler, vernichtete.

Die Säbelzahnbeutler der Südhalbkugel hatten in der Nordhemisphäre fast perfekte Doppelgänger: die Säbelzahnkatzen wie etwa *Smilodon* (was soviel wie »Dolchzahn« bedeutet). Die beiden Gruppen waren überhaupt nicht miteinander verwandt, und ihre unheimliche Ähnlichkeit veranschaulicht die fromme Redensart, daß es nur eine Möglichkeit gibt, eine Sache zu tun, und daß nur dieser Weg richtig ist. Die Säbelzahnbeutler und *Smilodon* füllten auf ihren jeweiligen Kontinenten ähnliche Nischen und paßten sich auf vergleichbare Weise an, um sich erfolgreich behaupten zu können. Diese beiden Räuber mit den Säbelzähnen standen einander wie Spiegelbilder gegenüber, als die beiden Teile Amerikas näher aufeinanderzudrifteten.

Vor zwei Millionen Jahren erhoben sich Vulkane in einer Linie von Nord- nach Südamerika aus dem Meeresboden. Zunächst als Trittsteine, dann als echte Verbindung bildeten sie die mittelamerikanische Landbrücke zwischen den beiden Kontinenten. Zum ersten Mal seit dem Auseinanderbrechen von Pangaea gab es für Tiere vom nördlichen und südlichen Kontinent einen leichten Weg, um aufeinanderzutreffen. Zunächst schienen die Tiere des Nordens und des Südens einander ebenbürtig. Einige Dutzend Gattungen nordamerikanischer Tiere wanderten nach Süden ein, und ein Dutzend Gattungen aus dem Süden drang nach Norden vor. Dieses Verhältnis entsprach in etwa der Größe der beiden Faunen und stellte somit einen gerechten Austausch dar. Doch es waren die Einwanderer aus Nordamerika, die regelrecht aufblühten. Aus den nordamerikanischen Ankömmlingen gingen in Südamerika viel mehr Arten hervor als aus den ursprünglichen Bewohnern, und von letzteren starben mehr und mehr aus. Infolgedessen stammt heute die Hälfte aller Säugetiergattungen in Südamerika von den frühen Einwanderern aus dem Norden ab. Ganz anders in Nordamerika: Dort blieben nur Gürteltiere, Opossums und Stachelschweine von den ursprünglichen Einwanderern aus dem Süden erhalten, und selbst diese haben sich nicht sonderlich beeindruckend weiterentwickelt.

Der Artenaustausch zwischen den beiden Teilen Amerikas wurde eindeutig zu einer einseitigen Angelegenheit. Die Säbelzahnkatzen löschten die Säbelzahnbeutler aus. Bevor der Isthmus von Mittelamerika entstand, hatte noch kein Vertreter der Familien der Katzen, Hunde, Bären oder Marder seinen Fuß auf südamerikanischen Boden gesetzt. Doch schon bald beherbergte dieser Kontinent mehr Hunde- und Katzenarten als jeder andere. Viele Opossumarten starben, konfrontiert mit diesen Neuankömmlingen, aus. Obwohl einer der frühesten Siedler, *Chapmalania,* ein echter Carnivor war, wurde er von Bären verdrängt, welche die Landbrücke überquerten. Einer der Donnervögel, *Titanis,* wanderte nach Nordamerika und lebte eine Weile in Florida, bevor er ausstarb. Auch die restlichen Donnervögel im Süden wurden ausgelöscht.

In neuerer Zeit hat sich die Geschichte in ähnlicher Form wiederholt. Der Mensch, der dazu neigt, sich überall einzumischen, führte Carnivoren nach Australien ein und rief damit ähnliche Auswirkungen bei den dortigen Beuteltieren hervor wie beim großen Faunenaustausch in Südamerika. Dennoch sind einige Raubbeutler dort verblieben. Der Tasmanische oder Beutelteufel wurde auf dem australischen Festland vermutlich vom Dingo verdrängt, den die Menschen vor 8000 Jahren dorthin gebracht hatten. Bis heute hat er nur auf Tasmanien, einer Insel, welche die Hunde nie erreichten, überlebt. Dieser kräftige, fünf bis neun Kilogramm schwere Aasfresser jagt auch kleine Säugetiere. In der Vergangenheit ernährte er sich wahrscheinlich von den Beuteresten des weitaus größeren Beutelwolfes, der auf dem Festland vor etwa 3000 Jahren ausgerottet wurde, ebenfalls infolge der Konkurrenz mit dem Dingo. Anfang dieses Jahrhunderts wurde der Beutelwolf in Tasmanien mit Abschußprämien bejagt und wahrscheinlich zusätzlich durch Krankheiten dezimiert. Seit den dreißiger Jahren wurde er definitiv nicht mehr gesichtet. Die Beutelmarder sind wahrscheinlich die wildesten unter den Raubbeutlern, die überlebt haben. Das Verbreitungsgebiet des Tüpfelbeutelmarders ist in den letzten Jahren geschrumpft; man schreibt dies der Konkurrenz mit Rotfüchsen zu, die im Jahre 1871 für den Jagdsport und in dem vergeblichen Versuch eingeführt wurden, die schon früher von den Europäern nach Australien gebrachten Kaninchen zu bekämpfen.

Auch Australien beherbergte einst einen Kandidaten für den König der Tiere, den Beutellöwen *Thylacoleo,* der sich jedoch vor rund 10 000 Jahren verabschiedete. Der 1,25 Meter lange *Thylacoleo* stammte von einer Linie reiner Vegetarier ab, und seine nächsten überlebenden Verwandten sind die Kuskuse, liebenswert kuschelige, baumlebende Fruchtfresser. Am Beutellöwen war aber absolut nichts kuschelig. Im Gegensatz zu den Säbelzahnbeutlern hatte *Thylacoleo* das Reißzahn-Kartell gegründet: Seine Scherenzähne waren so ausgeklügelt wie jene der echten Carnivoren. Sie wiesen sogar

Die Zähne des Malaiischen Palmenrollers oder Fleckenmusangs sind denen der ersten Carnivoren sehr ähnlich. Seine Hauptnahrung sind kleine Wirbeltiere, Insekten und Eier sowie Früchte.

zusätzlich gezähnelte Ränder auf. Seine Eckzähne waren darauf ausgerichtet, die Beute so festzuhalten, daß sie erstickte, und er besaß riesige Krallen an der Innenseite seiner Vorderpfoten. *Thylacoleo* war ein geschickter Kletterer und ernährte sich von bodenlebenden Känguruhs. Vermutlich schleppte er seine Beute wie der heutige Leopard auf Bäume, um sie vor seinen aasfressenden Zeitgenossen, dem Beutelteufel, in Sicherheit zu bringen.

Die Wissenschaftler haben zu erklären versucht, warum die Raubbeutler eine so armselige Figur gegenüber den Carnivoren machten. Die Proportionen ihrer Gliedmaßen weisen darauf hin, daß die ausgestorbenen Raubbeutler langsamer waren als ihre Gegenspieler unter den Carnivoren, aber man kann sich kaum vorstellen, daß sie nicht längere Beine hätten entwickeln können, wäre dies notwendig gewesen, um erfolgreich zu konkurrieren. Denkbar wäre, daß die frühen Bewohner Südamerikas weniger durch evolutionäre Katastrophen wie Klimaveränderungen betroffen waren als ihre Zeitgenossen in Nordamerika. Folglich waren die nordamerikanischen Sieger von widerstandsfähigerer Natur und, wie der Paläontologe Stephen Gould es ausgedrückt hat, »in einem heißeren evolutionären Ofen gehärtet«. Es gibt jedoch keine Beweise, die diese ansonsten reizvolle Hypothese untermauern könnten.

Wie beim Niedergang der Creodonten betreffen die wahrscheinlichsten Erklärungsversuche die Zähne. Die räuberischen Beutler besaßen wie die modernen Beuteltiere keine Milchzähne. Das Milchgebiß ermöglicht es den plazentalen Säugern, ihre kindlichen Zähne gegen einen neuen Satz auszutauschen, der an die Bedürfnisse der erwachsenen Tiere angepaßt ist. Junge Carnivoren haben eine Brechschere im Milchgebiß, die ausfällt, wenn die Reißzähne des Dauergebisses hervorbrechen. Die dahinterliegenden Molaren werden dann für andere Zwecke genutzt (wie in der Familie der Hunde) oder reduziert (wie bei der Familie der Katzen). Im Gegensatz dazu entschieden sich die altertümlichen Raubbeutler für eine Art »Molarenförderband«: Die Backenzähne erschienen nacheinander, und jeder übernahm die Rolle der Brechschere, bevor er mit dem Durchbruch des nächstfolgenden Molaren im Kiefer nach vorne geschoben wurde. Man bezeichnet diese Art von Zahnwechsel als horizontalen im Gegensatz zum vertikalen Zahnwechsel der Plazentatiere. So begannen alle Molaren eines solchen Beutlers als Reißzähne, und keiner konnte ungehindert andere Funktionen entwickeln. Daher mußten sich die Raubbeutler wahrscheinlich wie die Creodonten auf die Carnivorie spezialisieren. Die Carnivoren jedoch konnten sich an eine veränderte Ernährungsgrundlage anpassen.

So wurden die Carnivoren zu den dominierenden räuberischen Säugetieren und blieben dies für einige Millionen Jahre. Das bedeutet jedoch nicht, daß sie all den anderen Räubern überlegen gewesen wären. So könnte beispielsweise die Tatsache, daß die Dinosaurier ausstarben, implizieren, sie seien Fehlschläge der Evolution gewesen. Aber ganz im Gegenteil: Während ihrer Vorherrschaft brachten sie eine Fülle von großen Räubern hervor, die jener der modernen Carnivoren gleichkommt. Außerdem blieben sie für nahezu 150 Millionen Jahre die dominierenden Fleischfresser, und so müssen wir noch weitere 100 Millionen Jahre abwarten, bevor wir beurteilen können, ob die Carnivoren es besser gemacht haben.

Familienstammbaum: Die Carnivoren

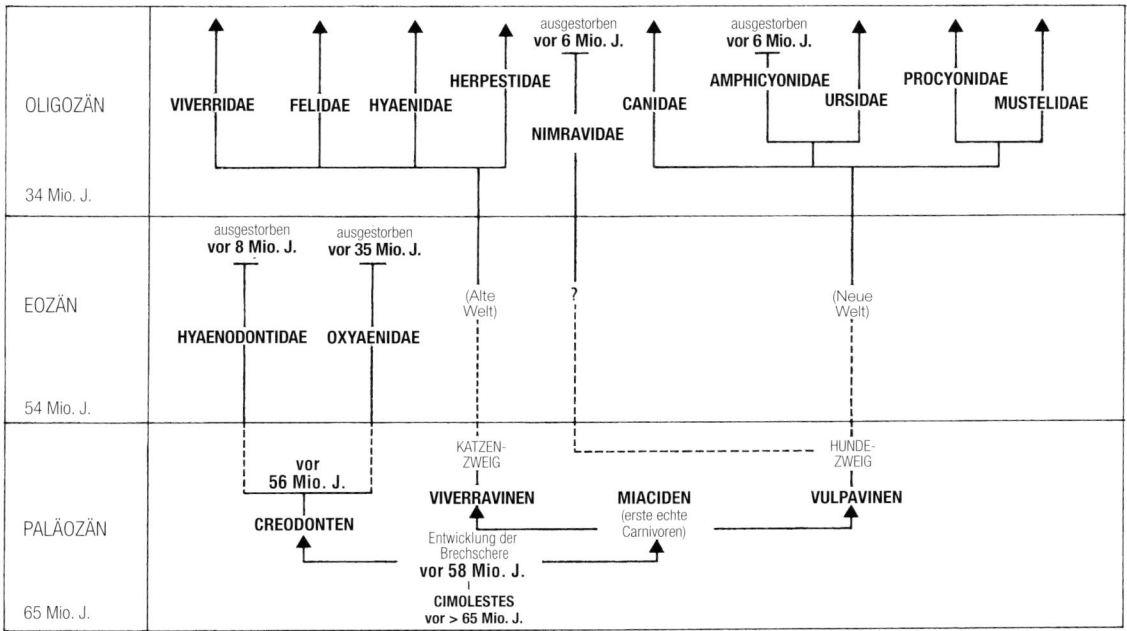

Alle modernen Mitglieder der Ordnung Carnivora stammen von den Miaciden, den ersten echten Carnivoren ab. Man kann die Herkunft der heutigen Carnivoren über Fossilbelege bis zu ihren Wurzeln vor fast 60 Millionen Jahren zurückverfolgen. Mittlerweile hat man mit modernen biochemischen Techniken die Verwandtschaftsverhältnisse zwischen den Familien der Carnivora und zwischen den Arten innerhalb der Familien noch weiter enträtselt (siehe Seite 8). Nach wie vor weist die Geschichte zahlreiche Lücken auf, aber die wahrscheinlichen Beziehungen zwischen den acht rezenten Familien sind im Familienstammbaum oben schematisch dargestellt. Ähnliche Familienstammbäume finden sich für Katzen auf Seite 77, für Hunde auf Seite 117, für Hyänen auf Seite 145, für Groß- und Kleinbären auf Seite 179 und für Marder auf Seite 217; die Belege für die Familien der Schleichkatzen und Mangusten sind so bruchstückhaft, daß für sie kein Stammbaum erstellt wurde. Diese Stammbäume deuten durch eine Reihe sich verzweigender Linien auf eine gemeinsame Herkunft hin; der wahrscheinliche Zeitpunkt der Abspaltung von einem gemeinsamen Vorfahren der Linien, die zu den heutigen Arten führen, ist auf der geologischen Zeitskala am linken Rand angegeben (in Millionen Jahren zurück). Die Linie für den Erdwolf auf Seite 145 spaltet sich zum Beispiel im Miozän ab: Das bedeutet aber nicht, daß es die Erdwölfe seitdem unverändert gibt, sondern, daß die Linie, die zu den heutigen Erdwölfen führt, sich vor zehn Millionen Jahren abgetrennt hat. Zur Vereinfachung sind die heutigen Arten generell im Holozän benannt, ohne detailliertere Angabe ihres Alters. Besonders spekulative Verbindungen sind mit gestrichelten Linien dargestellt, noch existierende Linien enden mit einer Pfeilspitze, ausgestorbene mit einem Querstrich. Die Familienstammbäume sind unvollständig, zeigen aber die Positionen der entscheidenden Akteure und Ereignisse, die im Text genannt werden. Sie sollen eine schnelle Übersicht über die Hauptlinien ermöglichen (siehe Seite 42).

Die Hauptlinien der Geschichte

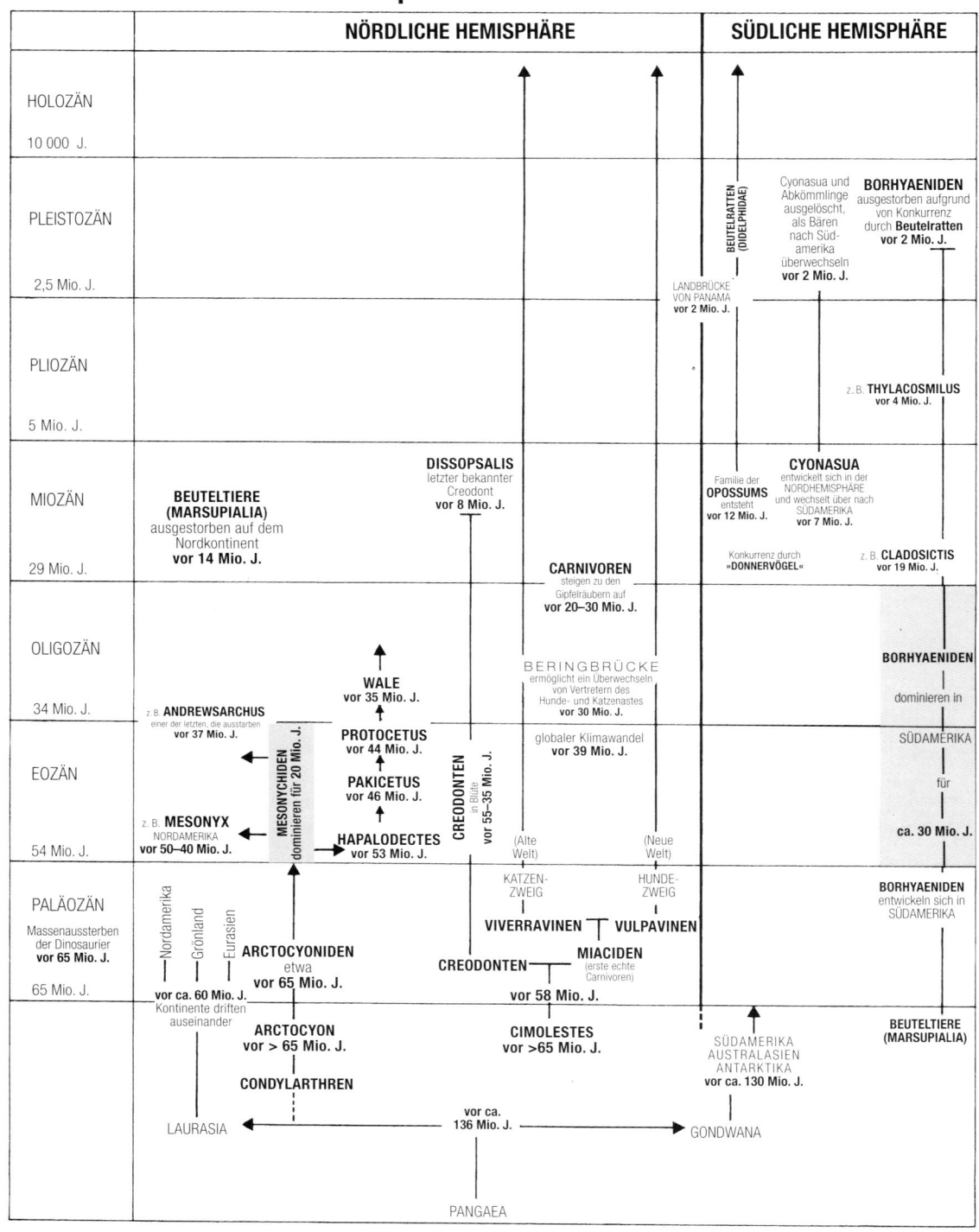

KAPITEL 2

DIE WAFFENSCHMIEDE DER NATUR

Unter den Carnivoren gibt es eine Familie – und nur eine –, deren Mitglieder allesamt spezialisierte Mörder sind: die Katzen. Omnivorie stellt für sie keine Option dar. Von der größten, dem 360 Kilogramm schweren männlichen Sibirischen Tiger, bis zur kleinsten, der ein Kilogramm leichten Schwarzfußkatze, haben sie die langgezogenen Gesichter ihrer Vorfahren gegen hochaufgewölbte und kurze Schnauzen eingetauscht, die Muskeln Halt bieten, welche einen tödlichen Biß ermöglichen. Die scherenartigen Reißzähne spielten zwar eine Schlüsselrolle bei der Evolution aller Carnivoren, aber es sind die Katzen, die sie zur schärfsten Klinge geschliffen haben.

Die Lebensweise der Katzen beruht auf Heimlichkeit und Hinterhalt. Die ersten, die erwiesenermaßen einer solchen Lebensweise nachgingen, entwickelten sich in den Wäldern aus Vorfahren, die vermutlich den heutigen Ginsterkatzen sehr ähnlich waren. Diese Jäger der Baumkronen sind keine echten Katzen, aber Vertreter einer weiteren Familie des Katzenzweiges, der Viverriden. Als die omnivoren Vorfahren der Katzen auf den Boden hinabstiegen, gingen einige dazu über, auf Waldlichtungen ihrer Beute aufzulauern. Diese frühen Katzen waren zweifellos sowohl auf den Bäumen als auch auf dem Boden zu Hause, wie eine moderne Schleichkatze, die Fossa. Die madagassische Fossa oder Frettkatze zeigt, wie der grundlegende Carnivorenbauplan aus der Zeit vor 40 Millionen Jahren, den die Ginsterkatzen auch heute noch aufweisen, zu dem einer Katze umgewandelt werden kann. Wie eine Katze benutzt die Fossa ihre dolchartigen Eckzähne und zurückziehbaren Krallen bei ihrer Jagd auf Vögel und Lemuren (siehe Seite 34).

Die Antwort auf die Frage, wann die Geschichte der Katzen genau begann, hängt davon ab, was eine Katze als solche auszeichnet, und das ist umstritten. Verschärft wird das Problem durch die Tatsache, daß die frühen Katzen in Wäldern lebten; dort bilden sich nur selten Fossilien, und so gibt es nur wenige paläontologische Zeugnisse zum Beispiel der Mittelohrknochen, die die Carnivorenfamilien voneinander unterscheidbar machen. Die frühesten katzenartigen Carnivoren gehören zwei Linien an, die vor etwa 40 Millionen Jahren im Eozän die Dschungel Nordamerikas bewohnten. Eine Linie verkörpert *Hoplophoneus,* die andere *Dinictis,* der im Bereich des heutigen Süd-Dakota lebte und einem modernen Serval ziemlich ähnlich sah. Diese Linien hatten ein Merkmal gemeinsam, das heute ein Kennzeichen der modernen Katzen ist – dolchartige Eckzähne –, und die meisten von ihnen besaßen wie *Hoplophoneus* Säbelzähne. Die Fossilien sind so überzeugend katzenähnlich, daß man sie zunächst Palaeofeliden nannte und als die ersten Katzen bezeichnete. Ihr Vorkommen in der Neuen Welt warf jedoch Fragen auf, denn der Katzenzweig der Carnivoren wurzelt ansonsten ausschließlich in der Alten Welt. Es war der Hundezweig, der sich zunächst in der Neuen Welt entwickelte. So könnten die ersten Tiere, die das Handwerk der Katzen betrieben, in Wirklichkeit Carnivoren des Hundezweiges gewesen sein. Folglich schien es weniger verwirrend, sie in Scheinkatzen (Nimravidae) umzubenennen. Waldlichtungen waren entstanden und boten eine Nische für aus dem Hinterhalt jagende Räuber, und die Scheinkatzen waren auf katzenartige Weise daran angepaßt, sich in dieser Nische einzurichten.

Ein weiterer möglicher Kandidat für die erste echte Katze ist *Proailurus,* die vor 30 Millionen Jahren in Europa lebte. *Proailurus* war ziemlich katzenähnlich und ein Vertreter des Katzenzweiges, könnte aber auch nur eine recht katzenartige Schleichkatze wie die Fossa gewesen sein. Da zwei andere Familien des Katzenzweiges, die Hyänen und Mangusten, beide im unteren Miozän vor rund 22 Millionen Jahren entstanden, stammen die Katzen vielleicht ebenfalls aus dieser Zeit. Sicherlich hatte sich vor 20 Millionen Jahren *Pseudaelurus* entwickelt, dessen Knochen ihn unstrittig als Katze ausweisen. Vor 20 bis vor 16 Millionen Jahren streiften Vertreter von *Pseudaelurus* durch Nordamerika.

Pseudaelurus und andere frühe Katzen waren mittelgroße Tiere, die aus dem Hinterhalt kleine Wirbeltiere jagten. Das ist heute noch die Lebensweise der ältesten überlebenden Katzenlinie, der Ozelots, die sich vor zwölf Millionen Jahren abspaltete. Heute wird diese Linie vom Ozelot, der Margay (auch Baumozelot oder Langschwanzkatze), der Kleinfleckkatze, der Oncilla (auch Ozelot- oder Tigerkatze), der Pampaskatze und der Chilenischen Waldkatze in Südamerika vertreten. Ihre Vorfahren entstanden wahrscheinlich im südlichen Zentralasien und wanderten vor fünf bis sechs Millionen Jahren über die Beringbrücke, bevor sie vor etwa zwei Millionen Jahren in Südamerika einwanderten. Alle sechs heutigen Arten sind vermutlich erst entstanden, nachdem Vertreter dieser Linie Südamerika erreicht hatten. Einige Vertreter dieser alten Linie haben ihren ursprünglichen Lebensraum Wald beibehalten. Die Margay zum Beispiel ist so vollständig an ein Leben in Bäumen angepaßt, daß sie ihre Knöchel um 180 Grad verdrehen kann, um sich festzuhalten, während sie mit dem Kopf voran die Baumstämme herabsteigt. Sie vermag darüber hinaus aus dem Stand zweieinhalb Meter senkrecht in die Höhe zu springen. Weitere Vertreter wie etwa die Pampaskatze haben sich an andere Lebensräume angepaßt; wie ihr Name schon nahelegt, hat diese Katze den Wald verlassen, um auf den weiten Grasflächen Südamerikas auf die Jagd zu gehen. Ein Rätsel ist die Berg- oder Andenkatze: Ihre Ohrknochen unterscheiden sich von denen aller anderen Katzen; ob sie zur Ozelotlinie oder zu einem anderen Zweig der Familie gehört, ist nicht bekannt.

Zusätzlich zu den sechs südamerikanischen Arten hat eine siebte Ozelotart in der Alten Welt überlebt. Die Iriomote-Katze wurde 1965 entdeckt und lebt auf der bewaldeten Insel Iriomote östlich von Taiwan. Mit einer geschätzten Population von 80 Tieren ist sie die seltenste Katze der Welt. Wenngleich sie anderen eurasischen Kleinkatzen sehr ähnlich sieht, wurde gemutmaßt, sie sei der letzte Vertreter der Ozelotlinie in der Alten Welt.

Etwa zwei Millionen Jahre nachdem sich die Ozelots abspalteten, entstanden die kleinen Wildkatzen, von denen eine schließlich unser Haustier werden sollte. Der erste Vertreter dieser Wildkatzenlinie war der Manul der Steppen Asiens, bald gefolgt von der Rohrkatze, der europäischen Wildkatze und afrikanischen Falbkatze sowie zwei winzi-

Die Margay der südamerikanischen Wälder ist ein Vertreter der Ozelotlinie der Katzenfamilie.

gen Wüstenarten, der fellbesohlten Sandkatze des Mittleren Ostens und der südafrikanischen Schwarzfußkatze. Die in den Bergen Chinas lebende Graukatze könte ebenfalls der Wildkatzenlinie angehören. Zu den Anhaltspunkten für die frühe Abspaltung des Manuls gehört die verblüffende Tatsache, daß ihm als einziger Wildkatze ein altertümlicher Erreger fehlt, der als Retrovirus bekannt ist. Dieser Erreger muß den gemeinsamen Vorfahren der anderen Arten vor über sechs Millionen Jahren infiziert haben, aber nach der Abspaltung des Manuls.

Ungeachtet ihrer Abstammung führen die meisten kleinen und mittelgroßen Katzen ein Sozialleben, das vermutlich seit der Zeit von *Pseudaelurus* ziemlich gleich geblieben ist. Das grundlegende Muster verdeutlicht die europäische Wildkatze: Jedes Weibchen bewohnt ein Territorium von ca. 200 Hektar; die Territorien einzelner Männchen umfassen drei oder mehr dieser Bezirke. Die Rotluchse in Idaho weisen eine ähnliche Verteilung auf; bei ihnen ist das Territorium eines Männchens zwei- bis fünfmal größer als das der Weibchen. Man könnte dies als ausschließende territoriale Polygynie bezeichnen, denn die Männchen versuchen, die Weibchen innerhalb ihres Territoriums für sich zu beanspruchen, statt mit wechselnden Partnern umherzustreifen.

Dieses System stellt eine Anpassung an ihre Ernährung dar. Wie bei den carnivoren Zibetkatzen (siehe Seite 27) sind die Beutetiere dieser Katzen zu klein, um geteilt zu werden, und erfordern keine Kooperation, um sie zu fangen oder zu verteidigen. Katzen, die ihre Jagdgründe teilten, wären benachteiligt, denn dort, wo gerade erst eine Katze gejagt hat, verstecken sich die Beutetiere und sind besonders aufmerksam.

Außerdem brauchen kleine Wirbeltiere eine gewisse Zeit, um sich wieder fortzupflanzen, wenn mehrere getötet wurden, und so würde eine Katze, deren Territorium von Rivalen leergejagt wurde, eine lange magere Zeit durchleben müssen. Folglich leben viele weibliche Katzen alleine in relativ großen Territorien. Rohrkatzen sollen jedoch gelegentlich paarweise leben, Fischkatzen hat man sogar schon paarweise beobachten und fotografieren können.

Männliche Katzen, ob große oder kleine, machen sich selten, wenn überhaupt, die Pfoten für ihre Jungen blutig. Die Bürde, die Jungen zu füttern, lastet ganz allein auf den Weibchen. Lediglich Löwen ziehen sich zurück und lassen ihren Jungen an der geschlagenen Beute den Vortritt, und Tiger fressen mit ihren Jungen gemeinsam. Offenbar konzentrieren sich männliche Katzen statt auf die Versorgung der Jungen darauf, die Zahl ihrer Nachkommen zu maximieren, indem sie um ein möglichst großes Territorium kämpfen und so viele Weibchen wie möglich für sich beanspruchen. Da das Kampfvermögen vor allem von der Körpergröße und der Stärke abhängt, wurden große Männchen von der evolutionären Selektion begünstigt. Bei den kleinen Arten können sie bis zu 20 Prozent schwerer als die Weibchen sein, bei den großen bis zu 50 Prozent.

Katzen besitzen ein sehr gutes Gehör, um ihre Beute zu orten. Ein Serval kann mit seinen Ohren, die er wie Radarschüsseln dreht, das Knabbern eines Nagetierzahnes

Die Fischkatze kommt in Wäldern und Sumpfgebieten von Indien bis Indonesien vor und hat für Katzenverhältnisse einen relativ schwach ausgebildeten Geruchssinn.

wahrnehmen. Nach der Größe des Hirnbereichs zu urteilen, der für die Verarbeitung von Gerüchen zuständig ist, ist der Geruch für Katzen weniger bedeutend als für die meisten anderen Carnivorenfamilien. Die Katze mit dem am geringsten entwickelten Geruchssinn ist die Fischkatze, vermutlich weil dieser für den Fischfang nutzlos ist. Am meisten verlassen sich die Katzen jedoch auf ihren Gesichtssinn. Einige, wie der Gepard, besitzen eine speziell vergrößerte Hirnregion, die vermutlich komplexe Bilder verarbeitet. Das nächtliche Leuchten der Augen von Katzen entsteht durch eine besondere, Licht reflektierende Membran, das sogenannte Tapetum lucidum, die es ihnen ermöglicht, im Licht der Sterne zu jagen.

Um aus dem Hinterhalt jagen und sich anschleichen zu können, müssen Katzen für das Schwarz-Weiß-Sehvermögen ihrer Beutetiere getarnt sein. Deren Leben hängen davon ab, ob sie gestreifte Tiger im hohen Gras, die Ringe vom Fell der Schneeleoparden vor geröllübersäten Felshängen, Ozelots im Spiel von Licht und Schatten des Waldes, dunkle Jaguarundis im feuchten Unterwuchs und schleichende Löwen in der trockenen Savanne erkennen. Bei manchen Katzen haben sich als Anpassung an unterschiedliche Lebensräume verschiedene Farbschläge entwickelt. Der schwarze Panther, den man ursprünglich für eine eigene Art hielt, ist in Wirklichkeit ein Leopard mit schwarzem Fell. Unter bestimmten Lichtverhältnissen schimmern die Flecken durch sein dunkles Fell hindurch. Dieser von einem rezessiven Gen verursachte Melanismus tritt angeblich bei den Leopardenpopulationen in den Wäldern und Bergen Asiens am häufigsten auf. Auf der Malaiischen Halbinsel, wo die Leoparden in dichten Wäldern leben, sind nicht weniger als 50 Prozent schwarz. Auch schwarze Servale und Jaguare gibt es recht häufig, gelegentlich auch schwarze Kleinfleckkatzen und Rotluchse. Eine weitere Farbvariante, die man einst für eine eigene Art hielt, ist der auffällig gestreifte »Königsgepard«. Zuchtexperimente belegten jedoch, daß es sich um eine seltene Mutante des normalen Gepards handelt, ähnlich jener, die die getigerte Form der Hauskatze darstellt.

Mit Pfoten, die darauf ausgerichtet sind, zu töten und zu klettern, nicht zu graben und zu rennen, haben Katzen eine nur kurze Angriffsdistanz. Die wüstenlebende Sandkatze schlägt Rennmäuse, die europäische Wildkatze stürzt sich auf Kaninchen, und der Ozelot pflückt im Sprung Vögel aus der Luft. Aus dem Hinterhalt jagende Tiere sind nicht wählerisch: Sie töten die Unvorsichtigen, nicht unbedingt die Schwachen. Um nahe genug für einen Angriff an ihre Beute heranzukommen, schleichen sich Katzen an sie heran. Das Anschleichen — Kopf und Körper flach an den Boden geschmiegt, unterbrochen von blitzschnellem Annähern, wenn die Beute unaufmerksam ist, das letzte Zögern und der explosive Sprung — ist fast bei allen Katzen zu beobachten. *Pseudaelurus* schlich sich wahrscheinlich schon vor 20 Millionen Jahren auf diese Weise an. Haben sie ihre Beute erst einmal gepackt, töten Katzen sehr schnell, wie es für einen Einzelkämpfer erforderlich ist. Je schneller die Beute außer Gefecht gesetzt ist, desto geringer ist die Gefahr, daß der Angreifer eine Verletzung davonträgt. Die Eckzähne von Kleinkatzen funktionieren wie lange, scharfe Dolche, die sie der Beute ins Genick stoßen. Sie haben exakt den richtigen Abstand, um sich in die Lücken zwischen den Wirbeln zu verkeilen, die Knochen auseinanderzuhebeln und so das Rückenmark zu durchtrennen. Die Eckzahndolche

Folgende Doppelseite: Ein nordamerikanischer Rotluchs hat seine Krallen zum entscheidenden Schlag ausgefahren.

können ihren Weg zum tödlichen Punkt fühlen, denn sie sind gut mit Nerven versorgt. Nach schnell ausgeführten Probebissen ermöglicht dies der Katze, in Blitzgeschwindigkeit den entscheidenden Biß zu setzen. Der kräftige Einsatz dieser Dolchzähne erfordert stark entwickelte Kiefermuskeln, die an einer kurzen, kompakten Schnauze sitzen. Infolgedessen haben die modernen Katzen keinen Platz mehr für mehrere Backenzähne, die einst in den längeren Schnauzen ihrer Vorfahren noch Raum fanden. Während also die heutigen Zibetkatzen und Mangusten nach wie vor 44 Zähne aufweisen, besitzt die katzenähnliche Fossa 32 und die meisten Katzen nur noch 30 Zähne. Der Manul und der Luchs haben die Zahl sogar noch weiter reduziert und weisen lediglich noch 28 Zähne auf. Im Kiefer von Katzen klafft aufgrund des Verlusts eines oberen und zweier unterer Prämolaren eine große Lücke hinter jedem Eckzahn. Dieser Zwischenraum gewährleistet zusammen mit der Krümmung des Oberkiefers, daß die Eckzähne so weit wie möglich in die Beute eindringen. Die scharfe Kante der Reißzähne macht diese zu den optimalen Schneidewerkzeugen; und ihre Zunge ist mit zahlreichen scharfen Hornpapillen übersät, mit der sie das Fleisch vom Knochen raspeln können.

Um zwischen die Wirbel ihrer Beute eindringen zu können, müssen die Eckzähne von Katzen, die sich von größeren Beutetieren ernähren, einen größeren Abstand zueinander haben und breiter und kräftiger sein als die von Katzen, welche kleinere Beutetiere fressen. Die Eckzähne der Katzen passen zu ihrer jeweiligen Beute wie eine Hand zum Handschuh; das trägt wohl mit dazu bei, die Konkurrenz zwischen den einzelnen Arten und zwischen den Geschlechtern derselben Art auf ein Minimum herabzusetzen. In Israel kommen der Karakal oder Wüstenluchs, die Rohrkatze und die Wildkatze gemeinsam vor, und bei jeder Art sind die Männchen größer als die Weibchen. Schädel- und Brechscherengröße der jeweiligen Arten und Geschlechter überlappen sich. Der Durchmesser ihrer oberen Eckzähne unterscheidet sich jedoch in einer deutlichen Abfolge, was eine Einordnung von der kleinsten, der weiblichen Wildkatze, bis zur größten, dem männlichen Karakal, ermöglicht. Ein ähnliches Muster ergibt sich, wo diese drei Arten in der indischen Sindwüste zusammentreffen, aber dort haben die Tiere kleinere Eckzähne. Hier hat sich die Größe der Fangzähne anscheinend durch die Konkurrenz einer zusätzlichen, größeren Art, der Fischkatze, in der Skala nach unten verschoben. Dieselben regelmäßigen Abstände zwischen Arten und zwischen Geschlechtern einer Art gelten für die Größe der Zahnlücke von Jaguar, Puma, Ozelot und Jaguarundi. Der Jaguarundi (auch Wieselkatze) und die Margay stellen eine Ausnahme dar, welche die Regel bestätigt: Ihre Zahnlücken sind ähnlich breit, aber sie nutzen verschiedene Lebensräume — die Margay lebt sehr viel mehr auf Bäumen als der Jaguarundi. Wo Katzen ähnlicher Größe miteinander konkurrieren, sind die Beziehungen zwischen ihnen gespannt: Löwen und Tiger versuchen, Leoparden zu töten, wenn sich die Gelegenheit bietet, und Löwen machen durchaus auch Jagd auf Gepardenjunge, um sie zu töten.

Hauskatzenjunge, die sich an ein Wollknäuel anschleichen, zeigen Eigenschaften, die alle Katzen gemeinsam haben, von der Chilenischen Waldkatze bis zum Nebelparder. Das anfangs spielerische Schlagen mit den Vorderpfoten entwickelt sich später zu einem Schlagen nach Nagetieren mit einem Prankenhieb, dessen Ursprünge in Bewegungen liegen, die vor 20 Millionen Jahren zum Erklettern von Bäumen dienten. Die ersten Katzen, die auf den Boden hinabstiegen, schlugen Kapital aus dem Vermächtnis ihrer Vorfahren. Sie nutzten die beweglichen Vorderbeine und zurückziehbaren Greifkrallen ihrer kletternden Ahnen, um ihre kleinen Beutetiere für den Dolchstoß ins Genick zu fixieren. Im Laufe der Zeit paßten sich die Körper einiger Katzen daran an, auch größere Beutetiere zu bezwingen, indem sie, wie ihre Vorfahren auf Bäume, an ihrer Beute emporklimmen. Diese größeren, stärker gebauten Katzen funktionierten die »Steigeisen« ihrer Ahnen zu kraftvollen Greifern um, mit denen sie ihre Beute für den tödlichen Biß regelrecht niederringen.

Großen Beutetieren mit muskulösem Nacken und kräftigen Wirbeln den Todesstoß zu versetzen, erfordert jedoch eine spezielle Waffe. Große Pflanzenfresser gibt es seit 50 Millionen Jahren, und somit waren die Katzen weder die ersten, die sich mit diesem Problem konfrontiert sahen, noch die ersten, die es lösten. Die Lösung – die Säbelzähne – fanden unabhängig voneinander mindestens vier Säugetiergruppen auf drei Kontinenten.

Der Creodont *Machaeroides* entwickelte vor 48 Millionen Jahren als erster Säbelzähne. Vor 40 Millionen Jahren erfanden die Scheinkatzen (Nimraviden) die Säbelzähne und setzten sie bis zu ihrem Aussterben vor sechs Millionen Jahren erfolgreich ein. In Südamerika besaß das Beuteltier *Thylacosmilus,* der Säbelzahnbeutler, ebenfalls Säbelzähne (siehe Seite 15). Das Aussterben sowohl der Scheinkatzen als auch der Säbelzahnbeutler fiel mit dem Zusammentreffen mit der letzten Familie zusammen, die Säbelzähne entwickelte, den echten Katzen.

Große säbelzahnbewehrte Katzen konnten die riesigen Pflanzenfresser – die sogenannten Mega-Herbivoren, gewaltige, nashornähnliche Huftiere – angreifen, deren lederartige Häute ausgesprochen schwer zu durchdringen waren. Eine der bekanntesten dieser Katzen war *Smilodon,* der vor ungefähr zwei Millionen Jahren in Nordamerika entstand. *Smilodon* war etwa von der Größe eines Schneeleopards, hatte einen Stummelschwanz und einen sehr kraftvollen Vorderkörper, um sich an seiner Beute festhalten zu können. Er hatte einen dicken muskulösen Nacken, einen relativ großen Kopf mit kleinen Augen, eine abfallende Stirn und ein Maul, aus dem 18 Zentimeter lange, gebogene Säbelzähne hervorragten. Manche Wissenschaftler mutmaßten, er hätte die Säbelzähne wie Eispickel benutzt, um Bäume zu erklimmen, oder wie ein Walroß seine Stoßzähne, um nach Nahrung zu graben, oder zum Durchbohren des Schädels seiner Beutetiere. Gleichermaßen wurde behauptet, er hätte sie dazu eingesetzt, die Wirbelsäule von Beutetieren auseinanderzubrechen, wie es die Kleinkatzen heute tun. Jaguare, die im Verhältnis zu ihrer Körpergröße den kräftigsten Biß aller Großkatzen haben, benutzen ihre Eckzähne, um die Panzer von Wasser- und Landschildkröten sowie Kaimanen zu durchbohren; im Regenwald Perus stellen diese Tiere ein Drittel ihrer Beute dar. Jaguare sind auch die einzigen Großkatzen, die den Schädel ihrer Beute durchbohren. Berechnungen zufolge konnten die stilettartigen Eckzähne von *Smilodon* zwar ohne weiteres Fleisch aufspießen, beim Auftreffen auf Knochen wären sie jedoch zersplittert. *Smilodon* konnte seinen Kiefer erstaunlich weit aufreißen – bis zu einer Öffnung von 90 Grad im Gegensatz zu 70 Grad bei den modernen Katzen. Wenngleich die Kiefermuskeln von *Smilodon* relativ stark entwickelt waren, scheint es jedoch weder wahrscheinlich, daß sie bei einer maximalen Öffnung zwei dicke Säbelzähne durch ledrige Häute und Sehnen treiben konnten, noch, daß die Nackenmuskeln den Kopf und die Zähne fest genug auftreffen lassen konnten, um die Beute zu durchbohren.

Hinweise darauf, wie die Säbelzähne wirklich funktioniert haben könnten, erhielt man unerwarteterweise von einem Reptil auf der tropischen, zu Indonesien gehörenden Insel

Die Biologen rätseln seit längerem, wie Smilodon *seine kräftigen Eckzähne eingesetzt hat.*

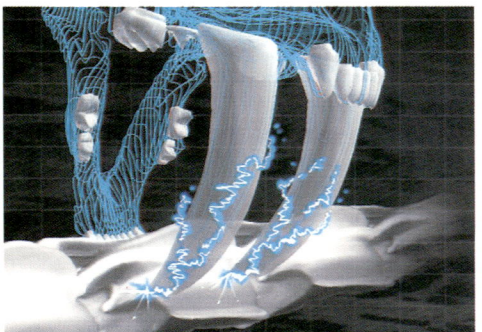

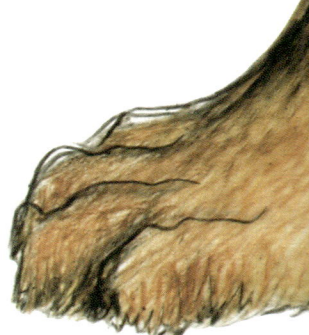

Einer Theorie zufolge stieß Smilodon *seine Säbel-zähne in das Genick von Beutetieren wie zum Beispiel den Litopternen (siehe Bildfolge oben links). So setzen auch Kleinkatzen ihre Zähne ein, aber Biologen fanden heraus, daß* Smilodon *auf diese Weise nicht gejagt haben kann, weil seine Zähne beim Aufprall zersplittert wären (links).*

Smilodon *tötete die großen Pflanzenfresser vermutlich durch einen von unten ausgeführten Angriff.*

Beim Biß in das weiche Gewebe der Kehle bestand keine Gefahr, daß die Säbelzähne zerbrechen.

Weil Smilodon *sein Maul sehr weit öffnen konnte, vermochte er seine Beute wahrscheinlich durch Aufreißen der Kehle zu töten; seine Säbelzähne setzte er dabei eher als Klingen denn als Stilette ein.*

Komodo. Der drei Meter lange Komodowaran nutzt eine ganze Batterie von Säbelzähnen, um das Fleisch seiner Beutetiere, etwa Ziegen, zu durchschneiden. Nach diesem Arbeitsmodell setzte *Smilodon* seine Säbelzähne wohl eher als Klingen denn als Stilette ein, wobei er vielleicht seine unteren Eckzähne in die Flanke oder die Kehle seiner Beute rammte, um ein Widerlager zu haben, gegen das die Muskeln des Kopfes die Säbel herunterstoßen konnten. Wenn er seine Kiefer über der Beute schloß, schnitten die Säbel mit ihren an der Hinterseite gezähnten Schneidekanten nach hinten und außen durch die Haut. Mit diesem Biß mag er auch die Bauchhöhle seiner Beute geöffnet haben, wobei eine Vielzahl an Blutgefäßen durchschnitten wurde und nur ein minimales Risiko bestand, daß die Zähne auf Knochen trafen. Gegen die Vermutung, daß *Smilodon* seine Beute durch einen Biß in die Kehle tötete, spricht, daß er dazu seine Kiefer so weit hätte öffnen müssen, daß er sein Ziel nicht mehr hätte sehen können. Er hätte somit riskiert, daß seine Zähne durch ein zufälliges Auftreffen auf Knochen abbrechen. Andererseits wäre zuzubeißen, ohne etwas zu sehen, für *Smilodon* wohl aber kein Problem gewesen, wenn seine Zähne — wie die der heutigen Katzen — durch Innervierung empfindsam waren und er mit ihnen »fühlen« konnte.

Eine weitere Frage war, wie *Smilodon* es bewerkstelligte, mit seinen Säbelzähnen zu fressen. Naturfilmer könnten dieses Rätsel gelöst haben: Sie wollten das Töten mit Säbelzähnen rekonstruieren und klebten dazu Löwen falsche Säbelzähne an. Dem Anschein nach konnten die Löwen damit auch ohne Schwierigkeiten fressen. Die Säbelzähne waren vermutlich auch zum Zerteilen großer Tierkörper für den Transport von

Oben: Frühe Katzen wie Homotherium *waren auf die Jagd aus dem Hinterhalt spezialisiert.*

Rechts: Die Spezialität des afrikanischen Servals ist die Jagd auf kleine Nagetiere des Graslandes; er gehört zu den kleinen Vertretern der Linie der Pantherkatzen.

Vorteil. In Friesenhahm in Texas fand man in der Höhle einer fossilen Säbelzahnkatze namens *Homotherium* abgetrennte Beine junger Mammuts, welche eine Säbelzahnkatzenmutter vermutlich ihren Kindern mitgebracht hatte. Das unterscheidet die Säbelzahnkatzen von den modernen Großkatzen, die ihre Jungen auf Jagdausflüge mitnehmen, statt die Beute zu einer Höhle zu schleppen. Tigerjunge zum Beispiel begleiten ihre Mutter bereits in einem Alter von zwei Monaten. *Homotherium* besaß besonders lange Reißzähne, die an der Hinterseite zu einer Schneidekante geschliffen waren, mit der er mit Leichtigkeit Elefantenkadaver zerteilen konnte.

Am Ende des Miozäns, vor fünf bis sechs Millionen Jahren, änderte sich das Klima der Welt auf eine Weise, die das Leben der meisten Carnivorenfamilien revolutionierte (siehe Seite 121). Das neue Klima beschleunigte den Rückgang von Wäldern und die Ausbreitung von Buschvegetation und Savannen. Das Entstehen weiter Ebenen führte zu einer Explosion in der Evolution der Nagetiere und darüber hinaus vor vier Millionen Jahren zu einer Fülle von Antilopen und Gazellen. Diese schnellfüßigen Huftiere konnten den schwerfälligen Säbelzahnkatzen entkommen. Aber es entwickelte sich eine neue Linie schnellerer und beweglicherer Katzen, die Pantherkatzen, die sich dieser Herausforderung stellten. Die Beutetiere hatten eine weichere Haut, so daß die Pantherkatzen keine Säbelzähne brauchten. Sie wären zudem für ihre Jagdmethoden nur hinderlich gewesen. Heute zählen die größeren Vertreter der Katzenfamilie zu ihren Nachkommen. Zu den ältesten gehören der Puma, der über 100 Kilogramm wiegt, und die Asiatische Goldkatze, die mit ihren zehn Kilogramm auch kleine Hirsche schlagen kann. Aber

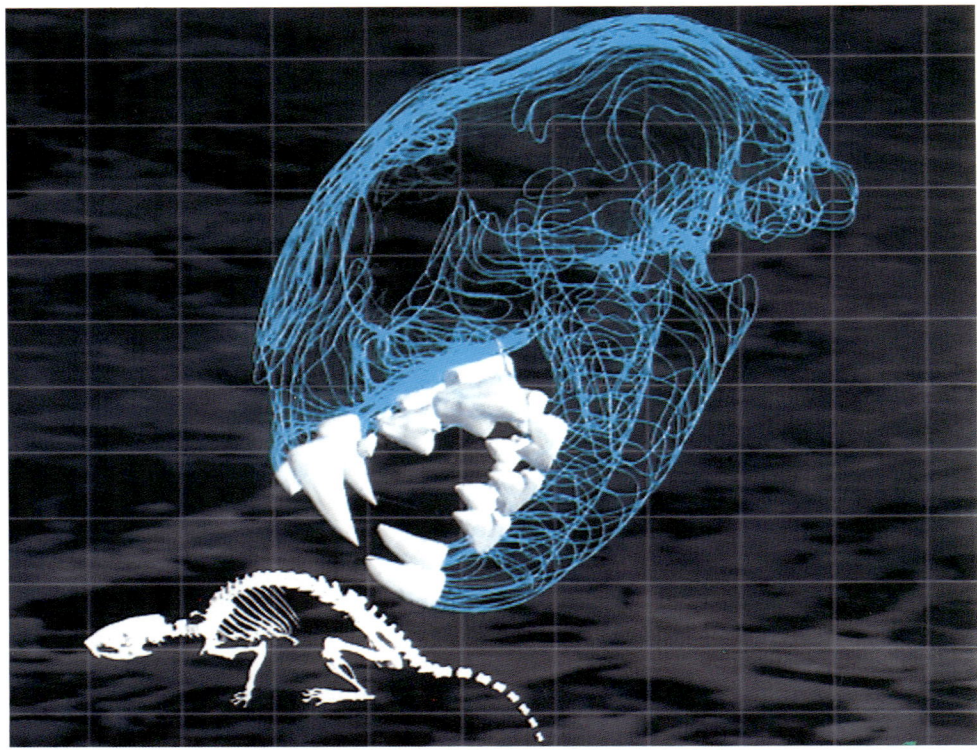

Die kurzen Kiefer des Servals und seine scharfen Eckzähne sind dafür prädestiniert, die Beute zu erdolchen.

nicht alle sind so groß: Die Bengalkatze wiegt nur fünf Kilogramm, die Rostkatze ist nur halb so groß, und die Schwarzfußkatze schließlich wiegt nur ein Kilogramm. Aus der Linie der Pantherkatzen gingen dreimal so viele rezente Arten hervor als aus der Ozelot- oder der Wildkatzenlinie, in deren Verbreitungsgebiet sie gleichermaßen heimisch sind. Puma, Jaguar und der kurzbeinige Jaguarundi, auch Wieselkatze genannt, sind beispiels- weise Pantherkatzen, die auch Südamerika besiedeln — die letzte Festung der Ozelot- linie. Leopard und Puma sind mittelgroße, sehr vielseitige Pantherkatzen mit großem Sprungvermögen und einem enormen Verbreitungsgebiet in der Neuen und Alten Welt.

Die meisten Pantherkatzen, vom Serval bis zum Tiger, haben ein äußeres Merkmal gemeinsam — einen weißen Fleck hinter jedem Ohr —, und wahrscheinlich wies auch schon die erste Pantherkatze vor sechs Millionen Jahren solche Abzeichen auf. Einer häufig geäußerten Vermutung zufolge sollen diese Flecken als »Nachfolgesignale« für die Jungen außerhalb des Blickfeldes der Beute fungieren. Diese Theorie wird jedoch durch die Tatsache in Frage gestellt, daß diese Flecken bei beiden Geschlechtern auf- treten, die Männchen sich aber kaum um die Pflege ihrer Jungen kümmern. Vielleicht sollen sie einem Feind, der sich an die Katze heranschleicht, Augen an der Hinterseite des Kopfes vortäuschen. Die Menschen im indischen Sundarban-Wald setzen diese Strategie bewußt ein: Sie tragen Gesichtsmasken an der Hinterseite ihres Kopfes, um menschenfressende Tiger davon abzuhalten, sich von hinten an sie heranzuschlei- chen.

Mit den Nerven der Eckzähne ertastet der Serval die Lücken zwischen den Wirbeln der Beutetiere.

Die neue Katzenlinie verließ sich bei der Jagd auf ihre Kraft und Geschwindigkeit. Der afrikanische Serval zeichnet sich durch einen langbeinigen, hundeartigen Körperbau aus, der es ihm ermöglicht, sich über hohes Gras auf Nagetiere zu stürzen, nach Vögeln zu springen und kleine Huftiere zu jagen. Der Karakal oder Wüstenluchs, der von den Steppen Turkestans bis zum Kap der Guten Hoffnung vorkommt, ist sogar noch beweglicher. Aber die Pantherkatze, welche die Herausforderung, den neuartigen Antilopen der neuen Grasländer hinterherzusprinten, mehr als jede andere annahm, war der Gepard.

Der Gepard, dessen nächster lebender Verwandter der Puma ist, hat sich einen Namen als ausgesprochener Sprinter gemacht. Er ist das schnellste vierbeinige Tier, das je gelebt hat; seine Beschleunigung läßt sich am ehesten mit der eines PS-starken Sportwagens vergleichen. Die flexible Wirbelsäule des Gepards, seine langen Beine und der als Gegengewicht fungierende Schwanz erlauben ihm das Ansetzen zu explosiven Sprints, das heißt, im vollen Lauf den Körper vollkommen zu strecken, wenn die Vorderbeine raumgreifend nach vorne stoßen, sowie extrem zu krümmen, wenn die Hinterbeine vorne aufsetzen. Im langsamen Galopp ist die Schrittlänge auf diese Weise um 76 Zentimeter länger, als man bei einer Katze von der Größe eines Gepards erwarten würde. Wenn der Gepard beschleunigt, bleibt die für den kompletten Bewegungsablauf benötigte Zeit praktisch konstant knapp unter einer Drittel Sekunde, während die zurückgelegte Distanz mit jedem Sprung jeweils größer wird.

Die Designer von Sportschuhen täten gut daran, die Pfoten des Geparrds genau zu analysieren, wenn sie es nicht bereits getan haben. Seine Zehenpolster sind ungewöhnlich hart und laufen nach vorne spitz zu, während die zentralen Sohlenpolster ein Paar Längswülste tragen wie Reifenprofile. Einzigartig ist die Tatsache, daß der Gepard und rätselhafterweise auch die Flachkopfkatze stumpfe Krallen besitzen. Die Krallen sind fast genauso rückziehbar wie die anderer Katzen, sind aber kürzer, gerader, haben nur eine kurze Schutzscheide und fungieren wie Spikes an Sprinterschuhen. Im Gegensatz dazu sind die Afterklauen an der Innenseite der Vorderfüße außerordentlich scharf und gebogen und werden beim Schlagen der fliehenden Beute wie Greifeisen eingesetzt. Die Eckzähne des Gepards sind relativ klein; daher tötet er seine Beute durch einen strangulierenden Biß in die Kehle. Da der Gepard gänzlich auf Geschwindigkeit ausgerichtet ist, hat er einen kleinen Kopf, und die mächtigen Wurzeln, welche bei seinen Vorfahren die oberen Eckzähne verankerten, wurden geopfert, um im Nasengang Raum zu schaffen. Das ist notwendig, um eine ausreichende Luftzufuhr zu gewährleisten, wenn das Tier rennt oder seine Beute erstickt. Dennoch muß sich der Gepard nach dem Schlagen der Beute unter Umständen bis zu einer halben Stunde ausruhen, bevor er zu fressen beginnen kann. Sein Kauapparat ist zu schwach, um mit Knochen oder Haut fertig zu werden, und so bleiben Skelett und Haut nach der Mahlzeit liegen.

In den Ebenen der Serengeti in Tansania werden Gepardenjunge das ganze Jahr über geboren. Wurfgeschwister stellen ihre Verwandtschaft auf ihren Schwänzen zur Schau, in Form von sehr ähnlichen Ringmustern, die sich untereinander mehr ähneln als denen der Mutter. Das ist jedoch genau das Gegenteil von dem, was man erwartet, würden die Muster durch Gene weitergegeben, was zu der Hypothese führte, das Schwanzmuster werde in der Gebärmutter des Muttertieres bestimmt. Die Jungen werden mit 14 Tagen entwöhnt, können aber für 13 bis 20 Monate von ihrer Mutter abhängig bleiben. Sie bringt ihnen kleine Beutetiere lebend, damit sie an ihnen erste Jagderfahrungen machen können. Junge Weibchen verlassen ihre Heimat vor ihrem zweiten Geburtstag und bleiben oft noch für sechs Monate mit ihren weiblichen Geschwistern zusammen. Dann trennen sie sich und gründen Streifgebiete von 800 Quadratkilometern, in denen sie Artgenossen meiden und den Wanderungen des Jagdwildes folgen. Junge Männchen werden von erwachsenen Männchen aus dem Streifgebiet der Mutter vertrieben; die meisten bleiben in Gesellschaft ihrer Brüder, sofern sie welche haben.

Fast 20 Prozent der Geparde leben in Dreiergruppen, doppelt so viele zu zweit und die restlichen alleine. Einige besitzen Territorien, während andere nomadisch leben. Bündnispartner kämpfen als Team und verteidigen dadurch weitaus effektiver ihr Revier. Ein dramatisches Zusammentreffen zwischen drei kooperierenden, territorialen Männchen, die von drei nomadischen Eindringlingen attackiert wurden, endete mit einem toten, einem verletzten und einem vertriebenen Eindringling, wohingegen die Verteidiger bis auf eine blutige Lippe unversehrt blieben. Nomadische Geparde sind tendenziell in schlechterer Verfassung und paaren sich selten. Zu Männchen, die gemeinsam ein Territorium besitzen, gesellen sich dagegen während der Regenzeit Weibchen. So können männliche Geparde ihren Fortpflanzungserfolg durch Kooperation

Ein männlicher Gepard setzt mit einem feinen Urinstrahl seine Duftmarken. Die Männchen eines Zusammenschlusses von Brüdern setzen die Duftmarken oft gemeinsam.

erhöhen. Fast alle Bündnisse zwischen Männchen bestehen aus Brüdern; das könnte ein Grund dafür sein, warum Gepardenmütter mehr Zeit mit der Jagd verbringen und ihren Jungen mehr Mahlzeiten bieten, wenn zu ihrem Wurf zwei oder drei Söhne gehören. Mütter von Würfen mit einem Überschuß an Söhnen halten sich auch zum Verzehr der Beute nicht so lange an dem Tierkadaver auf; möglicherweise schränken sie sich zugunsten ihrer Söhne ein. Infolgedessen gedeihen Männchen von Würfen mit vielen Söhnen besser als Einzelsöhne. Dadurch wird sich die Zahl ihrer Nachkommen wahrscheinlich noch weiter erhöhen, weil größere Männchen ihre Territorien länger beibehalten.

Die Territorien von Gepardengruppen weisen durchweg größere Beutetierpopulationen auf als jene von einzelnen männlichen Geparden. Während männliche Geparde meist Antilopen jagen, schlagen Weibchen meistens Gazellen. Eine Gazelle ist gerade groß genug, um sie mit den Jungen zu teilen, welche die Weibchen 18 Monate lang begleiten. Danach streifen die jungen Geparde noch einige Monate lang als Gruppe im Territorium ihrer Mutter umher, bevor sie abwandern. Daher muß das Territorium der Weibchen genügend Ressourcen bieten, um sie auch für diese Zeit noch zu versorgen.

Die ältesten Fossilien von Geparden stammen aus Europa und Nordamerika und datieren zweieinhalb Millionen Jahre zurück. Mit dem leichten Körperbau eines Sprinters konnte der Gepard nur kleine Antilopen angreifen. Die Säbelzahnkatzen konnten also nach wie vor die Rolle der schwergewichtigen, auf die großen Pflanzenfresser spezialisierten Räuber für sich beanspruchen. Ihre engsten Rivalen waren mittelschwere und leichte Pantherkatzen wie der Nebelparder und der Serval. Große, bewegliche Beutetiere jedoch, wie Gnus, Spießböcke und Zebras, waren zu schnell für die Säbelzahnkatzen und zu stark für diese Pantherkatzen. Für sie brauchte es »Leichtschwergewichtler«, die Stärke mit Beweglichkeit vereinten; vor über zwei Millionen Jahren ergriff ein unbekannter Ahne diese Gelegenheit. Einer seiner Abkömmlinge wurde der Luchs, das stämmig gebaute Energiebündel der nördlichen Schneelandschaften. Ein weiterer, die Marmorkatze, entschied sich für die Dunkelheit in den Bäumen Borneos. Aus einer dritten Linie entstanden die fünf Großkatzen: der Jaguar, der Leopard, der Schneeleopard und schließlich die beiden Schwesterarten Löwe und Tiger. Löwenartige Katzen tauchten erstmals vor 1,8 Millionen Jahren auf, und echte Löwen, 25 Prozent größer als die heutige Form, entstanden vor 600 000 Jahren. Sie bewohnten Europa, Asien und Alaska und drangen in Form von *Panthera atrox,* der Riesenkatze, nach Nordamerika vor; sie gehörte vielleicht sogar zur selben Art wie die modernen Löwen. Diesen eurasischen und amerikanischen Löwen wurde der Lebensraum entzogen, als die Klimaschwankungen der Eiszeit die Buschsavanne in Wald verwandelten.

Eine Zeitlang lebten die »Sumoringer« und die »Leichtschwergewichtler« – die Säbelzahn- und die Pantherkatzen – Seite an Seite. Dann brach eine Katastrophe über die Mega-Herbivoren herein, denn das Klima wurde kälter und schwankend. Das Fehlen von Säbelzahnkatzen auf Höhlenmalereien deutet darauf hin, daß die meisten von ihnen vor 35 000 Jahren, vor dem endgültigen Verschwinden ihrer Beutetiere, schon ausgestorben waren. Vielleicht trug auch der Mensch mit Schuld daran. Zunächst ernährten sich die frühen Menschen vermutlich vom Aas der Beutetiere großer Katzen, doch dann begannen sie, selbst mit Waffen zu jagen. Mit der Zeit wanderten die menschlichen Jäger zusammen mit Löwen, Leoparden und Tüpfelhyänen von Afrika nach Eurasien, um anschließend die ganze Welt zu besiedeln. Auch wenn die Wissenschaft über die Beweis-

lage nach wie vor geteilter Meinung ist, so erfolgte das Aussterben der Mega-Herbivoren und der Säbelzahnkatzen doch verdächtig kurz nach dem Erscheinen des Menschen.

Durchbohrte Schädel früher Menschen, der sogenannten Australopithecinen, in den
Höhlen von Leoparden und Säbelzahnkatzen deuten darauf hin, daß es ihnen bei Begegnungen mit den großen Katzen zunächst schlecht erging. Dann entstand die Gattung
Homo und drehte den Spieß um: Sie vertrieb die großen Katzen aus eben jenen Höhlen,
in denen unsere Vorfahren gefressen worden waren. Man kann sich gut vorstellen, wie
Smilodon sich mit einer Gruppe früher Menschen konfrontiert sah, die sich schreiend auf
ihn stürzten und mit ihren Speeren bedrohten. Als ihre Beutetiere dezimiert wurden und
die Konkurrenz mit den Menschen um Beute größer wurde, waren die großen Säbelzahnkatzen zum Rückzug gezwungen. Ihre Geschichte verdeutlicht einmal mehr das
evolutionäre Risiko einer Spezialisierung.

Aus unbekannten Gründen stellte das obere Pleistozän für große Carnivoren überall
eine turbulente Zeit dar: Die vorher weltweite Verbreitung der Geparde ging dramatisch
zurück. Vor 9400 Jahren starb der letzte bekannte *Smilodon*. Der Niedergang der zahlreichen kleinen Säbelzahnkatzen — einige davon nicht größer als ein heutiger Luchs —
ist ebenfalls schwer zu erklären. Vielleicht wurden sie von luchsartigen Pantherkatzen
verdrängt, deren robustere, weniger zerbrechliche Fangzähne einen Konkurrenzvorteil
darstellten. Nur eine moderne Pantherkatze, der 20 Kilogramm schwere Nebelparder,
besitzt noch fast so lange Eckzähne wie die einer Säbelzahnkatze, die er zum Töten von
Wildschweinen einsetzt.

*Der Schädel eines Löwen verdeutlicht, daß Katzen riesige Brechscheren besitzen, aber ihre dahinter liegenden
Molaren verloren haben. Mit ihrer verkürzten Schnauze können sie einen kräftigen Dolchbiß ausführen.*

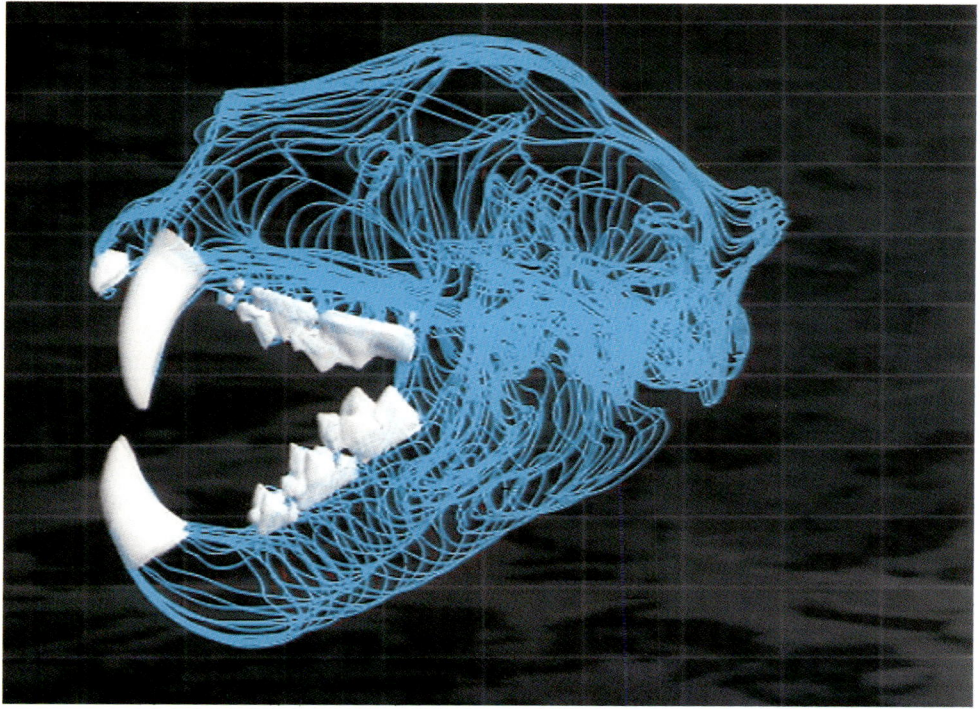

Mit dem Niedergang der Mega-Herbivoren begann die Blüte der Antilopen, Zebras und anderer schnellfüßiger Weidetiere. Wären die großen Säbelzahnkatzen die einzigen Hinterhaltjäger auf der Weltbühne gewesen, dann hätten sie vielleicht überleben können, indem sich sich von alten und schwachen Exemplaren der neuen Beutetiere ernährt hätten; aber ein Löwe kann trotz seiner 200 Kilogramm Gewicht bis zu 60 Stundenkilometer schnell laufen. Der Rückgang der Mega-Herbivoren zwang die Säbelzahnkatzen zunächst in die Knie, die Konkurrenz mit den Pantherkatzen bedeutete schließlich das Ende. Alle modernen Großkatzen sind schneller, beweglicher und folglich weniger schwer bewaffnet als ihre entsprechenden Vertreter unter den Säbelzahnkatzen. Wie die Säbelzahnkatzen können auch sie die Wirbelsäule großer Beutetiere, die tief im Fleisch vergraben und durch Dornfortsätze geschützt ist, in der Regel nicht zerbrechen. Tiger können zwar die mittelgroßen Axishirsche töten, indem sie ihre Wirbel zertrümmern, die größeren Sambarhirsche aber greifen sie von unten an. Im Gegensatz zu den Säbelzahnkatzen reißen sie ihrer Beute aber nicht die Kehle auf, sondern erdrosseln sie durch einen Biß, der oft noch nicht einmal die Haut durchdringt. Die großen Pantherkatzen, wie Löwen und Tiger, setzen ihre konisch geformten Eckzähne wie Anker ein und klemmen die Luftröhre der Beutetiere in einem schraubstockartigen Griff ein oder umfassen die Schnauze der Beute mit ihren Kiefern.

Die Löwen entwickelten in der Familie der Katzen auch eine neue Form der sozialen Organisation: das Rudel. Wie bei den meisten anderen Carnivoren unterscheidet sich die Gesellschaftsform der Löwen von Ort zu Ort. Am meisten weiß man über die Löwen der Serengeti; sie leben in Rudeln von zwei bis 18 (im Durchschnitt sechs) verwandten Weibchen mit ihren noch unselbständigen Jungen, plus einem bis sieben Männchen, die bisweilen untereinander verwandt sind, aber nicht mit den Weibchen. Das Rudel besitzt zwar ein Territorium, doch man trifft die Mitglieder selten alle zusammen an. Sie operieren in kleineren, vorübergehenden Gruppen, die sich alle paar Tage neu bilden und wieder auflösen. Die meisten Löwinnen der Serengeti verbringen ihr gesamtes Leben im Rudel ihrer Eltern, nur etwa ein Viertel von ihnen verläßt ihre Heimat; ihr Abwandern wird entweder durch eine neue Jungtiergeneration oder die Übernahme des Rudels durch eine neue Gruppe von Männchen ausgelöst. Sie schließen sich jedoch fast nie mit anderen, nicht verwandten Löwinnen zusammen. Gesellschaft erhalten sie nur dadurch, daß sie Töchter zur Welt bringen, die mit ihnen ein neues Rudel bilden.

Männliche Löwen wandern ab, wenn sie im Alter von drei Jahren die Geschlechtsreife erreichen. Sie verlassen ihr Rudel in einer Gruppe, die fortan versucht, die vorhandenen Männchen eines anderen Rudels zu entthronen und so Zugang zu den Weibchen zu erhalten. In Nordtansania setzen sich Junggesellengruppen von fünf oder mehr Löwen offenbar immer aus miteinander verwandten Tieren zusammen, kleinere Zusammenschlüsse hingegen umfassen oft nicht verwandte, umherziehende Artgenossen, die sich unterwegs zusammengefunden haben. In fast der Hälfte aller Rudelübernahmen ist zumindest ein Mitglied des Siegerbündnisses nicht mit seinen Gefährten verwandt. Einzeln umherwandernde Junggesellen haben oft keine Überlebenschance. Je größer die Zusammenschlüsse, desto größer ist die Wahrscheinlichkeit, ein Weibchenrudel zu übernehmen und zu behalten. Die Vorherrschaft eines Männchens in einem Rudel dauert im Durchschnitt drei Jahre (maximal neun Jahre) und ist somit in der Regel zu kurz, um es zu Paarungen zwischen Vätern und Töchtern kommen zu lassen, weil die Weibchen erst mit drei bis vier Jahren geschlechtsreif werden. Wenn eine Löwin in Hitze kommt, solange ihr Vater oder ihre Onkel noch an der Macht sind, verläßt sie unter Umständen für kurze Zeit ihre Heimat, um irgendwo anders einen Geschlechtspartner zu suchen.

Die miteinander verwandten Löwinnen säugen und beschützen ihre Jungen gegenseitig. Ihre Fürsorge schützt die Jungen jedoch nicht vor der häufigsten Todesursache junger Serengeti-Löwen: dem Kindesmord. Bis zu 30 Prozent der getöteten Jungtiere gehen auf das Konto der Männchen, die ein Rudel übernehmen. Die ihrer Jungen beraubte Mutter kommt im Durchschnitt 134 Tage nach der Geburt wieder in den Östrus — im Vergleich zu 560 Tagen bei Weibchen, deren Jungen überleben, und 375 Tagen bei Weibchen, deren Junge aus irgendeinem anderen Grund sterben. Somit ermöglicht das Töten der Jungen nach der Übernahme des Rudels den neuen Männchen, mindestens acht Monate früher eigene Junge zu zeugen, als es ansonsten der Fall wäre. In mittelgroßen Rudeln überleben mehr Junge pro Mutter ihren ersten Geburtstag als in größeren oder kleineren. Solche mittelgroßen Rudel (aus fünf bis zehn Weibchen) werden nämlich nur etwa alle vier Jahre von neuen Männchen übernommen. Größere Weibchenrudel sind einerseits sehr attraktiv, andererseits kaum zu verteidigen und anfälliger für eine Übernahme. Kleine Weibchenrudel hingegen werden oft von Männchen aus Rudeln in der Nähe »annektiert«. So leiden Rudel aus vier Weibchen im Durchschnitt etwa alle 15 Monate unter einer Übernahme.

Durch den starken Konkurrenzkampf um die Weibchenrudel wurden männliche Löwen zu mächtigen, aber schwerfälligen Tieren. Sie sind Kämpfer, keine Jäger, und

Nach einer Rudelübernahme töten die neuen männlichen Löwen die von ihren Vorgängern gezeugten Jungtiere.

ohne weiteres in der Lage, Weibchen ihre Nahrung abzunehmen. Wie männliche Geparde profitieren sie von Verbündeten bei ihrem Kampf, die Weibchen zu verteidigen und das Rudel zu sichern. Wie viele Junge ein Löwenmännchen in seinem Leben zeugt, hängt von der Größe der Junggesellengruppe ab, der es angehörte. Diejenigen, die alleine oder zu zweit operieren, produzieren im Schnitt weniger als einen Jährling im Leben, während von den Nachkommen der Löwen aus Gruppen von fünf bis sieben Männchen im Durchschnitt 3,45 bis zu einem Alter von einem Jahr überleben.

Somit würde eine Löwenmutter, ähnlich wie eine Gepardenmutter, wenn sie sich fragte, wie viele Enkel ihr Sohn für sie zeugen wird, die Antwort mit recht hoher Wahrscheinlichkeit aus der Zahl der männlichen Jungtiere ableiten können, mit denen er aufwuchs. Hat er zahlreiche männliche Spielkameraden, mit denen er sich verbünden kann, wird er wahrscheinlich Jahre später auf eine fruchtbare Fortpflanzungskarriere zurückblicken können. Weibchen profitieren weniger davon, einer großen Gruppe anzugehören. Wenn ein Rudel also eine große Schar von Jungtieren erwartet, tun die Löwinnen gut daran, Söhne zu gebären — und genau das tun sie auch. In der Regel bringen Löwinnen in einem Wurf die gleiche Anzahl Söhne und Töchter hervor, aber die nach einer Übernahme geborenen Jungen sind überwiegend männlich, ebenso die in großen Würfen.

Innerhalb eines Rudels sind die Männchen überraschend wenig besitzergreifend, und manchmal paaren sich mehrere Männchen in rascher Folge mit derselben Löwin. Dies

Männliche Löwen können sich während des fünftägigen Östrus der Weibchen alle 20 Minuten paaren.

wird gewöhnlich damit erklärt, daß die Männchen wahrscheinlich Vollgeschwister sind, und der Unterschied, Söhne oder Neffen zu produzieren, nicht ausreicht, um das Bündnis durch Auseinandersetzungen um die Weibchen aufs Spiel zu setzen. Bei näherer Betrachtung der Liebesaffären der Männchen wird jedoch deutlich, daß es grundsätzlich eine Rivalität zwischen Löwen gibt. Männchen machen ihren »Anspruch« auf östrische Weibchen geltend, indem sie diese für bis zu zwei Tage vor und sieben Tage nach dem drei- bis fünftägigen Zeitraum des Östrus begleiten; während dieser Zeit paaren sie sich mit der fast beängstigenden Rate von einer Kopulation alle 20 Minuten. Ein Männchen kann in der Regel jeweils nur ein Weibchen begleiten, und die Weibchen kommen oft synchron in Hitze; so bleibt den Mitgliedern kleiner Bündnisse kaum eine andere Wahl, als die Weibchen recht gleichmäßig untereinander aufzuteilen. In größeren Gruppen jedoch kann ein unausgewogeneres Geschlechterverhältnis bestehen, so daß oft nicht genügend Weibchen für die Männchen da sind, und somit schmächtigere Männchen leer ausgehen.

Zunächst dachte man, daß Löwen in Rudeln leben, weil sich ihre große, schnelle Beute am effizientesten in einer Gruppe jagen läßt. Sicherlich, Löwen (oder richtiger: Löwinnen) jagen gruppenweise und fressen schließlich in Gemeinschaften von durchschnittlich drei bis acht Tieren an der Beute. Doch der Zusammenhang zwischen großer Beute und Gruppenleben ist nicht unbedingt zwingend. Männliche Geparde beispielsweise kämpfen,

Großkatzen töten ihre Beute in der Regel durch Ersticken.

aber jagen nicht kooperativ, und ein Löwenrudel jagt selten als eine Einheit, sondern spaltet sich in vorübergehende Jagdgemeinschaften auf. Wie Löwinnen schlagen auch Leoparden im allgemeinen Beute, die schwerer als sie selbst ist, weibliche Pumas jagen Beutetiere vom Zwei- oder Dreifachen ihres Gewichts, doch weder Leoparden noch Pumas jagen kooperativ. Andererseits weiß man von Löwinnen, daß sie Beute schlagen, die mehr als das Siebenfache ihres eigenen Gewichts ausmacht und damit ein ganzes Stück größer ist als die Beute des weiblichen Pumas. Das Töten solch massiger Tiere ist für einen Puma aber ein weitaus selteneres Ereignis als für eine Löwin. Doch es hat sich als verblüffend schwierig erwiesen, nachzuweisen, ob die kooperative Jagd den Löwen beim Schlagen ihrer Beute hilft.

In der Serengeti ist ein einzelner Löwe bei der Jagd auf Thomsongazellen in 15 Prozent der Versuche erfolgreich; zwei hingegen haben einen Fangerfolg von 31 Prozent. Diese Quote erhöht sich jedoch nicht, wenn sich noch weitere (bis zu acht) Löwen an der Jagd beteiligen. Sind Gnus oder Zebras die Beute, dann weist ein einzelner Löwe eine Erfolgsquote von 15 Prozent auf, eine Gruppe von sechs bis acht Tieren von 43 Prozent. Die Zunahme des Jagderfolgs wird jedoch häufig durch das Teilen der Beute zwischen den an der Jagd beteiligten Tieren mehr als aufgehoben.

Außerhalb der Serengeti ließen sich die Vorteile einer kooperativen Jagd leichter beobachten. In der Kalahari jagen Löwen angeblich paarweise Stachelschweine: Ein Löwe übernimmt das stachelige Ende, der andere den Kopf. In der Etoschapfanne in Namibia jagen Löwen kooperativ in Gruppen von bis zu sieben Tieren sehr erfolgreich, während einzelne Weibchen nur sehr wenig Jagdglück haben. Innerhalb der namibischen Rudel übernimmt wohl jeder Löwe eine spezielle Rolle in der Jagdformation, und es ist immer dasselbe Individuum, das tötet. Ein entscheidender Unterschied zwischen den Löwen der Etoschapfanne und der Serengeti besteht darin, daß die ersteren sich nur eine dürftige Deckung zunutze machen können, so daß sie kooperieren müssen, um ihre Beute einzukreisen.

Doch selbst in der Serengeti bringt eine Zusammenarbeit bei der Jagd potentielle Vorteile. Das Ziel der Kooperation ist es, das Risiko eines Fehlschlages auf ein Minimum herabzusetzen. Wenn Löwen dreimal am Tag Jagd auf eine Thomsongazelle machen, dann wird ein einzelner Löwe, der in 15 Prozent der Fälle erfolgreich ist, jeden zweiten Tag Nahrung erhalten. Paarweise jagende Löwen, die bei 30 Prozent der Versuche Erfolg haben, werden bei jeder Jagd nur halb soviel Futter abbekommen, dies aber doppelt so oft. So bietet die gemeinsame Jagd eine größere Sicherheit, täglich die notwendige Fleischration zu erhalten. Außerdem eröffnet die Jagd in größeren Gemeinschaften mehr Möglichkeiten. Zwar kann auch eine einzelne Löwin einen Büffel bezwingen, aber eine Jagdgemeinschaft ist sehr viel eher in der Lage, eine derart ansehnliche Beute zu schlagen.

Zahlenmäßige Stärke ist sicherlich auch ein Vorteil beim Kampf gegen Aasfresser wie die Tüpfelhyäne, die es unter Umständen schwieriger machen, eine Beute zu sichern, als sie zu erlegen. Große Beutetiere kann ein Einzeljäger nicht auf einmal verschlingen. Leoparden lösen dieses Problem, indem sie ihre mittelgroßen Beutetiere in eine »Speisekammer« in einer Baumkrone schleppen. Die Beutetiere von Löwen und sie selbst sind zu groß und zu schwer, um in Bäumen Zuflucht zu finden, und eine Gruppe Tüpfelhyänen kann selbst den ansehnlichsten Löwen von seiner Beute vertreiben. So werden die Kosten, die Beute mit Artgenossen teilen zu müssen, durch den Nutzen ihrer Unterstützung beim Vertreiben von Aasfressern wohl mehr als ausgeglichen. Teamwork hilft nicht nur, die Beute zu verteidigen, sondern auch, sie anderen zu stehlen, und so verwundert es nicht, daß die Löwen der Serengeti genauso häufig Aas fressen wie sie selbst jagen.

Es gibt zwar zahlreiche Faktoren, die zum Sozialleben der Löwen geführt haben, aber der Ursprung liegt wohl in der Spezialisierung auf große, in offenem Gelände lebende Pflanzenfresser, die sich an Wasserlöchern und Salzlecken zu Herden versammeln. Vielleicht war es eine solitär lebende, luchsartige altertümliche Löwin, die sich erstmalig ein Territorium sicherte, das genügend Wasserlöcher und andere günstige Orte für die Jagd umfaßte, um möglichst viel Beute zu machen. Ein solches Territorium bietet in der Regel auch für andere Löwen genügend Nahrung. So hätte es die altertümliche solitäre Löwenahnin nur wenig gekostet, die Anwesenheit beispielsweise ihrer erwachsenen Töchter zu dulden. Gemeinsam in einem Territorium zusammenzuleben eröffnet die Möglichkeit, als Team vorzugehen, sofern dies von Vorteil ist. Gegenseitig als Beschützer und Amme für die Jungen zu fungieren zahlt sich ebenfalls aus. Durch die gemeinsame Jagd als Team konnten sie auch in offenem Gelände leben und gegebenenfalls Hyänen vertreiben. Und als sich erst einmal Weibchengruppen gebildet und damit den Anstoß für Zusammenschlüsse der Männchen gegeben hatten, war es vorteilhaft für heranwachsende Männchen, gesellig zu sein. Ein solches System entwickelt dann eine gewisse Eigendynamik. Wie auch immer also die Ursprünge ihres Soziallebens ausgesehen haben mögen, die heutigen Weibchen sind gesellig, weil es die Männchen sind, und die Männchen sind sozial, weil es die Weibchen sind. Die Vorteile, die sich daraus ergaben, einer größeren Gemeinschaft anzugehören, wurden vielleicht so groß, daß es sich für eines von beiden Geschlechtern oder für beide auszahlte, bei der Erweiterung des Territoriums zu kooperieren, um mehr Artgenossen darin unterzubringen.

Während ihre Beute, ihr Lebensraum und ihre Rivalen es den Löwen ermöglichten — oder sie sogar dazu zwangen —, in Rudeln zu leben, praktizieren die meisten anderen großen Pantherkatzen die typische ausschließende territoriale Polygynie der Kleinkatzen in größerem Maßstab. Weibliche Tiger zum Beispiel besetzen im Alter von drei bis vier Jahren Territorien und beginnen sich fortzupflanzen. Danach können sie für durchschnittlich sechs Jahre in Abständen von 20 Monaten Würfe von drei Jungen hervorbringen. Weibchen lassen sich bisweilen in einem Revier nieder, das an jenes ihrer Mutter angrenzt, oder diese überlassen einen Teil ihres Territoriums einer Tochter. Manche Töchter vertreiben ihre schon älteren Mütter sogar. Im Endeffekt sind Gruppen benachbarter Tigerinnen unter Umständen genauso nah miteinander verwandt wie die Löwinnen eines Rudels. Männchen besetzen viel größere Territorien. Im Chitwan-Nationalpark in Nepal hielt ein Tiger den ausschließlichen Zugang zu sieben Weibchen vier Jahre lang aufrecht; er zeugte in dieser Zeit 27 Nachkommen, die bis zur Selbständigkeit überlebten. Die Weibchen lassen die Männchen wissen, daß sie in Hitze kommen — was das ganze Jahr über der Fall sein kann —, indem sie Duftmarken absetzen und Rufe ausstoßen. Wenn sich zwei territorial benachbarte Männchen bei einem östrischen Weibchen treffen, kommt es zum Kampf. Der Gewinner kann das Territorium des Verlierers übernehmen. Mit einem Gewicht von 250 Kilogramm sind die Männchen 50 Prozent schwerer als die Weibchen. Sie übernehmen ein Revier im Alter von rund fünf Jahren, indem sie den

Besitzer besiegen, und erweitern es dann, indem sie ihre Nachbarn bezwingen. Zu den Nachteilen dieser Kämpfe gehört, daß sich ein Männchen im Schnitt nur drei Jahre lang fortpflanzt. Die Hauptursache der Jungensterblichkeit ist — wie beim Löwen — Kindesmord im Zusammenhang mit der Revierübernahme durch andere Männchen. Als der über sieben Frauen gebietende Patriarch starb, führte die darauffolgende Umbildung des Territoriums dazu, daß die Überlebensrate der Jungen von 90 auf 33 Prozent sank.

Das Fortpflanzungssystem der Tiger im Chitwan-Nationalpark führt zu erheblichen Unterschieden in der Erfolgsquote der Individuen. Zwar brachten Weibchen und Männchen statistisch eine vergleichbare Zahl überlebende Junge hervor (im Schnitt während ihres Lebens 4,5 beziehungsweise 5,8). Doch einige Tigerinnen konnten in einem Zeitraum von zwölf Jahren bis zu zwölf überlebende Junge zur Welt bringen. Und während jener sechs Jahre, in denen das erfolgreichste Männchen 27 überlebende Junge zeugte, schafften es zwei seiner Nachbarn überhaupt nicht, sich einen Platz im Territorialsystem zu erkämpfen, und hatten überhaupt keine Nachkommen.

Männliche Tiger kümmern sich zwar nicht um ihre Jungen, aber sie leben recht harmonisch mit ihrem Harem aus Tigerinnen und deren Nachwuchs zusammen, ruhen und fressen bisweilen gemeinsam mit ihnen. Wie andere Großkatzen kann man auch Tigerinnen kaum als solitär lebend bezeichnen, weil sie ständig mit ihren Jungen zusammenleben; die Generation der Zweijährigen wandert erst dann ab, wenn der nächste Wurf die Mutter zu begleiten beginnt. Wie weit sich die Territorien der Weibchen überlappen, ist von einer Pantherkatzenart zur nächsten sehr verschieden: Die Bezirke weiblicher Jaguare, Schneeleoparden und Pumas überlappen sich weitgehend, wohingegen die Territorien weiblicher Leoparden selten überlappen. Die Gebiete der Männchen sind fast durchweg größer und können andere Männchen ausschließen, wie beim Puma oder Leopard, oder sich mit deren Gebieten überlappen, wie beim Schneeleopard. Ob sie überlappen, hängt wahrscheinlich auch davon ab, wie gut Weibchen und Territorien zu verteidigen sind. Einige Ceylon-Leoparden scheinen paarweise zu leben. Man kann sich hingegen kaum vorstellen, wie es männliche Leoparden der Kalahari anstellen sollten, ihre 400 Quadratkilometer großen Territorien zu verteidigen. Die Männchen im Chitwan-Nationalpark haben es da sehr viel leichter, ihre Weibchen in einem Territorium von zehn Quadratkilometern allein für sich zu beanspruchen. Während die Territorien der Tigerinnen im beutereichen Chitwan-Nationalpark im Schnitt 20 Quadratkilometer groß sind, weisen jene der Sibirischen Tigerinnen durchschnittlich eine Größe von 250 Quadratkilometern auf, so daß die Männchen unter Umständen 1000 Quadratkilometer große Gebiete zwischen wechselnden Partnerinnen abwandern. Ein erwachsener Kanadaluchs durchstreifte nachweislich in einem Jahr 783 Quadratkilometer und besuchte dabei zwei weit voneinander getrennt lebende Weibchen.

Tiger, Jaguare, Leoparden und insbesondere Pumas töten manchmal Beutetiere, die in Relation genauso groß sind wie die von Löwen. Der Vorteil einer dichten Deckung, in der sie im Hinterhalt lauern können, erklärt vielleicht, warum diese Großkatzen kein Rudel brauchen, um große Beutetiere zu schlagen; genauso wie das Fehlen einer solchen Deckung erklärt, warum eine kooperative Jagd für die Löwen der Etoschapfanne so wichtig ist. Tiger können sich bis auf 20 Meter an ihre Beutetiere heranschleichen, bevor

Die Sumatra-Tigerin gehört zu einer typischen Katzengesellschaft: Männchen beanspruchen mehrere Weibchen.

sie losstürmen. Tiger und andere Großkatzen sind darüber hinaus mit weniger Konkurrenz konfrontiert als Löwen. Leoparden können sich mit ihrer Beute in die Sicherheit von Bäumen zurückziehen. Schneeleoparden vermögen Wölfe auf Felsklippen auszumanövrieren. In Nord- und Südamerika waren die Pumas und Jaguare wohl groß genug, um Aasfresser wie die Direwölfe abzuwehren – jedenfalls mußten sie sich nicht mit Tüpfelhyänen auseinandersetzen. Pumas verstecken ihre Beute bis zu 19 Tage erfolgreich unter Laub. Tiger fressen ihre Beute angesichts fehlender Rivalen in Ruhe und Gelassenheit und verzehren genüßlich 35 Kilogramm pro Nacht, statt sie in einer Gemeinschaft zu verschlingen. Ein Kuriosum stellen die Löwen des Gir-Waldes in Indien dar: Sie leben nicht in Konkurrenz mit großen Aasfressern und sind darüber hinaus auch noch Waldbewohner. Dennoch bilden die Weibchen dort Rudel. Wahrscheinlich schleppen sie nur die Last der Geschichte mit sich herum, weil sie sich von einem rudellebenden Vorfahren entwickelt haben, der vermutlich vor 500 000 Jahren aus Afrika auswanderte.

Zum Sozialleben der prähistorischen Säbelzahnkatzen, insbesondere über *Smilodon*, der bis zu seinem Aussterben vor 10 000 Jahren ein Zeitgenosse der modernen Großkatzen war, gibt es von seiten der Wissenschaft gegensätzliche Vorstellungen. Einige Forscher gehen davon aus, daß *Smilodon* ähnlich wie Löwen in Rudeln gelebt hat. Andere malen sich *Smilodon* als langsames und schwerbewaffnetes Tier aus, das seine Zähne als Einzelkämpfer zur Verteidigung von Beute gegen räuberische Direwölfe einsetzte. Sie behaupten, das Leben im Rudel erfordere gewisse geistige Leistungen, und gehen davon aus, daß intelligentere Arten größere Gehirne haben. Vielleicht ist diese Annahme unberechtigt, aber zumindest in der Familie der Hunde besitzen im Rudel jagende Arten relativ größere Gehirne als solitäre Jäger. Im Verhältnis zu seiner Körpergröße war das Gehirn von *Smilodon* kleiner als das moderner solitärer Katzen, wie Puma, Jaguar und Leopard, und viel kleiner als das des im Rudel lebenden Löwen.

In den Teergruben von Rancho La Brea in Kalifornien sind die Überreste von 1000 bis 2000 *Smilodons* konserviert, die einen fürchterlichen Tod starben. Mit ihnen liegen 600 große Pflanzenfresser in ihrem Sterbebett im Teer. Für die Anhänger der Theorie vom in der Gruppe lebenden *Smilodon* ist dies der Beweis, daß er in Rudeln jagte, und sie schließen, daß im Schnitt zwei oder drei, aber auch bis zu acht Säbelzahnkatzen zu jedem in der Falle gefangenen Pflanzenfresser gelockt wurden. Die Säbelzahnkatzen könnten aber auch einzeln durch die Beutetiere, die in den Asphaltpools ums Überleben kämpften, dorthin gelockt worden sein.

Viele der *Smilodons* in der Teergrube zeigten alte Mißbildungen infolge von Krankheiten oder Verletzungen, einige wiesen jedoch gut verheilte Wunden auf. Diese deuten darauf hin, daß die verletzten Tiere mit Behinderungen überlebt hatten, die für sie sicherlich tödliche Folgen gehabt hätten, wenn sie auf sich allein gestellt gewesen wären. Unter den modernen geselligen Carnivoren pflegen Gruppenmitglieder bisweilen ein krankes Gruppenmitglied wieder gesund. Somit könnte das Überleben dieser verkrüppelten *Smilodons* der Beweis dafür sein, daß sie in Gruppen lebten.

Der vielleicht vielversprechendste Weg zu einer Schlußfolgerung über das Sozialleben von *Smilodon* erschließt sich über seine Beutetiere. *Smilodon* lebte von großen Pflanzenfressern, den sogenannten Mega-Herbivoren. Wäre es *Smilodon* bei der Jagd auf

Ein kurzes Gesicht und kräftige Fangzähne sind Indizien für die rein carnivore Lebensweise des Leoparden.

diese Beute und bei ihrer Verteidigung in einer Gemeinschaft oder alleine besser ergangen? Eine dichte Deckung könnte es ihm ermöglicht haben, ohne fremde Hilfe aus dem Hinterhalt zu jagen. Und wenn moderne Jaguare und Pumas durch die Notwendigkeit, Aasfresser abzuwehren, nicht zur Bildung von Rudeln gezwungen wurden, wäre dies auch für *Smilodon* nicht zwingend notwendig gewesen. Andererseits waren die Beutetiere so groß, daß sie eine Säbelzahnkatze wohl für Wochen ernährt hätten, doch zumindest im wärmeren Teil ihres Verbreitungsgebiets wäre das Fleisch rasch verdorben, was wiederum die Theorie, die auch ich für wahrscheinlicher halte, daß Smilodon in Rudeln jagte und anschließend die Beute teilte, stützt.

Das letzte Kapitel in der Geschichte der Katzen behandelt ein weiteres geselliges Tier: die Hauskatze. Sie trat sehr viel später als die Pantherkatzen auf den Plan, war aber ebenso die Folge einer neuen Nahrungsquelle: Der Mensch und seine von Nagern wimmelnden Getreidespeicher trugen dazu bei, diese Wildkatze zu domestizieren. Die ersten Nachweise für Hauskatzen stammen aus dem Dorf Deir el Medina in der Nähe von Luxor in Ägypten. Das wahrscheinlich im Jahre 1500 vor Christus gegründete Dorf wurde von jenen Kunsthandwerkern bewohnt, welche die großartigen Königsgräber von Theben gestalteten. Auf den Wandmalereien ihrer eigenen Gräber war auch die Hauskatze abgebildet als ein Symbol für Freude und Fruchtbarkeit.

Die ersten domestizierten Katzen waren die afrikanischen Falbkatzen. Früher hat man die rassig gebauten Falbkatzen *(Felis lybica)* getrennt von der gedrungeren europäischen Wildkatze *(Felis silvestris)* eingeordnet, und die Hauskatze war unter dem Namen *Felis catus* bekannt. Mittlerweile faßt man alle drei als Unterarten der europäischen Wildkatze zusammen. Und die, die gerade vor unserem Ofen döst, nennt sich *Felis silvestris catus.*

Die alten Ägypter mumifizierten eine weitere Katzenart, die sogenannte Rohrkatze (auch als Sumpfluchs bezeichnet), die von Priestern in einem um 1470 vor Christus für Königin Hatschepsut gebauten Tempel gehalten wurde. Im Grab von Beni Hassan fand sich ein exaktes Porträt dieser Art aus dem Jahre 200 vor Christus in Form einer Zeichnung. Die Rohrkatze soll angeblich ein sanfteres Temperament haben als die Falbkatze, was neben archäologischen Hinweisen zu der Hypothese führte, daß sie bei der Entwicklung der Hauskatze ebenfalls eine Rolle spielte. In Ägypten fand man Tausende mumifizierter Katzen, die der Wissenschaft hervorragende Belege für die Herkunft der Hauskatze hätten liefern können. Leider brachte man ihnen gegen Ende des 19. Jahrhunderts nicht das gebührende wissenschaftliche Interesse entgegen. Im Jahre 1889 verschiffte man 19 Tonnen dieser Katzenmumien nach Liverpool, um sie dort als Düngemittel zu verkaufen. Vielleicht werden nun die modernen Techniken der Molekularbiologie den Nachweis liefern, ob die Rohrkatze zur Ahnenreihe der Hauskatze etwas beigetragen hat.

Hauskatzen werden oft als einzelgängerisch dargestellt, aber in Wirklichkeit sind viele im Gegensatz zu ihren wilden Vorfahren in hohem Maße gesellig. Während Falbkatzen, deren Verhalten man in Saudi-Arabien eingehend untersuchte, wie die europäischen Wildkatzen in der Regel alleine umherstreifen, und auch wenn sie Aas finden, keinen Konkurrenten dulden, bevorzugen die vor Ort vorkommenden verwilderten Hauskatzen an solchen Abfallplätzen eine gemeinsame Mahlzeit. Wahrscheinlich wurde das Sozialverhalten durch die Domestikation gefördert, weil die Menschen gesellige Katzen auswählten, damit diese in höherer Zahl ihre Getreidespeicher patrouillierten.

Wo es genügend Nahrung gibt, entwickeln Hauskatzen ein bemerkenswertes Sozialleben. Katzengruppen, die einen Bauernhof bevölkern, sind nicht willkürlich zusammengesetzt. Die Weibchen sind miteinander verwandt, wobei sich Mütter, Töchter, Enkelinnen, Tanten und Nichten mehr oder weniger freundschaftlich zueinandergesellen, aber Rivalinnen aus anderen Blutlinien ausschließen. Innerhalb dieser »Cliquen« ziehen die Weibchen ihre Jungen im allgemeinen in einem Gemeinschaftsnest auf, wobei sie sich die Aufgabe teilen, die Jungen zu säugen. Manchmal teilen Gruppen verwandter Weibchen einen Bauernhof auf, und jene Gruppen, welche die Bereiche mit leichterem Zugang zu Futterstellen für sich beanspruchen, ziehen ihre Jungen erfolgreicher auf als solche, die an die Peripherie verdrängt werden. Wie Löwen töten Kater die Jungen von Rivalen, doch das gemeinsame Versteck der Weibchen erhöht die Wahrscheinlichkeit, daß das Nest bewacht wird, wenn sich ein Kindesmörder nähert.

Die Ähnlichkeiten zwischen dem Verhalten von Hauskatzen und Löwinnen sind verblüffend, zwischen dem von Hauskatern und männlichen Löwen bestehen jedoch einige offensichtliche Unterschiede. Hauskater kooperieren nie; jeder streift allein durch die Gebiete mehrerer weiblicher Familiengruppen. Männliche Löwen bilden Zusammenschlüsse und beanspruchen in der Regel nur ein Löwinnenrudel. Darüber hinaus sind sie von den Weibchen abhängig, weil sie für die Jagd auf sie angewiesen sind. Kater hingegen jagen genauso geschickt wie die weiblichen Katzen, und die Bauernhöfe liegen oft nahe genug beisammen, so daß ein Kater mehrere Weibchenkolonien patrouillieren kann.

Bei ihrem Paarungsverhalten zeigen sowohl männliche Löwen als auch Hauskater eine Toleranz, die in der Welt der Katzen ungewöhnlich ist. Bisweilen schließen sich bis zu vier Bauernhofkater gleichzeitig einem östrischen Weibchen an, und jeder paart sich der Reihe nach, ohne auch nur einen ungeduldigen Pfotenhieb auszuteilen. Während eines einzigen Östrus begatten manchmal zehn verschiedene Kater ein Weibchen, und jedes Männchen kann sich bis zu neunmal in der Stunde paaren. Weibchen bekunden ihre Paarungsbereitschaft offenbar, indem sie über ihr normales Territorium hinauswandern und mit ihrem Urin Duftmarken setzen − normalerweise ein Privileg der Männchen.

Ein Säugetier wird einen Kampf im allgemeinen nur dann bis zum Blutvergießen eskalieren lassen, wenn eine berechtigte Aussicht besteht, daß sich der Einsatz lohnt. Auf einem Bauernhof, der mehrere erwachsene Männchen und Weibchen beherbergt, kommen eine Reihe von Faktoren zusammen, welche die Vorteile eines Kampfes auf ein Minimum herabsetzen. Erstens sind die Unterschiede in der Kampfkraft der Kontrahenten in der Regel nur gering, weil schwache Individuen bereits ausgesondert werden, bevor sie einem östrischen Weibchen zu nahe kommen können. Um als Gesamtsieger hervorzugehen, müßte jedes Männchen demnach mehrere gleichstarke Rivalen besiegen. Sich als erster auf einen Kampf einzulassen, könnte jedoch bedeuten, auch als erster erschöpft zu sein. Zweitens, und das verschärft das erste Problem noch, sind die Krallen von Katzen so fürchterliche Waffen, daß es recht unwahrscheinlich ist, daß selbst der Sieger unversehrt eine Auseinandersetzung übersteht. Drittens wäre es unklug, mehrere erwachsene Weibchen für sich zu beanspruchen, die wahrscheinlich alle etwa zur selben Zeit in Hitze kommen und sich weit über den Bauernhof verteilen. Womöglich haben Katzen andere Möglichkeiten der Auseinandersetzung. Vielleicht ist beispielsweise die Reihenfolge der Paarung entscheidend. Bis genetische Analysen die Vaterschaft der Kätzchen ans Licht bringen, kann man über das Werben der Bauernhoflöwen nur spekulieren.

Während man die Gesellschaftsformen vieler Katzenarten nur grob als solitär oder gesellig, als Polygynie oder Promiskuität charakterisiert hat, wurden die Beziehungen zwischen den Individuen innerhalb dieser Systeme wenig untersucht. Nur für eine Unterart, die Hauskatze, hat man die sozialen Bindungen innerhalb von Gruppen erforscht. Bei Bauernhofkatzen wird in den Asymmetrien ihres Aggressionsverhaltens und in der Verhaltensweise des Gesichtreibens deutlich ein Sozialgefüge sichtbar. Weibchen initiieren nur selten aggressives Verhalten gegenüber erwachsenen Männchen, wohingegen Männchen ihnen gegenüber häufig Aggressionen zeigen. Andererseits nähern sich die Weibchen oft einem Männchen und reiben ihre Lippen und Wangen gegen sein Gesicht, während Männchen ihr Gesicht selten an dem von Weibchen reiben. Zudem ist der Austausch von Kopfreiben zwischen bestimmten Weibchen oft sehr einseitig. Die Jungen reiben ihre Gesichter an denen der Weibchen ungeachtet der Blutsbande, aber proportional zu der Häufigkeit, mit der sie von den Weibchen gesäugt wurden. Diese Asymmetrien legen nahe, daß das Gesichtreiben die Anerkennung von Dominanz signalisiert, und die Empfänger sozial mehr im Mittelpunkt stehen. Wenn also eine Katze ihren Kopf an ihrem menschlichen Besitzer reibt, drückt sie damit mehr aus als nur eine freundliche Gesinnung. Ungeklärt bleibt, welche Vorteile sich innerhalb der weiblichen Verwandtschaftsgruppen für Individuen ergeben, denen diese Bezeugungen der sozialen Anerkennung zuteil werden.

So wie ein Katzenjunges sein Gesicht an einem Weibchen reibt, so leckt ein Welpe die Wangen. Beide Verhaltensweisen haben auch unterwürfige erwachsene Tiere in ihr Repertoire aufgenommen, und bei beiden Verhaltensweisen können geruchliche Signale zwischen dem unterlegenen und dem dominanten Tier ausgetauscht werden. Die Lippen und Wangen von Katzen sind mit Duftdrüsen ausgestattet, und auch mit ihrem Speichel können sie Geruchsstoffe übertragen. Wenn also eine Katze ihr Gesicht an einer anderen reibt, kann sie dabei Düfte abgeben und aufnehmen. Beides könnte für ein untergeordnetes Tier von Vorteil sein: Es würde den Duft der dominanten Katze als eine Art Mitgliedsabzeichen erhalten, und diese würde den Duft der rangniedrigeren als Empfangsbestätigung für bezahlte Schulden in der Nase behalten. Was auch immer die genaue Bedeutung des Kopfreibens sein mag, Tatsache ist, daß alle Mitglieder der Familie der Katzen es tun. Vom Luchs bis zum Löwen stoßen alle zur Begrüßung die Köpfe aneinander und unterstreichen dadurch noch einmal die Ähnlichkeiten, welche die Katzen − ob in der Vergangenheit oder heute, ob große oder kleine − seit mindestens zwölf Millionen Jahren vereinen.

Familienstammbaum: Katzen

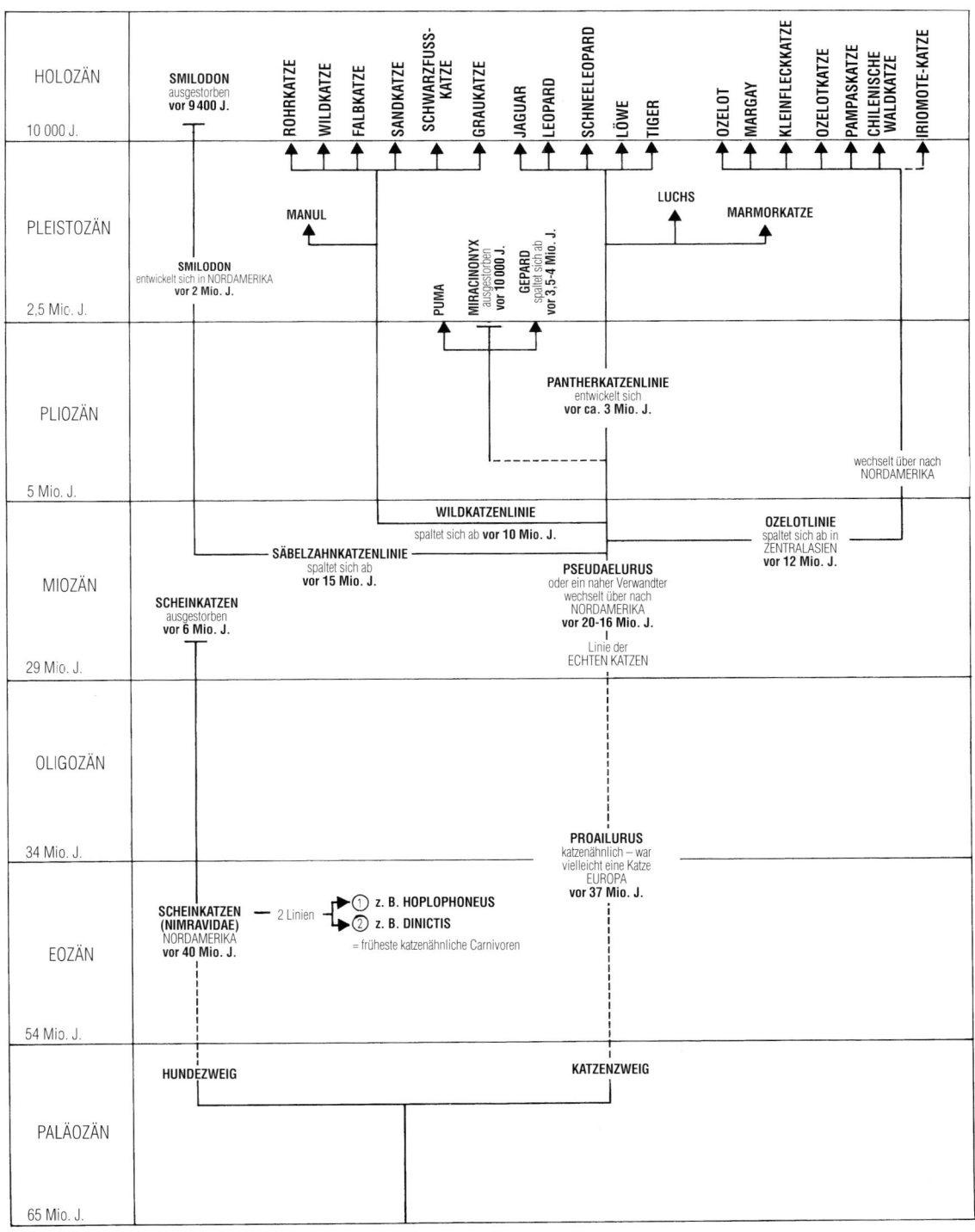

KAPITEL 3

GEMEINSAM SIND SIE STARK

Als die Carnivoren von den Bäumen herabstiegen, wurden einige katzenartig und spezialisierten sich beim Beutefang auf das Anschleichen und die Jagd aus dem Hinterhalt. Andere entschieden sich für die Lebensweise flexibler Generalisten. Zu ihnen zählte die Familie der Hunde, die Canidae, zu denen Wölfe, Schakale, Füchse usw. gehören. Die Mitglieder dieser Familie sind tendenziell Opportunisten. Der Wald- oder Savannenfuchs frißt auf seinen nächtlichen Ausflügen manchmal sogar Krabben (und wird daher im Englischen als *Crab-eating Fox* bezeichnet), aber auch Frösche, Vögel oder Früchte — je nach Gelegenheit. Wenn ein Wolf der Jagd auf Mäuse überdrüssig ist, versucht er sein Glück vielleicht mit einem Elch. Manche Kojoten haben sich regional auf Hirsche spezialisiert, während sie in anderen Regionen überwiegend von Mäusen und Kaninchen leben — mit der Folge, daß die einen in Rudeln jagen, die anderen jedoch paarweise leben und alleine auf Nahrungssuche gehen. Diese Anpassungsfähigkeit ermöglicht es den meisten Canidenarten, unter sehr unterschiedlichen Bedingungen zu leben.

Um festzustellen, wie die Hunde zu mit den Katzen konkurrierenden Jägern wurden, müssen wir 40 Millionen Jahre zurückgehen. Zu jenem Zeitpunkt begann ihre Geschichte in Nordamerika. Die Vorfahren der Hunde jagten im Kronendach des Dschungels, der die nördliche Hemisphäre bedeckte. Die ersten Vertreter der Familie der Hunde, die zur Gattung *Hesperocyon* zählten, tauchten vor 35 Millionen Jahren in Nordamerika auf. Diese »Urhunde« zeichneten sich durch lange Schwänze und gedrungene Körper aus, die es ihnen zweifellos ermöglichten, durch den Unterwuchs der Wälder zu schlüpfen, wenn sie umherzogen, um an einem faulen Baumstamm zu graben, nach Käferlarven zu scharren und um Fallobst zu verzehren. Vielleicht kletterten sie sogar, um frischere Nahrung zu erreichen.

Wenn ihr katzenähnlicher Zeitgenosse, die Scheinkatze *Hoplophoneus* (siehe Seite 43), im Hinterhalt lauerte, ansehnliche Beutetiere niederrang und ihnen einen dolchartigen Biß beibrachte, konnten die »Urhunde« nur zuschauen. Während *Hoplophoneus* sich anschlich und im Hinterhalt lag, wanderten die »Urhunde« auf schlanken Beinen umher. Als Carnivoren besaßen sie eine Brechschere, aber sie schnitt mit einer stumpferen Schneidekante, und hinter ihr lagen breite, spitzhöckerige Backenzähne, die sowohl

Einige der frühen Vulpavinen des Hundeastes stiegen auf den Boden herab und nahmen wie Hesperocyon *(oben) eine omnivore Lebensweise an.* Hesperocyon, *der »Urhund«, war vermutlich seinem katzenartigen Zeitgenossen, der Scheinkatze* Hoplophoneus, *unterlegen.*

zermahlen als auch schneiden konnten. Die volle Zahnzahl von *Hesperocyon* erforderte eine lange Schnauze; damit hatte er aber nicht mehr die Kraft, die es dem kurzgesichtigen *Hoplophoneus* ermöglichte, seine Säbelzähne tief in große Beutetiere zu stoßen. Während also *Hoplophoneus* sein Festmahl mit seiner Brechschere filetierte, mit der er mit Leichtigkeit Fleisch zerteilen konnte, kaute *Hesperocyon* kleinere Happen wie Käfer, hier und da ein kleines Säugetier oder ein Ei, Larven und Früchte.

Die Ernährung von solchen Leckerbissen ließ den »Urhunden« wohl nicht viel Spielraum für das Teilen einer Beute oder für die Jagd im Rudel. Aber für ein Paar konnte es sich durchaus lohnen, ein Gebiet gegen Rivalen zu verteidigen, die sich anschickten, die Speisekammer zu leeren. Für ein *Hesperocyon*-Paar gab es wohl genügend Käfer und Larven, wenn das Territorium nur groß genug war. Vielleicht begünstigte die omnivore Ernährung, die mit den generalisierten Zähnen, den langen Schnauzen und dem beweglichen Körperbau einherging, das monogame Familienleben, das viele ihrer Abkömmlinge auch heute noch bevorzugen.

Der hübsche Graufuchs der südlichen USA und Mittelamerikas ist der älteste rezente Hund; er entwickelte sich vor sechs bis neun Millionen Jahren und lebt heute ganz ähnlich wie einst wohl *Hesperocyon*. Mit zierlichen Schritten ziehen Graufuchs-Paare durch ihr Territorium, durch laubwerfende Wälder und über verlassenes Farmland und suchen nach Insekten, Früchten, Aas und kleinen Säugetieren bis zur Größe von Kaninchen. Mit seinem auffallenden, buschigen Schwanz sieht der Graufuchs ausgesprochen grazil aus. Sein dichtes, geschecktes Fell geht vom Grau des Rückens an seinem Nacken, an den Beinen, den Flanken und den Wangen über pastellfarbene Braun- und Orangetöne zu dem Weiß des Gesichts und der Unterseite über. Gemessen an heutigen Hunden ist er ein guter Kletterer mit gelenkigen Vorderbeinen, die es ihm ermöglichen, auf Ästen oder Felsen zu klettern.

Die Abkömmlinge von *Hesperocyon* spalteten sich in ihrer tropischen Heimat in zahlreiche Arten auf. Neue Arten können entstehen, wenn sich Tiere an neue Bedingungen wie eine Veränderung des Klimas, neue Konkurrenz, neue Beute oder neue Lebensräume anpassen. Dies ist besondes deutlich zu erkennen, wenn Tiere einer Festlandsart eine Insel besiedeln und sich an die dortigen Gegebenheiten anpassen. In der Isolation entwickeln sie unter Umständen so große biologische Abweichungen, daß sie sich nicht mehr mit ihren Vorfahren auf dem Festland kreuzen könnten. Dieser Vorgang ist heute an den Graufüchsen vor der kalifornischen Küste zu beobachten.

Die kalifornischen Channel Islands bestehen aus zwei Inselgruppen, deren nördliche etwas weniger als 30 Kilometer vor der Küste des Festlandes liegt. Auf jeder der sechs Inseln leben Miniaturausgaben der Graufüchse des kalifornischen Festlandes. Die Inselzwerge wiegen zwischen 1,3 und 2,8 Kilogramm, während die Füchse des Festlandes ca. fünf Kilogramm wiegen. Vielleicht wurden die von Insekten und Früchten lebenden Inselfüchse kleiner, weil sie sich auf den Inseln keiner Konkurrenz durch andere kleine Räuber des Festlandes erwehren mußten. Die Wissenschaftler fragten sich nun, ob sie sich von den Festlandfüchsen genug unterschieden, um sie als getrennte Art anzusehen. Darüber hinaus stellte sich die Frage, wie lange dieser Prozeß gedauert hatte. Mit Hilfe

Der Graufuchs stammt aus einer frühen Canidenlinie und ist nach wie vor der geschickteste Kletterer der Familie.

von Fossilbelegen, archäologischen Hinweisen und der Molekularbiologie konnte man die Geschichte der Füchse enträtseln.

Die Fossilien offenbarten, daß die ersten Graufüchse des Festlandes vor ungefähr 16 500 Jahren auf die nördlichen Inseln übersiedelten, zu einer Zeit, als die Inseln noch miteinander verbunden und vom Festland nur durch einen vier bis fünf Kilometer breiten Kanal getrennt waren. Je länger zwei Populationen voneinander getrennt sind, desto größer sind auch die Unterschiede in ihrer DNA, jener Substanz, in der die Gene eines jeden Individuums codiert sind. Diesen Unterschied bezeichnet man als »genetische Distanz«. Blutproben von Füchsen der Inseln ergaben, daß die genetische Distanz zwischen den Festlands- und den Inselfüchsen genauso groß ist, wie beispielsweise zwischen einem Wolf und einem Kojoten. Also hatte sich die abgetrennte Population in nur 16 500 Jahren zu einer neuen Art entwickelt, zum Insel-Graufuchs. Tatsächlich unterscheiden sich auch die Populationen auf jeder der sechs Inseln signifikant voneinander und sind auf dem evolutionären Weg, getrennte Arten zu werden.

Ihr flexibles Verhalten ermöglichte den entfernten Vorfahren des Graufuchses, den frühen Hunden, von ihrer Wiege im Dschungel ausgehend, in neue Lebensräume vorzudringen. Vor 20 Millionen Jahren spaltete sich ein hyänenähnlicher Seitenzweig der Hundefamilie ab, die sogenannten Urgroßhunde oder Borophaginen; sie gediehen bis ins obere Pliozän vor drei Millionen Jahren. Mit als letzte starben die hyänenähnlichen *Borophagus* und *Osteoborus,* die mit Hilfe ihrer wuchtig ausgebildeten Reißzähne Knochen zertrümmern konnten. Moderne Hyänen knacken Knochen mit weiter vorne gelegenen

Osteoborus war einer der Borophaginen oder Urgroßhunde, einer Unterfamilie der Hunde, die sich auf das Knacken von Knochen spezialisiert hatte.

Enhydrocyon war der Versuch der Hundefamilie, einen großkatzenähnlichen Vertreter hervorzubringen; er ähnelte dem heutigen Jaguar.

Prämolaren, wobei die Reißzähne als Brechschere erhalten blieben. Sie besitzen somit eine Bezahnung, die zwei Zwecke erfüllt. Andere Borophaginen waren schakalartig. *Epicyon* war ein großer Räuber, der vielleicht in Rudeln gejagt hat und der Evolution wolfartiger echter Hunde in Nordamerika zuvorkam. Auch die echten Hunde brachten einige Merkwürdigkeiten hervor, darunter *Enhydrocyon,* der mit seiner kurzen Schnauze und den mächtigen Kiefern eher an einen Jaguar erinnert.

Die frühen Hunde konkurrierten wahrscheinlich mit den Amphicyoniden, Vertretern der einzigen Carnivorenfamilie, die ausgestorben ist. Man bezeichnet die Amphicyoniden verwirrenderweise manchmal als »hundeartige Raubtiere«, manchmal als »Vorbären«, auch wenn sie weder mit Hunden oder Bären, noch mit den zu den Condylarthren zählenden Arctocyoniden (den »Bärenhunden«, siehe Seite 17) etwas zu tun haben. Diese hundeähnliche Familie starb ungefähr zur selben Zeit aus, zu der sich Wölfe und räuberische Kurzschnauzenbären entwickelten und die Pantherkatzen von Eurasien nach Amerika überwechselten. Ob dies den Niedergang der Amphicyoniden angesichts des Klimawandels vor rund acht Millionen Jahren beschleunigte, ist nicht bekannt.

Vor fünf bis sieben Millionen Jahren wanderten einige echte Hunde nach Norden zur Landbrücke über die Beringstraße, die Nordamerika mit Asien und somit auch Europa verband. Entweder kurz bevor oder kurz nachdem sie die Landbrücke überquerten, entstanden wahrscheinlich aus einem frühen Hund namens *Canis davisii* die beiden Hauptlinien, die es heute gibt: die fuchsartigen und die wolfartigen Hunde. Vor dieser Aufspaltung entwickelten sich aus den frühen Hunden noch die Vorfahren des heutigen Marder- oder Waschbärhundes aus dem Fernen Osten. Marderhunde fressen viele Früchte und legen im Herbst an Gewicht zu, das ihnen durch die Winterruhe hilft — einen Zeitraum

*Oben: Der Marderhund Ostasiens hält als einziger
Hund eine Winterruhe.*

*Rechts: Das dichte Fell des Eisfuchses schützt ihn vor
eisigen Winden.*

der Lethargie, wie er für Caniden einmalig ist. Marderhunde und Graufüchse sind die
einzigen überlebenden Hunde, deren Ursprünge vor der Aufspaltung in die fuchs- und
die wolfartigen Spezies liegen.

Mit welchen Bedingungen sich die Pioniere konfrontiert sahen, als sie die Beringbrücke überquerten, können wir nur vermuten. Vor knapp mehr als 30 Millionen Jahren
war die mittlere Jahrestemperatur in Alaska auf zehn Grad Celsius abgesunken, und in
der Folge kühlte es noch mehr ab. Von Zeit zu Zeit gab es jedoch leichte Erwärmungen,
und es ist vielleicht kein Zufall, daß die Hunde während einer dieser Perioden über die
Landbrücke wanderten. Der hohe Norden war möglicherweise nicht so kalt wie heute,
aber die ersten nach Europa überwechselnden Hunde hatten trotzdem eine mörderische
Reise vor sich.

Das Verbreitungsgebiet des heutigen Eis- oder Polarfuchses umspannt den gesamten
Nordpol von Alaska bis nach Kamtschatka. Dieses außerordentlich hübsche und ausdau-
ernde Tier ist ein Neuankömmling, ein Tier der letzten Eiszeit, aber vielleicht waren die
frühen, nach Norden wandernden Caniden ähnlich ausgestattet, um der enormen Kälte
zu widerstehen. Der drei bis vier Kilogramm schwere Eisfuchs hat relativ kurze Ohren,
kurze Beine und einen ebenfalls kurzen Schwanz, um den Wärmeverlust minimal zu halten, und seine Pfoten sind in flauschige Fäustlinge aus wolligem Fell eingehüllt. Ungefähr
70 Prozent seines Felles sind feine Unterwolle, im Vergleich zu 20 Prozent beim Rotfuchs. Sein Pelz ist so dicht, daß der Eisfuchs erst zu frösteln beginnt, wenn die Temperatur unter minus 70 Grad Celsius fällt.

Eisfüchse bringen ihre Jungen in der Tundra vom 53. Grad nördlicher Breite in Höhe der Südspitze der Hudson Bay bis zu den Schneewüsten Nordgrönlands am 88. nördlichen Breitengrad zur Welt. Da die Tundra die natürliche Wachstumsphase eines ganzen Jahres in einen zweimonatigen Sommer zwängt, beeilt sich auch der Eisfuchs mit der Fortpflanzung. Zudem hat er mit den Höhen und Tiefen der Ökologie des hohen Nordens zu kämpfen. Die Vierjahreszyklen seiner Beutetiere, der Lemminge und Wühlmäuse, führen dazu, daß eine Region in einem Jahr große Beutetierpopulationen bietet, sich in einem anderen Jahr aber in ein Gebiet des Hungers verwandelt. In Barrow in Alaska kann die Zahl der Braunen Lemminge in einem Jahr auf über 200 Exemplare pro Hektar ansteigen, um im nächsten wieder auf weniger als ein Exemplar pro Hektar zu fallen. Die Eisfüchse ziehen sich während der mageren Jahre von Barrow zurück, bevölkern das Gebiet jedoch während der fetten Jahre mit bis zu 25 Exemplaren pro Quadratkilometer. Sie nutzen den Boom der Lemminge und vermehren sich in dieser Zeit fruchtbarer als jeder andere Canide. Der Eisfuchs ist mit der Rekordanzahl von zwölf bis 16 Zitzen ausgestattet — damit kann nur der Afrikanische Wildhund mit zwölf bis 14 Zitzen mithalten. Die Zitzen versorgen Würfe von durchschnittlich mehr als zwölf Jungen, der höchste nachgewiesene umfaßte 19 Jungfüchse.

Eisfüchse wechseln mit der Jahreszeit die Farbe ihres Fells. Im Winter haben viele eine weiße Decke, um sich für ihre Beute und vielleicht auch für ihre Räuber wie Wolf und Adler zu tarnen. Im Frühjahr stoßen sie den weißen Pelz in wolligen Fetzen ab, und zutage tritt ein braunes Fell, das an der Unterseite in ein cremiges Beige übergeht. In der braunen Grastundra ist dieser Fuchs im Sommer gut getarnt. Die silbergrauen Augenbrauen verleihen ihm ein vornehmes Aussehen, im Gegensatz zu den frechen weißen Haarbüscheln, die von seinen Ohren sprießen.

Den Eisfuchs gibt es jedoch in zwei Ausführungen — in Weiß und Blau. Während die weiße oder polare Form ihr Fell von Weiß nach Braungrau verändert, tauscht die blaue Variante ihr tiefbraunes Winterfell mit einem metallisch blauen Glanz gegen ein Achatbraun im Sommer. Ob ein Fuchs weiß oder blau ist, wird durch den genetischen Code für die Fellfarbe bestimmt; jeder Fuchs weist Allele des Gens für die Fellfarbe auf. Ein rein weißer Fuchs besitzt zwei Allele für weiße Farbe und ein rein blauer Fuchs zwei Allele für Blau. Paaren sich zwei solche Füchse, werden ihre Nachkommen von jedem Elternteil ein Allel erhalten und daher ein Allel für Weiß und eines für Blau besitzen. Alle werden aber blau gefärbt sein, weil das Allel für die blaue Farbe dominant ist. Ihre Nachkommen wiederum können jedoch weiß oder blau sein, je nachdem, welche Allele die Partner besitzen. Weiße und blaue Junge können auch im selben Wurf auftreten.

In dem riesigen Verbreitungsgebiet des Eisfuchses auf dem Festland herrscht die weiße Form vor; nur weniger als einer von hundert ist blau. An Küsten aber, wo kein Schnee liegen bleibt, fällt ein weißer Fuchs auf, während blaubraune Füchse unauffällig mit der Umgebung verschmelzen. Nicht überraschend sind blaue Füchse daher auf kleineren Inseln häufiger, die ein höheres Verhältnis von Küstenlinie zu Inselfläche aufweisen. In Grönland sind beide Farbvarianten gleichstark vertreten, während im kleineren Island zwei Drittel der Population blau sind. Entlang der isländischen Küste sind die blaugefärbten Füchse in der Mehrzahl; hier sind die weißen Füchse stets im Nachteil und tauchen nur aufgrund von Zuwanderungen aus dem Inneren der Insel immer wieder auf. Im Landesinneren haben blaue Füchse im Sommer größere Vorteile als die weißen, weil sie für Fuchsjäger weniger auffällig sind, während die weißen Füchse im Winter Vorteile genießen; dies führt zu einer Mischung aus beiden Formen. Man könnte vermuten, daß die Eisfüchse ihre Geschlechtspartner so auswählen, daß die Nachkommenschaft die für die örtlichen Gegebenheiten geeignete Farbe aufweist, doch die isländischen Eisfüchse paaren sich ungeachtet ihrer Farbe.

In Alaska unternehmen einige Eisfuchspopulationen auf der Suche nach Futter regelmäßig Wanderungen. Jeden Herbst verlassen sie die Fortpflanzungsgründe im Inland und wandern an die Küste, um dann im zeitigen Frühjahr wieder ins Landesinnere zurückzukehren. Über weite Bereiche Kanadas, Fennoskandiens und Rußlands leben Eisfüchse am Existenzminimum, je nach Anzahl der Lemminge. Wenn die Lemmingpopulationen zusammenbrechen, stehen die Füchse vor dem Hungertod und setzen ihre Massenwanderungen fort.

Die Ankunft der Hunde in Eurasien vor fünf bis sieben Millionen Jahren fiel zeitlich mit dem Niedergang der meisten ihrer Rivalen zusammen. Etwa zur gleichen Zeit starben die letzten Creodonten (siehe Seite 23) zusammen mit den Amphicyoniden und den meisten Hyänen aus, die bis dahin jene Nische besetzt hielten, die später die Hunde eroberten. Diese Aussterbeereignisse wurden wahrscheinlich durch einen Klimawandel herbeigeführt. Infolgedessen kamen die Hunde zur richtigen Zeit an den richtigen Ort, um die durch den Niedergang ihrer potentiellen Rivalen freigewordenen Nischen auszufüllen.

Vor fünf Millionen Jahren begannen sich die fuchsartigen und die wolfartigen Hunde aufzuspalten. Der erste Seitenzweig der wolfartigen Hunde in der Alten Welt waren die Vorfahren des heutigen afrikanischen Löffelhundes. Die erste Linie der fuchsartigen Hunde, die sich abtrennte, führte zum Kapfuchs (auch Kama- oder Silberrückenfuchs) – heute der einzige Vertreter dieser Artengruppe südlich der Sahara. Eine weitere führte zum Rotfuchs, der sich bald über ganz Eurasien ausbreitete und aus dem schon früh der Steppenfuchs oder Korsak der russischen Steppengebiete hervorging. Die zugefrorene Beringbrücke hinter sich lassend, zog die Rotfuchslinie nach Süden Richtung Sonne und Sand und paßte sich an nicht weniger rauhe Bedingungen an, wobei sich die Vorfahren der in ariden Gebieten lebenden Swift- oder Kitfüchse und der Sand- oder Rüppellfüchse kurz nach dem Korsak abspalteten.

Vor drei bis vier Millionen Jahren hatte ein fuchsartiger Vorfahre, womöglich ein Abkömmling der Kapfuchslinie, mit jenen Klimaveränderungen zu kämpfen, die im Mittleren Osten und in Nordafrika die ersten Wüsten entstehen ließen. Aus ihm gingen zwei Wüstenspezialisten hervor: der Fennek oder Wüstenfuchs und der Afghan- oder Canafuchs. Der nur ein bis anderthalb Kilogramm schwere Fennek lebt tief in der Sahara. Während der Eisfuchs erst bei Temperaturen unter minus 70 Grad Celsius zu frieren beginnt, zittert der Fennek schon bei Temperaturen unter 20 Grad Celsius und legt seinen Schwanz ordentlich wie eine Stola um seine Füße. Aber auch er hält einen erstaunlichen Rekord: Der Fennek beginnt erst zu hecheln, wenn die Temperaturen 35 Grad Celsius übersteigen, erst bei 38 Grad öffnet er sein Maul vollständig. Aber wenn er hechelt, dann richtig: Von normalen 23 Atemzügen pro Minute im Ruhezustand steigt die Rate auf bis zu 690 Züge.

Während der heißen Tageszeit ziehen sich die Fenneks in Erdhöhlen zurück. Sie jagen nur in den kühlen Dämmerungsstunden, trinken nur selten und decken ihren Flüssigkeitsbedarf über ihre Nahrung, zu der kleine Nager, Echsen, Vögel und Insekten gehören. Diese Füchse haben die Fähigkeit, soviel Wasser wie möglich zu speichern. Ein hechelnder Fennek rollt sogar seine Zunge ein, um auch nicht einen wertvollen Tropfen Speichel zu verschwenden. Seine »Schmetterlingsohren« machen 20 Prozent seiner Körperoberfläche aus; wenn die Temperatur ansteigt, erweitern sich die Blutgefäße in den Ohren und Füßen. Dadurch kann mehr erwärmtes Blut durch die Extremitäten fließen, und es wird mehr Wärme nach außen abgestrahlt. Übersteigt die Lufttemperatur seine normale Körpertemperatur von 38,2 Grad Celsius, läßt der Fennek seine Temperatur auf 40,9 Grad ansteigen; auf diese Weise reduziert er den Wasserverlust durch Schwitzen. Der Fennek spart darüber hinaus Energie, indem sein Stoffwechsel mit nur 67 Prozent der Rate auskommt, die man für ein so kleines Säugetier normalerweise erwarten würde. Auch der Herzschlag ist mit 118 Schlägen pro Minute 40 Prozent niedriger als erwartet.

Im Jahre 1981 kam aus Israel die erstaunliche Nachricht, daß man dort eine neue Wüstenfuchsart entdeckt hatte. Das Tier wog nur ein Kilogramm, hatte große Ohren, einen enorm langen buschigen Schwanz und nackte Sohlenpolster. Schließlich identifizierte man es als Afghanfuchs, was bedeutete, daß es keine neue Art war, sondern nur eine alte an einem neuen Ort. Diese Schwesterart des Fenneks kannte man zuvor nur von entlegenen Bergen in Afghanistan und Iran, somit war das israelische Exemplar mindestens 1400 Kilometer von seinem Stammgebiet entfernt. Afghanfüchse setzen ihren auffallenden Schwanz als Gegengewicht und die nackten Sohlenpolster für einen trittsicheren Schritt ein, wenn sie sich auf Geröll und Abhängen mit federleichter Grazie bewegen. Sie leben paarweise und bewohnen gemeinsam ein Klippenterritorium von einem halben bis zwei Quadratkilometern, in dem sie nach Käfern, Heuschrecken, Spinnen, Beeren und insbesondere nach den schmackhaften Kapern suchen. Wie der Fennek decken sie ihren Flüssigkeitsbedarf über ihre Nahrung.

Afghanfüchse sind insofern ungewöhnlich, als sie keine Nahrungsmittelvorräte anlegen; vermutlich sind ihre Beutetiere zu winzig, als daß es sich lohnt, sie zu lagern. Die meisten anderen Caniden — möglicherweise mit Ausnahme des Löffelhundes — legen Futtervorräte an und haben ein ausgezeichnetes Gedächtnis für ihre Verstecke. Diese Gewohnheit stellt für opportunistische Jäger, die nie wissen, woher sie ihre nächste Mahlzeit bekommen werden, eine unschätzbare Sicherheitsmaßnahme dar. Das Horten von Vorräten könnte ein weiterer Vorteil der kräftigen Füße und Krallen von Hunden sein, die sich hervorragend dazu eignen, Verstecke zu graben. Katzen hingegen sind schlechte Gräber, und mit Ausnahme des Leopards, der seine Beute auf Bäumen versteckt, ist das Lagern von Nahrung überhaupt sehr selten im Katzenzweig der Carnivoren zu beobachten.

Die Fähigkeit des Afghanfuchses, Felsklippen zu bewohnen, erklärt, wie er mit dem Fennek des Treibsandes in Koexistenz leben kann. Im Süden überschneidet sich das Verbreitungsgebiet des Fenneks auch mit jenem des Blaßfuchses der südlichen Sahara und im Norden mit dem des Sandfuchses mit seinen behaarten Füßen. Im Vergleich zu den winzigen Fenneks und Afghanfüchsen ist der Sandfuchs ein Neuling auf der Wüstenbühne; er gleicht einer Miniaturausgabe des Rotfuchses, aus dem er vor einiger Zeit

Seine nackten Sohlenpolster bieten dem Afghanfuchs besonders gute Haftung auf Felsklippen, die seinen speziellen Lebensraum darstellen.

hervorging. Zusätzlich dringen auch Rotfüchse in die Wüsten des Mittleren Ostens vor, leichtgewichtige Streuner von nur drei Kilogramm, verglichen mit ihren europäischen Brüdern, die über zehn Kilogramm wiegen können. Eine Konkurrenz zwischen so ähnlichen Arten wie dem Rot- und dem Sandfuchs endet normalerweise damit, daß der größere den kleineren verdrängt. Nach der allgemeinen Regel dominieren größere Hundearten kleinere oder töten sie sogar. Wölfe jagen und töten Kojoten, Kojoten töten Kitfüchse, Goldschakale töten Rotfüchse, und Rotfüchse töten Eis- und Graufüchse. In manchen Gebieten sind die kleineren Füchse jedoch paradoxerweise durch ihre Größe geschützt. Dies verdeutlicht die Verbreitung des Rot- und des Eisfuchses. Das Verbreitungsgebiet des Eisfuchses ist ein zirkumpolares Band nördlich des Areals des Rotfuchses, und in der eurasischen und kanadischen Tundra überlappen sich die Lebensräume beider Arten. Beide Spezies sind auf beeindruckende Weise an die Kälte angepaßt und sind sich in ihrem gesamten Verhalten bemerkenswert ähnlich. Infolgedessen scheinen Rotfüchse Eisfüchse bei Begegnungen als kleinere und somit unterlegene Kopien von sich selbst zu betrachten und versuchen, sie zu verdrängen. Die schwereren Rotfüchse müssen jedoch weitaus mehr fressen, aber gegen Norden hin wird die Nahrungsgrundlage zu spärlich, um sie zu ernähren. Der größere Körper, der es dem Rotfuchs zwar ermöglicht, den Eisfuchs im Süden einzuschüchtern, entwickelt aber auch einen größeren Appetit, der sich im Norden nicht stillen läßt. Somit setzt die bloße Stärke des Rotfuchses dem Verbreitungsgebiet des Eisfuchses im Süden eine Grenze, während sein Nahrungsbedarf ihm seine eigene Grenze im Norden seines Verbreitungsgebiets setzt.

Ähnlich kann der Sandfuchs in ariden Landschaften gedeihen, die dem größeren Rotfuchs zu wenig Nahrung bieten. In anderen Gebieten wird die Konkurrenz zwischen den beiden Arten wohl durch starke Abweichungen in der Länge der unteren Reißzähne entschärft. Diese unterscheidet sich in jenen Teilen Israels, in denen Rot- und Sandfüchse in Koexistenz leben, mehr als dort, wo nur eine der beiden Arten vorkommt; vielleicht sind sie dadurch auf verschiedene Nahrung spezialisiert. Es scheint jedoch merkwürdig, daß solch kleine Unterschiede der Zähne es ihnen ermöglichen sollen, zu koexistieren. Eine entsprechend geringe Größendifferenz unterscheidet aber auch die Eckzähne des Rotfuchses von jenen des Graufuchses, die in den USA in Koexistenz leben. Analog dazu besitzen Goldschakale in Nordafrika längere Zähne als im Mittleren Osten, wo sie mit den Arabischen Wölfen in Konkurrenz leben. Auch wenn die Eckzähne der Schakale von Ägypten bis Marokko dieselbe Länge aufweisen, ist ihre Körpergröße doch im Westen viel geringer als im Osten. Das wiederum könnte darauf zurückzuführen sein, daß sie zwar dieselbe Nahrung zu sich nehmen, diese aber im Westen nicht so reichhaltig zur Verfügung steht.

Es gibt auch Arten, die sich in einigen Gebieten in der Größe unterscheiden, wie der Chile-Kampfuchs und der Anden- oder Magellanfuchs der Anden. Diese beiden gingen vor weniger als einer halben Million Jahren aus einem gemeinsamen Vorfahren hervor und unterscheiden sich hauptsächlich dadurch, daß der Andenfuchs längere Eckzähne aufweist. Im Norden lebende Andenfüchse und Chile-Kampfüchse sind jeweils rund 70 Zentimeter lang, während sie in Südchile 90 beziehungsweise 60 Zentimeter lang werden. Die Nordanden sind sehr hoch, und das große Spektrum an Lebensräumen in den verschiedenen Höhenstufen bietet eine Vielzahl von Nagetieren als Beute, während sich in den niedrigeren Südanden die Vielfalt der Beutetiere verringert.

Ein weiteres Rätsel stellen drei Schakalarten dar, die nur leicht voneinander abweichen, in Ostafrika aber in Koexistenz leben. Der Schabracken-, der Gold- und der Streifenschakal entstanden vor drei bis vier Millionen Jahren. Bisweilen treffen Vertreter aller drei Arten am gleichen Tierkadaver aufeinander. Goldschakale leben zumeist in den Ebenen, Schabrackenschakale in der Dornbuschsavanne und Streifenschakale in Berggegenden. Ob dies ausreicht, um die Konkurrenz zwischen ihnen zu entschärfen, oder ob sie in Koexistenz leben können, weil sie eher durch Krankheiten oder Feinde eingeschränkt werden als durch ihre Nahrung, bleibt eine offene Frage.

Wo immer sie auftreten, fressen die Arten der Fuchslinie nahezu alles, was sie finden können, aber sie haben ihre Spezialitäten. Der Rotfuchs, der größte der heutigen Vertreter dieser Linie, ist ein auf Mäusefang spezialisierter Räuber. Durch diese Spezialisierung hat er vieles mit Kleinkatzen gemeinsam, unter anderem die Fähigkeit, seine Beute mit großer Präzision zu erlegen. Er macht seine Beute ausfindig, indem er den Geräuschen seines verborgenen Opfers lauscht. Das Gehör des Rotfuchses ist besonders für die niedrigen Frequenzen der von ihm gejagten Nager ausgelegt, deren Geräusche er mit einer Genauigkeit von nur einem Grad Abweichung ortet. Dann springt er auf, hoch über seine Beute, schlägt in der Luft steuernd mit seinem Schwanz, bevor er bis zu fünf Meter entfernt zu Boden auf sein Ziel stürzt.

Eine Reihe von Faktoren trägt dazu bei, daß den Rotfüchsen derart exakte Sprünge gelingen. Erstens springen sie in einem Winkel von ca. 40 Grad ab, also nahe dem theoretischen Optimum von 45 Grad für das Erreichen einer maximalen Entfernung. Für kürzere Sprünge springen sie in einem flacheren Winkel, und wenn sie mit besonderer Wucht landen müssen, etwa um eine Schneekruste zu durchbrechen, springen sie weitaus höher, in einem Winkel von bis zu 80 Grad. Zweitens haben Rotfüchse längere Hinterbeine als die anderen Vertreter der Familie der Hunde, was ihre Sprungkraft zusätzlich erhöht. Drittens sind sie weitaus leichter als andere Hunde der gleichen Größe; sie wiegen nur halb soviel wie ein Haushund oder ein kleiner weiblicher Kojote von der Länge eines Fuchses. Außerdem ist ihr Skelett stromlinienförmig; ihre Beinknochen sind besonders schlank und wiegen 30 Prozent weniger pro Flächeneinheit Knochen als erwartet.

Trotz all dieser Anpassungen jagen Rotfüchse in bestimmten Regionen nur selten Mäuse. Auf kurzgemähten Wiesen zum Beispiel machen sie sich den leichten Zugang zu fleischiger krabbelnder Kost zunutze. Rotfüchse sind Spezialisten im Aufstöbern von Regenwürmern, die — wie jeder Angler weiß — in ruhigen warmen Nächten an die Oberfläche kriechen. Manche Würmer gleiten ungeschützt durch den Grasdschungel, während andere mit eingegrabenen Borsten mit ihrem Hinterende in der Erde verankert bleiben. Der Fuchs lauscht mit schiefgehaltenem Kopf und gespitzten Ohren nach verräterischen Geräuschen unter den Blättern. Plötzlich friert der Fuchs in seiner Bewegung ein, seine Rute steif wie ein Stock und seine Ohren gespitzt. Wenn ein Wurm unvorsichtigerweise mit seinen Borsten am Gras entlangstreift, schnappt der Fuchs zu: Der Kopf des Wurmes wird säuberlich zwischen den Schneidezähnen eingeklemmt, doch er vermeidet es, sein Opfer zu zerreißen, indem er den Wurm einen Augenblick straff hält und dann seine Schnauze zunächst langsam in einem Bogen anhebt, um den Wurm intakt aus seinem Schlupfloch zu ziehen. Der Wurm windet sich verzweifelt und wickelt sich um die Schnauze des Fuchses, aber mit einer geschickten Bewegung seiner Kiefer läßt der Häscher die lebendige Spaghetti seine Kehle hinuntergleiten.

Die ersten 30 Millionen Jahre ihrer Geschichte lebten die meisten Caniden vermutlich ganz ähnlich wie Füchse und gingen alleine auf die Jagd. Das bedeutet jedoch nicht, daß sie ungesellig waren. Sowohl Rot- als auch Eisfüchse leben bisweilen paarweise in einem Territorium, in manchen Lebensräumen bilden sie sogar Gruppen mit losem Zusammenhalt. Diese bestehen zumeist aus einem Männchen und zwei bis fünf erwachsenen Weibchen. Die Weibchen sind im allgemeinen eng miteinander verwandt — oft sind es Muttertiere mit ihren Töchtern.

In drei Eisfuchsterritorien, die man entlang der Küste eines isländischen Fjordes untersuchte, lebten jeweils ein Fuchs und zwei Füchsinnen in Koexistenz und suchten den Strand nach Aas ab. Die Territorien unterschieden sich auffällig in ihrer Größe: Das größte umfaßte 10,5 Kilometer Küstenlinie und das kleinste 5,4 Kilometer. Dies konnte bedeuten, daß einer Gruppe doppelt soviel Aas zur Verfügung stand wie der anderen oder daß die Küsten der kleineren Territorien ein reichhaltigeres Aasangebot aufwiesen. Das Angebot von Aas war je nach Verlauf der Gezeiten und nach Lage der Küste unterschiedlich. Um die Unterschiede festzustellen, hätten die Forscher also die Larven, toten Fische und anderen Meerestiere zählen müssen, die jede Eisfuchsgruppe an ihren Stränden vorfinden konnte. Glücklicherweise führte ein einheimischer Bauer, der die Küstenlinie nach Treibholz absuchte, Tagebuch über seinen Ertrag von jedem Strandabschnitt. Da Treibholz und Fuchsnahrung mit vermutlich gleicher Wahrscheinlichkeit angespült wurden, war es möglich, die Revierqualität in Treibholz-Einheiten einzuteilen. Wie sich herausstellte, wiesen alle drei Territorien trotz ihrer riesigen Größenunterschiede fast dieselbe Anzahl an Treibholz auf. Paradoxerweise waren die Bewohner des größten Territoriums im Vergleich zu ihren Nachbarn benachteiligt, weil ihr Gebiet zwar dieselbe Anzahl von Buchten umfaßte, sie aber weitere Wegstrecken zurücklegen mußten, um sie aufzusuchen.

Diese Studie lieferte auch Anhaltspunkte dafür, wie solche Gruppen entstehen. Der kürzeste Küstenabschnitt, der eine angemessene Nahrungsversorgung für ein Eisfuchspaar gewährleistet, bietet auch genügend Futter für einen weiteren Artgenossen. Angespülte Robbenkadaver und Seevögel stellen auch für mehrere Füchse ein Festmahl dar. Ganz anders stellt sich die Situation bei den Eisfüchsen auf der Wrangelinsel in Rußland dar: Sie leben von Lemmingen, die gleichmäßig über die Tundra verteilt vorkommen, so daß ein Fuchspaar sein Territorium entsprechend erweitern oder verkleinern kann, wenn die Zahl der Lemminge ansteigt oder sinkt.

Afghanfüchse, die in einer von der Sonne ausgedörrten Schlucht nach Grillen jagen, haben viel mit Eisfüchsen gemeinsam, die an einem eisigen Strand nach Aas suchen. Die Felsterritorien der Afghanfüchse weichen ebenfalls stark in der Größe voneinander ab und reichen von 50 bis zu 200 Hektar. Diese Füchse beschränken ihre Jagd überwiegend auf Insekten in den tief eingeschnittenen Wadis. Daher umfaßt jedes Territorium, gleich welcher Gesamtfläche, ungefähr die gleiche Fläche Flußbett. Der Wadi des Afghanfuchses entspricht der Bucht des Eisfuchses. Von sieben untersuchten Afghanfuchs-Territorien waren jedoch fünf von Paaren bewohnt, nur in zweien lebte noch ein weiteres Tier, vermutlich eine Tochter des Paares. Das Nahrungsangebot des kleinsten für ein Paar erforderlichen Territoriums vermag oftmals auch einen dritten Fuchs zu ernähren.

Der Rotfuchs weist heute die weiteste Verbreitung aller Carnivoren auf; er kommt in der gesamten Nordhemisphäre und — eingeführt — in weiten Teilen Australiens vor.

Die am Stadtrand von Oxford lebenden Rotfüchse hingegen bilden Gruppen von vier bis sechs erwachsenen Tieren. Sie ernähren sich in erster Linie von dem, was sie an Futterstellen für Vögel und auf Komposthaufen finden, sowie von Fallobst und Würmern. Der Reichhaltigkeit des Nahrungsangebots entsprechend sind die Territorien relativ klein und reichen von 19 bis zu 72 Hektar. Doch das Nahrungsangebot ändert sich von Nacht zu Nacht oder sogar von Stunde zu Stunde. Ein launisches Drehen des Windes wird die Würmer eines Feldes oder einer Wiese in den Boden treiben, bevor ihre feuchten Körper auskühlen. Also benötigt ein Rotfuchspaar mehrere Wiesen, um sicherzustellen, daß auch eine auf der Leeseite der Brise dabei ist. Jede Wiese bietet wahrscheinlich genügend Würmer, um mehrere Füchse zu ernähren. Ähnlich variiert das Nahrungsangebot aus Abfällen der verschiedenen Haushalte: In einer Nacht werden die Füchse in einem Garten eine große Menge Küchenabfälle finden, in der nächsten vielleicht gar nichts. Daher muß jedes Territorium genügend Haushalte umfassen, um den Füchsen zu garantieren, jede Nacht etwas zu fressen zu finden. Alle sieben Rotfuchsreviere in dem Gebiet umfassen trotz ihrer unterschiedlichen Größe innerhalb ihrer Grenzen jeweils rund 24 Haushalte. Diese Anzahl reicht offensichtlich aus, um einem Paar und gelegentlich auch noch zwei oder drei seiner erwachsenen Töchter eine annehmbare Lebensgrundlage zu bieten.

Die frühen wolfartigen Hunde, die sich in Eurasien abspalteten, waren wahrscheinlich Generalisten wie ihre fuchsartigen Zeitgenossen. Sie waren den heutigen Kojoten sehr ähnlich, ein wenig größer als Füchse und vermutlich stark auf eher größere Beutetiere spezialisiert. Zweifellos fraßen sie auch Aas, wie einer ihrer ältesten noch lebenden Verwandten, der Schabrackenschakal. Die Kadaver haben wahrscheinlich die Mitglieder einer ganzen Familie ernährt, die mit vereinten Kräften ihre Aussichten verbesserten, andere Aasfresser von der Beute fernzuhalten. Große Rudel kanadischer Kojoten verteidigen ihre Beutekadaver erfolgreicher gegen Rivalen als kleinere Rudel. Dort, wo zum Speiseplan auch große Hirsche gehören, bilden Kojoten Rudel von bis zu acht Tieren, während sie in Gegenden, in denen sie sich hauptsächlich von Mäusen ernähren, paarweise leben.

Gelegentlich kooperieren die Mitglieder einer Gruppe bei der Jagd. Schabracken- und Goldschakale sind dreimal so erfolgreich bei der Jagd auf Gazellenjunge, wenn sie paarweise zusammenarbeiten, denn so kann der eine Schakal die Mutter ablenken, während der andere das Junge tötet. Kojoten kooperieren in einigen Gebieten sogar mit Silberdachsen, um Erdhörnchen zu jagen. Dieses bemerkenswerte Paar durchsucht Seite an Seite das Gebüsch und hilft einander, kleine Beutetiere aufzuscheuchen und zu erlegen. Ein heikles Bündnis, denn Dachse fressen gelegentlich Kojotenwelpen, und man hat auch schon beobachtet, daß eine Familie mit drei erwachsenen Kojoten einen Dachs tötete. Vermutlich kooperierten die frühen Hunde bei der Jagd und bei der Verteidigung der Beute deshalb eher mit einem Familienmitglied.

Mit Verwandten bieten sich auch Gelegenheiten für andere Formen der Kooperation, zum Beispiel im Bereich der Kinderaufsicht: In den Savannen der Serengeti segelt ein Schabrackenschakal durch die Luft, zieht seine Hinterbeine eng an den Körper und schlägt dann mit den Vorderpfoten auf sein Opfer. Mit einer Grasmaus aus seinem Maul baumelnd macht sich dieser buschschwänzige, schlankschnauzige Hund auf den Heimweg. Nachdem er unterwegs eine zweite Maus geschnappt hat, erreicht der männliche Schakal schließlich die Höhle. Ein Weibchen und vier übereinanderpurzelnde Welpen begrüßen ihn. Ihre Schwänze wedeln aufgeregt zur Begrüßung, die Ohren sind angelegt, die Hälse verdreht, die Mäuler aufgerissen, und ein vielstimmiges Gewinsel erklingt. Das Männchen läßt die beiden Mäuse fallen, und es entbrennt ein makabres Tauziehen zwischen den Welpen. Es ist eine typische Familienszene, mit der Besonderheit, daß weder das Männchen der Vater der Welpen ist, noch das Weibchen die Mutter. Es sind der ältere Bruder und die ältere Schwester der Jungen, die sich entschlossen haben, als »Kindermädchen« zu Hause zu bleiben, statt ihre eigenen Wege zu gehen.

Bei den Schabrackenschakalen stehen die »Babysitter« häufig in gewissenhafter Fürsorge um ihre jüngeren Geschwister ihren Eltern bei. Sie jagen begeistert, um sie zu füttern, und verbringen etliche Stunden damit, die Höhle zu bewachen, mit den Jungen zu spielen und ihr Fell zu pflegen.

Sie riskieren sogar ihr Leben, um den Nachwuchs gegen Tüpfelhyänen zu verteidigen, für die ein Schakalwelpe ein Leckerbissen ist. Die Höhlen werden von einem bis vier »Kindermädchen« bewacht, die mit gleich hoher Wahrscheinlichkeit Männchen oder Weibchen sind. Je mehr Helfer zur Verfügung stehen, desto mehr Welpen werden überleben. Ein Schakalpaar, das einen Wurf ohne Hilfe aufzieht, muß seine Welpen nach den ersten drei Wochen ständiger Aufmerksamkeit oft bis zu 40 Prozent der Zeit alleine lassen. Kindermädchen zu haben bedeutet, daß die Jungen selten unbewacht sind und mehr Futter erhalten.

Solche Hilfsdienste beobachtet man nicht nur in der Wolfslinie. Einige Rotfüchse und Eisfüchse kennen ebenso diese hilfreiche Einrichtung, wenngleich deren Kindermädchen fast ausschließlich Weibchen sind. In einem Fall hinderten Verletzungen eine Rotfuchsmutter daran, sich um ihre gerade entwöhnten Jungen zu kümmern. Unterstützt vom Vater versorgten die erwachsenen Schwestern die Welpen. In einem anderen Fall starb eine Rotfuchsmutter. Ihre erwachsene Tochter, die unfruchtbar war und bis dahin eine entfernte Ecke des Territoriums ihrer Mutter bewohnt und sich nicht für die Jungen interessiert hatte, kam sofort herbei und zog sie erfolgreich auf.

Als Helfer zu Hause zu bleiben oder sich auf eine riskante Wanderschaft zu begeben, um ein eigenes Revier zu suchen, ist keine einfache Entscheidung für ein gerade erwachsen gewordenes Mitglied einer Familie. Bei Gold- und Schabrackenschakalen, Löffelhunden, Waldfüchsen, Afrikanischen Wildhunden, Füchsen und Kojoten kommt es nachweislich vor, daß Individuen ihr Zuhause für einige Monate verlassen, nur um schließlich als fleißige Helfer in ihr »Elternhaus« zurückzukehren, nachdem sie vermutlich den Grundstücksmarkt überprüft und herausgefunden haben, daß er in feindlichem Besitz ist. Das Schicksal einer Wolfsfamilie in Minnesota verdeutlicht, wie kompliziert es für die Tiere ist, sich auszubreiten. Ein erwachsenes Weibchen streifte 14 Monate lang alleine nomadisch über 4000 Quadratkilometer umher, bevor es auf ein einsames Männchen traf, mit dem es ein 69 Quadratkilometer großes Territorium gründete. Im folgenden Jahr wurde das Männchen getötet, und seine Stelle (und drei Welpen) wurde von einem einzelnen Männchen übernommen, das zuvor in einem Gebiet von 300 Quadratkilometern umhergewandert war. Zwei der drei Welpen zogen später fort, aber ein Weibchen blieb, um die Rolle seiner Mutter als das sich fortpflanzende Weibchen zu übernehmen — eine Rolle, die es für die nächsten acht Jahre behielt. Einige der Nachkommen

Folgende Doppelseite: Die Direwölfe Südamerikas machten wahrscheinlich gemeinsam Jagd auf Riesenfaultiere.

dieses Paares wanderten in bis zu 190 Kilometer entfernte Gebiete ab, während sich andere in der Nähe ansiedelten. Zwei Weibchen, die sich in nahegelegenen Territorien niedergelassen hatten, verließen ihre Partner, als ihre Welpen starben, und kehrten zum Rudel ihrer Eltern zurück. Eines davon blieb auf unbestimmte Zeit daheim, das andere wanderte nach wenigen Wochen wieder weiter.

Der Entschluß zu bleiben, kann einerseits durch einen Mangel an unbesetzten Territorien begründet sein, andererseits hat der Rückkehrer, selbst wenn er sich nicht selbst fortpflanzen kann, dennoch ein begründetes persönliches Interesse am Überleben seiner jüngeren Geschwister.

Auch Hundeväter versuchen natürlich, die Zahl ihrer überlebenden Nachkommenschaft zu maximieren, und zwar, indem sie sich gewissenhaft um die Jungen kümmern — im Gegensatz zu den meisten Katzenvätern.

Im allgemeinen erklärt man Monogamie damit, daß entweder eine Unterstützung durch die Männchen notwendig ist, um die Jungen aufzuziehen, oder daß die Männchen nicht mehr als ein Weibchen für sich beanspruchen können. Keine dieser Erklärungen scheint sich jedoch mehr auf Hunde anwenden zu lassen als auf die meisten Katzen. Ein viel offenkundigerer Unterschied ist, daß die meisten Caniden sich vielfältig und omnivor ernähren, unter anderem von Früchten, Insekten und Aas als Ergänzung zu kleinen Wirbeltieren. Ein Paar, das sich derartig ernährt, wird sich nicht zwangsläufig gegenseitig behindern und kann Seite an Seite leben, was auch eine engere Verbindung zwischen Vater und Welpen zu fördern vermag.

Im Gefolge von Klimaveränderungen vor fünf bis sechs Millionen Jahren blühte die Wolfslinie auf. Immer rascher wurden Wälder durch Buschland und Savannen ersetzt. Auf den neuentstandenen Ebenen lebten neuartige, schnellfüßige Antilopen, Gazellen und Zebras.

Anders als ihre Vorfahren, die Mega-Herbivoren, hatten diese schnellen und kräftigen Tiere eine weichere Haut, die sich auch mit langgezogenen Kiefern aufreißen ließ. Und genauso, wie diese neue Beute den Anstoß zur Evolution der Pantherkatzen gab, bot sie auch erste Gelegenheiten für schnelle, hochbeinige Räuber.

Vielleicht waren die ersten Hunde, die den Huftieren auf den Ebenen folgten, noch nicht hinter deren Fleisch her. Der Löffelhund zeichnet sich durch große Ohren und schwache Zähne aus und hat sich auf Insekten spezialisiert, die bei den Exkrementen der Huftiere zu finden sind. Mit seinem verblüffend empfindlichen Gehör kann er das unterirdische Raspeln von Aaskäferlarven hören, wenn diese sich durch ihre verwesenden Nahrungsvorräte fressen. Außerdem ernähren sich Löffelhunde von Erntetermiten; bei Gefahr können diese Insekten in weniger als zwei Minuten in Deckung abtauchen, und so führte die Notwendigkeit, diese Termiten mit Höchstgeschwindigkeit aufzuschnappen, zur Evolution eines einzigartigen Flanschs am Unterkiefer des Löffelhundes. Die an diesem Fortsatz ansetzenden Muskeln ermöglichen dem Löffelhund, Termiten mit der unglaublichen Geschwindigkeit von mehr als drei Kaubewegungen pro Sekunde zu zerkleinern. Da Termiten in großer Zahl auf Nahrungssuche gehen und schneller verschwinden, als sie gefressen werden können, hat der Löffelhund nichts zu verlieren, wenn er seine Beute teilt. So suchen Familien mit zwei oder drei Erwachsenen oft zusammen mit ihren Jungen nach Nahrung. Wenn einer das große Los zieht, eilen die Gefährten schnell hinzu, um an dem kurzen, aber opulenten Festmahl teilzuhaben.

Löffelhundfamilien gehen gemeinsam auf Nahrungssuche. Sie ernähren sich unter anderem von Termiten, Früchten und Vogeleiern.

Andere Hunde, jene der Wolfslinie, wurden größer und begannen, dementsprechend größere Beutetiere zu jagen, die behuften Säugetiere der Ebenen. Diese Hunde waren schnell und ausdauernd, aber keine Schwergewichte. Mit ihren Beinen konnten sie fliehende Beutetiere in schnellem Lauf verfolgen, aber große Beutetiere vermochten sie damit nicht niederzuringen. Ihre langen Schnauzen hatten darüber hinaus nicht die richtige Form, um die Opfer zu erdolchen oder zu ersticken. Die Lösung ihres Problems lag in der Kooperation: Wenn sie im Rudel jagten, konnten sie große Beutetiere nicht durch einen, sondern durch viele Bisse töten. Während die Katzen sich auf ihre Muskelkraft verließen, entwickelten die Hunde in den Ebenen die Macht des Rudels.

Die Vorfahren der Rudeljäger lebten vermutlich bereits in Familiengruppen, wie es viele moderne Füchse und Schakale tun. Daher waren sie wohl schon lange vor dem Auftauchen der ersten Huftiere, das sie schließlich veranlaßte, sich auf die Jagd in Rudeln zu spezialisieren, an Zusammenarbeit gewöhnt. Auch wenn ihre Evolution durch das Entstehen der Graslandebenen ausgelöst wurde, jagen rudellebende Hunde hauptsächlich im Buschland, wo die Rudelmitglieder ein fliehendes Opfer schnell ausmanövrieren können. Wölfe jagen oft in lichten Wäldern, wie auch die Rothunde — die asiatischen Wildhunde aus Kiplings »Dschungelbuch« —, und das Bild von den Afrikanischen Wildhunden als Jäger in offenen Ebenen entstand in erster Linie, weil man sie in offenem Gelände am leichtesten filmen kann. Tatsächlich kommen Afrikanische Wildhunde sogar in den dichten Bergwäldern der Bale Mountains in Äthiopien vor.

Links: Schabrackenschakale an einem Kadaver in Namibia. Teilbare Nahrungsressourcen wie diese eröffnen die Möglichkeit, in Gruppen zu leben.

Oben: Auf der Ellesmere-Insel jagen Wölfe gemeinschaftlich Moschusochsen.

Die Wolfslinie war bemerkenswert erfolgreich. Aus einem Vorfahr namens *Canis arnensis* ging ein Vorläufer des heutigen Kojoten hervor, der nach einer Blütezeit in Europa vor zwei Millionen Jahren zusammen mit verschiedenen Füchsen und Pantherkatzen nach Amerika zurückkehrte. Die Linie von *Canis arnensis* führte auch über den Etruskischen Wolf zum heutigen Wolf, das am weitesten verbreitete wilde Säugetier der Welt, das in ganz Europa und Asien vorkommt und vor 700 000 Jahren nach Amerika überwechselte.

Aus demselben Stamm gingen die nahe verwandten Gold- und Streifenschakale hervor. Aus einer früheren Wolfslinie entwickelten sich der Schabrackenschakal und Rudeljäger wie der Rothund, der von Sibirien bis nach Südostasien vorkommt, sowie der Afrikanische Wildhund, dessen Ahnen vor fünf Millionen Jahren nach Afrika einwanderten. Eine der Anpassungen dieser Arten an das Zurücklegen langer Strecken stellt die Verschmelzung der beiden mittleren Zehen dar.

Die Rudeljäger kooperieren bei der Verfolgung ihrer Beute; die Stärke des Rudels ist von der Anzahl der Mitglieder abhängig. Je größer die anzugreifenden Beutetiere, desto größer sind in der Regel auch die Rudel. Bei der Jagd auf die stattlichen Maultierhirsche sind Kojoten im Rudel erfolgreicher als paarweise. Wo der 70 Kilogramm schwere Weißwedelhirsch im Winter die Hauptbeute des Wolfes ist, umfaßt ein durchschnittliches Rudel etwa sieben Tiere (maximal 15). Wo jedoch der 350 Kilogramm wiegende Elch die Hauptnahrung ausmacht, bilden im Schnitt neun Wölfe ein Rudel (maximal 23). Einzeln lebende Wölfe töten zumeist nur kleinere Beutetiere wie junge Rentiere oder kleinere Hirsche.

Für im Rudel jagende Hunde ist der Überraschungseffekt von geringer Bedeutung: Sie rennen los, ganz gleich, ob ihre Beute sie kommen sieht oder nicht, und jedes Tier bringt seine individuellen Fähigkeiten ein. Schnelle Hunde rennen in weiten, einkreisenden Bögen um die Beutetiere herum, kräftige Hunde stürzen sich auf ausschlagende Hufe, erfahrene Hunde stürmen vor, um die Schnauze des Beutetieres zu packen. Afrikanische Wildhunde können Beutetiere wie Gazellen oder Impalas über fünf Kilometer oder mehr mit einer gleichbleibenden Geschwindigkeit von 60 Stundenkilometern verfolgen. Gelegentlich wagen sie sich auch an größere Beutetiere wie Gnus heran. Schließlich packt einer den Schwanz des Gnus und wird schlitternd und holpernd durch den Staub gezerrt, bis ein Artgenosse eines der ausschlagenden Beine packt, das den Schädel des Angreifers zu zersplittern droht. Ein erfahrener, wendiger und mutiger Hund stürzt sich anschließend auf den Kopf des um sich tretenden, zehnmal so schweren Gnus und versucht, dessen Oberlippe oder Nase zu packen. Schafft er es, bleibt das Gnu augenblicklich stehen. Wie ihre Vorfahren verfügen auch die modernen Hunde nicht über den präzisen Biß der Kleinkatzen und die erstickende Stärke der Großkatzen. Statt dessen schlitzen die vielen Kiefer des Rudels die Beute einfach auf — eine grausame, aber effektive Methode.

Der stark gefährdete Afrikanische Wildhund ist vermutlich der geselligste aller Caniden.

Die Beutetiere entwickelten zahlreiche Strategien, um eine Verfolgung durch die schnellfüßigen Rudel abzuwehren. Wenn beispielsweise Thomsongazellen sehen, daß sich Wildhunde ihnen nähern, eilen sie in federnden Sprüngen — den sogenannten Prellsprüngen — davon, die leicht als Panik mißgedeutet werden. Tatsächlich demonstrieren die Gazellen damit ihre Fitneß. Diese Sprünge müssen sehr erschöpfend sein, doch sie werden in noch schnellerer Folge wiederholt.

Prellsprünge in hoher Frequenz sollen den Jägern signalisieren, daß der Springer eine hervorragende Kondition besitzt. Da die Hunde einer Gazelle nicht kilometerweit hinterherjagen möchten, um am Ende doch abgehängt zu werden, sind die eindrucksvollsten Springer unter den Gazellen am sichersten. Statt dessen wird das Rudel die langsamsten Springer aussondern und verfolgen.

Die Rudel von Wildhunden, Wölfen und Rothunden sind oft größer, als sie zur kooperativen Jagd sein müßten. Afrikanische Wildhunde können, wenn nötig, auch alleine jagen.

Auch ein einzelner Wolf wäre in der Lage, einen erwachsenen Elch zu töten. Es ist aber zweifellos viel sicherer und leichter, die Aufgabe mit mehreren Artgenossen gemeinsam zu meistern. Von einem Rudel mit 15 Wölfen, das man auf der Isle Royale im nordamerikanischen Lake Superior bei der Jagd auf Elche beobachtete, kamen zwar nur fünf oder sechs tatsächlich mit der Beute in Kontakt, doch die anderen halfen mit, die Beute zu finden und zu hetzen.

Einen schlüssigen Beweis, daß das Rudelleben über die kooperative Jagd hinaus noch andere Vorteile haben muß, zeigt das Beispiel des Abessinischen Fuchses, der zwar im Rudel lebt, aber alleine jagt.

Der 16 Kilogramm schwere Abessinische Fuchs Äthiopiens ist nicht näher mit den Füchsen verwandt, und auch sein englischer Name *Simien Jackal,* der ihn mit Schakalen in Verbindung bringt, ist irreführend. Die bisweilen verwendete Bezeichnung Abessinischer Wolf trifft die Sache schon besser, denn wahrscheinlich ging er vor weniger als einer Million Jahren aus einem gemeinsamen Wolf-Kojoten-Vorfahren hervor, als sein afro-alpiner Lebensraum entstand.

Die Bergwiesen waren ein Paradies für Nagetiere und müssen den altertümlichen Abessinischen Füchsen wie ein Schlaraffenland vorgekommen sein, weil sie wohl, wie alle Caniden, passionierte Mäusejäger waren. Zu ihrem Leidwesen bewirkte die Klimaerwärmung, die vor 1500 Jahren begann, daß ihr Lebensraum auf ein halbes Dutzend Berggipfel geschrumpft ist. Diese sind heute Heimat für nur etwa 600 Abessinische Füchse, die in Rudeln leben und Territorien von durchschnittlich knapp mehr als sechs Quadratkilometern verteidigen. Jedes Rudel besteht aus drei bis acht verwandten erwachsenen Männchen, einem bis drei erwachsenen Weibchen (unter denen auch Zuwanderer sein können), ihren Welpen und einigen Halbwüchsigen.

Kurz nach Tagesanbruch versammelt sich ein Rudel Abessinischer Füchse unter der Leitung eines großen Weibchens zur Grenzkontrolle. Dieses Weibchen und das dominante Männchen haben besonders leuchtend weiße Schwanzwurzeln, die im Licht der Sonne aufblitzen und vielleicht Rangabzeichen darstellen. Von Zeit zu Zeit legen die Tiere auf ihrem Kontrollgang eine Pause ein, um ihre Beine zu strecken, die Nasen aneinander zu reiben und hektisch mit dem Schwanz zu wedeln. Wenn der Kontrollgang beendet ist, beruhigt sich die hastige Gangart der Abessinischen Füchse zu einem schlängelnden Trab, und die Gruppe verteilt sich. Bald sind die Abessinischen Füchse intensiv damit beschäftigt, auf der Suche nach Grasmäusen kreuz und quer über die Wiesen zu laufen. Gelegentlich legt einer der Füchse einen Spurt ein, um eine unaufmerksame Maus abzufangen, bevor sie in ihren Bau schlüpfen kann. Entkommt die Maus, beginnt er mit seiner Schnauze zu graben.

Die Beziehungen zwischen benachbarten Rudeln von Abessinischen Füchsen sind gespannt. Während die meisten Weibchen im Alter von zwei Jahren abwandern, bleiben sämtliche Männchen in der Gruppe, in der sie geboren wurden. Das gesamte Rudel teilt sich die Bürde der Versorgung der Jungen, bis sie acht Monate alt und geschickt genug sind, um selbständig zu jagen. Diese Form der Aufzucht ist natürlich von Vorteil, aber Paare vermögen auch ohne Hilfe erfolgreich Welpen aufzuziehen. Die Rudel der Abessinischen Füchse haben viel mit den großen Gruppen von Goldschakalen gemeinsam, die in einem Naturreservat in Israel leben. Wie die Abessinischen Füchse kommen sie zu täglichen Zusammenkünften und Kontrollgängen zusammen, was für wolfartige Hunde durchaus charakteristisch ist, zumindest für jene eurasischer Abstammung, unter fuchsartigen aber selten vorkommt. Das Heulen im Chor steht bei Schakalen, Kojoten und Wölfen im Mittelpunkt des Familienlebens. Wenngleich Fuchsfamilien durch Bellen und Winseln untereinander Kontakt halten und man hören kann, wie mehrere Stimmen einander antworten, kommen sie jedoch nicht wie die wolfartigen Hunde zusammen, um im Chor zu rufen.

Ein Charakteristikum der Kooperation scheint die Familie der Hunde mehr als alle anderen zu vereinen: die Fürsorge für den Nachwuchs. Sie geht mit einer gewissen Form der Familienplanung einher. Unter gruppenlebenden Hunden, seien es nun Wölfe, Schakale oder Füchse, gilt die allgemeine Regel, daß sich nur ein Weibchen fortpflanzt. Dieses Verhalten ist so weit verbreitet, daß die Ursprünge zeitlich wahrscheinlich noch weit vor die Aufspaltung in die wolf- und fuchsartigen Hunde zurückreicht. Die Stammutter ist in der Regel das älteste Weibchen der Gruppe. Wenn in einem Rudel mehr als ein Männchen vorhanden sind, hat sich das dominante Tier seinen Weg an die Spitze wahrscheinlich erkämpft.

Jedes dominante Männchen kontrolliert seine Geschlechtsgenossen und hindert sie daran, sich falsche Hoffnungen zu machen. In einem Wolfsrudel verhindert das dominante Männchen, daß sich untergeordnete dem dominanten Weibchen sexuell nähern, genauso wie das dominante Weibchen Verbindungen zwischen untergeordneten Weibchen und dem dominanten Männchen vereitelt. Beide dominanten Tiere unterbinden Annäherungsversuche zwischen Tieren niedrigerer Ränge, und untergeordnete Tiere verhindern Paarungen zwischen solchen, die in der Rangordnung noch weiter unten rangieren.

Bei den Abessinischen Füchsen ist das dominante Männchen nicht in der Lage, die Paarungen mit seiner Partnerin für sich alleine zu beanspruchen. Innerhalb seines Rudels akzeptiert das dominante Weibchen zwar nur sexuelle Annäherungen des dominanten Männchens, paart sich aber ohne weiteres mit Männchen benachbarter Gruppen. Auch wenn jedes dominante Männchen versucht, benachbarte Rivalen zu vertreiben, kann es nicht verhindern, daß an zwei Drittel der bisher beobachteten Paarungen sich

Der Abessinische Fuchs Äthiopiens sollte wegen seiner evolutionären Ursprünge besser als Abessinischer Wolf bezeichnet werden.

einschleichende Männchen beteiligt waren, darunter einige erst zwei Jahre alte, untergeordnete Tiere.

Studien an einem in Menschenobhut lebenden Rudel Wölfe zeigten, daß nur das dominante oder Alpha-Weibchen Nachwuchs gebar, während die untergeordneten, auch wenn sie vier oder fünf Jahre alt waren, keine Jungen bekamen. Wie Analysen der Geschlechtshormone ergaben, wäre die Mehrzahl der niedrigrangigen Weibchen durchaus auch fortpflanzungsfähig gewesen. Sie hatten einen normalen Zyklus und einen Eisprung wie das dominante Weibchen.

Überdies flirteten sie mit den Männchen, soweit es das dominante Weibchen zuließ. Das Haupthindernis für ihre Fortpflanzung war psychologischer Natur: Ihre Körper waren zur Fortpflanzung bereit, aber sie verhielten sich wie geschlechtslose Tiere. Wenn das Alpha-Weibchen eines Rudels während der Fortpflanzungszeit starb, kam seine höchstrangige Tochter noch am selben Tag in Hitze.

Die körperliche Fortpflanzungsbereitschaft untergeordneter Weibchen mag Vorteile für das Rudel haben. Wie viele Hundebesitzer wissen, machen Hündinnen, wenn sie einen Eisprung haben, eine Scheinschwangerschaft durch. Solche Weibchen zeigen alle äußerlichen Anzeichen einer Schwangerschaft: einen runderen Körper und angeschwollene Zitzen, sie richten eine Wurfhöhle ein, und sogar Milch schießt ein. Tiermediziner betrachten dies seit jeher als eine »Fehlzündung« des Hormonsystems. In Wirklichkeit könnte es jedoch ein Mechanismus sein, um untergeordnete Weibchen auf ihre Rolle als Kindermädchen und Amme vorzubereiten.

In äußerst seltenen Fällen kommt es vor, daß zwei Weibchen Nachkommen gebären, sich sogar dieselbe Wurfhöhle teilen und ihre Jungen gemeinsam säugen. Man stellte dieses Ausnahmeverhalten bei Wölfen, Goldschakalen, Löffelhunden, Rotfüchsen und Bengalfüchsen fest.

Man beobachtete jedoch bei verschiedenen Arten, von Wildhunden bis hin zu Dingos, daß die dominante Mutter die Jungen der untergeordneten tötet, worauf die ihrer Kinder beraubte Mutter zur Amme für die Jungen der dominanten wird.

In einem Vorort von Oxford, wo Rotfüchse im Durchschnitt fünf Jahre oder älter werden, sorgt in der Regel nur eine Füchsin pro Gruppe für Nachwuchs. In Oxford selbst beträgt die durchschnittliche Lebensspanne wegen des Verkehrs nur 18 Monate. Hier gebären nahezu alle Füchsinnen Junge, und die auf dem Alter beruhende Hierarchie, die in den Vororten gilt, scheint hier keine Gültigkeit zu haben, weil fast alle Füchsinnen gleich alt sind.

Eine starre Rangfolge herrscht in Rudeln des Afrikanischen Wildhundes. Wenn in der Serengeti während der Regenzeit die Gnuherden in die Ebenen ziehen, dort kalben, und somit die Nahrungsgrundlage für die Wildhunde ausreichend ist, gebären die Weibchen die Jungen. Für die restlichen neun Monate des Jahres ist das Rudel zum Nomadentum gezwungen, wobei es auf der Suche nach Nahrung in Gebieten von über 2500 Quadratkilometern umherstreift. Nach den ersten neun Lebenswochen der Jungen hält sich die Familie nie länger als einen Tag am selben Ort auf. Ein dominantes Weibchen beherrscht ein Rudel von bis zu 20 Tieren, in dem zahlenmäßig die Männchen mit mindestens ein oder zwei Tieren überwiegen. Die Versorgung des Nachwuchses übernehmen maßgeblich die männlichen Tiere. Pro Wurf werden bis zu 19 relativ schwach entwickelte Junge geboren, die 14 Monate lang umsorgt werden müssen.

In bezug auf die Jungtiere lassen sich bei den Caniden zwei Trends feststellen. Erstens haben größere Caniden tendenziell größere Würfe mit weniger entwickelten Jungen — Ausnahmen sind der große Mähnenwolf, der im Durchschnitt nur zwei kräftige Welpen hat, und der kleine Eisfuchs, der sehr viele Junge haben kann. Kleinere Arten fressen in der Regel kleinere, häufig nur verstreut vorkommende Nahrung und leben daher in kleineren Gruppen.

So muß jedes Tier härter dafür arbeiten, zusätzliches Futter für die Jungen zu besorgen. Aufgrund ihrer geringen Körpergröße können sie ihre hilflosen Jungen weniger gut verteidigen. Das mag der Grund dafür sein, daß die kleineren Caniden schon weiter entwickelte Junge gebären und daher kleinere Würfe haben. Im Gegensatz dazu müssen große Arten unter Umständen für große Fleischmengen sorgen, wobei ihnen die gemeinschaftliche Jagd zugute kommt. Darüber hinaus sind sie im Rudel stark genug, um Feinde zu vertreiben. Sie können sich kleinere und somit mehr Welpen leisten.

Der zweite Trend ist, daß das Geschlecht der Helfer von hauptsächlich weiblichen bei den kleinen Arten über etwa gleich viele beiderlei Geschlechts bei mittelgroßen Arten bis zu vorwiegend männlichen bei einigen der größten Arten schwankt. Caniden mit überwiegend weiblichen Helfern sind nicht nur klein, sondern gehören auch alle der Fuchslinie an. Vielleicht läßt sich dieser Trend auf die unterschiedliche Ernährung von kleinen und großen Caniden zurückführen. Aufgrund ihrer kleinen Beutetiere gehen kleine Füchse alleine auf Nahrungssuche und verlassen sich nicht auf Gruppenstrategien, um ihre Beute zu jagen und zu verteidigen. Sie leben in kleinen, lose zusammenhängenden Gruppen.

Im Gegensatz dazu jagen Wildhunde große Beute, die sich nur in Teamwork töten läßt. Sie sind für ihr Überleben aufeinander angewiesen und leben in fest organisierten Rudeln. Der große Wurf des dominanten Weibchens wird für 14 Monate vom gesamten Rudel versorgt. Das dominante Weibchen duldet keine Rivalinnen, und ein untergeordnetes wäre ohne fremde Hilfe nicht in der Lage, Jungen aufzuziehen. Ein dominantes Wildhundweibchen benötigt die gesamte Energie seines Rudels, um seine Jungen zu versorgen. Das kann dazu führen, daß es einen unverhältnismäßig großen Druck auf die untergeordneten Weibchen ausübt, um sie zu vertreiben. Zudem wäre für das Rudel eine solche konkurrierende Mutterschaft gefährlich, da jede zusätzliche Mutter die Kraft des Rudels fordert und die Aufgaben vergrößert.

Der nächste — wenn auch sehr entfernte — lebende Verwandte des Afrikanischen Wildhundes ist der Waldhund. Die Vorfahren dieses und anderer südamerikanischer Caniden begannen vor zwei Millionen Jahren, als sich die Landbrücke von Panama bildete, in ihre gegenwärtige Heimat einzuwandern. Aus einer Linie, die nach Süden zog, entstanden acht Arten, vom Wald- oder Savannenfuchs im Norden bis zum Chiloe-Fuchs der Insel Chiloe im Süden. Diese acht Arten werden seit den Tagen der Conquistadoren als Füchse bezeichnet, aber jüngsten molekularbiologischen Analysen zufolge gingen sie tatsächlich aus wolfartigen Ahnen hervor. Auch ihr Verhalten spiegelt ihre Herkunft wider. Waldfüchse zum Beispiel knurren auf eine für Füchse ganz untypische Weise, und die Jungen beider Geschlechter verbleiben bisweilen mehr als zwei Jahre im Territorium ihrer Eltern.

Dies kommt bei der Wolfsverwandtschaft der Familie häufig vor, im Fuchszweig aber schieben in der Regel nur Töchter ihre Abwanderung so lange hinaus. Zu einer weiteren

Linie, die sich vor sechs Millionen Jahren von diesen »Füchsen« abspaltete, gehörten die Vorfahren des Mähnenwolfes, der die wolfartige Gewohnheit hat, seinen Jungen Nahrung hervorzuwürgen. Ein dritter Wolfszweig führte zu den Vorfahren der heutigen Waldhunde.

Der 23 Kilogramm schwere Mähnenwolf ist ein Bewohner der offenen Ebenen, wo er auf Stelzenbeinen durch das hohe Gras streift. Er ernährt sich von Nagetieren, ergänzt durch Früchte, und lebt paarweise. Im Gegensatz dazu lebt der fünf Kilogramm schwere Waldhund in Rudeln, bewohnt den dichten Dschungel Amazoniens und erreicht nur 25 Zentimeter Schulterhöhe. Mit ihrer geringen Größe, den abgerundeten Ohren, den kurzen Beinen und ihrem Stummelschwanz können Waldhunde problemlos durch das niedrige Unterholz in ihrer Dschungelheimat schlüpfen. Diese muskulösen Hunde mit ihren starken Kiefern kommen von allen Wildhunden einem Otter in der Gestalt am nächsten, haben häutig verbundene Zehen und sind gute Schwimmer. Sie pfeifen wie gepeinigte Meerschweinchen, wahrscheinlich, um im dichten Unterwuchs akustisch in Kontakt zu bleiben.

Beobachtungen eines in Menschenobhut lebenden Rudels zufolge, sind Waldhunde ausgesprochen gesellig. Die sieben Mitglieder dieses Rudels verbringen die Nacht auf einem Haufen schlafend, aus dem ein Gewimmel aus Köpfen, Beinen und Schwänzen hervorragt.

Der Tag beginnt mit einem Pfeifzeremoniell, bevor sie sich aufmachen, um im Gänsemarsch mit einem alten Männchen an der Spitze ihr Revier zu patrouillieren. Das dominante Weibchen beginnt, an einem überhängenden Ast das Revier zu markieren; dazu schwingt sie ihr Hinterteil nach oben, um auf der Oberseite des Astes Urin zu verspritzen. Dabei durchtränkt sie auch ihren Schwanz. Die anderen Rudelmitglieder tun es ihr gleich; jedes Männchen macht einen Buckel, hebt ein Hinterbein an und neigt sich unbeholfen, um seinen Urin auf den Ast zu verspritzen. Dann laufen die Rudelmitglieder mehrmals unter dem Ast hin und her, wobei sie etwas von der herabtropfenden Urinmischung abbekommen. Auf diese Weise sind sowohl die Tiere als auch ihr Revier mit dem Rudelduft gekennzeichnet.

Wenn ein totes Kalb in das Waldhundgehege gelegt wird, schneidet das gesamte Rudel mit seinen Reißzähnen Fleischstücke aus dem Kadaver. Jeder Hund frißt ohne Knurren oder Schnappen nur Zentimeter neben den Kiefern eines Artgenossen entfernt.

Niemand hat bisher Waldhunde in der Natur eingehend studiert. Ihre erstaunliche Harmonie in menschlicher Obhut und die Art und Weise, wie sie sich an einer Beute zusammendrängen, deuten darauf hin, daß sie zumindest manchmal im Rudel jagen.

Ein interessantes Merkmal des Waldhundes ist die ausgesprochen scharfe hintere Klinge seiner Reißzähne. Bei den meisten Hunden, vom Rotfuchs bis zum Wolf, haben die Reißzähne eine Schneidekante vorne und eine halbrunde Vertiefung hinten zum Zermahlen. Drei geographisch weit voneinander entfernt lebende Arten haben jedoch die Vertiefung zugunsten einer zweiten, hinteren Schneidekante aufgegeben und somit

Die langen Beine des Mähnenwolfes sind wahrscheinlich eine Anpassung an das Jagen von Nagetieren im hohen Gras. In Brasilien ernährt er sich auch von den Früchten des Nachtschattengewächses Solanum lycocarpum *(was soviel wie »Wolfsfrucht« bedeutet).*

einen Großteil des Mahlvermögens ihrer Backenzähne eingebüßt. Bei den drei Arten handelt es sich um den Afrikanischen Wildhund, den südamerikanischen Waldhund und den asiatischen Rothund. Sie haben auch die ungewöhnliche Eigenart gemeinsam, pfeifende oder zwitschernde Laute von sich zu geben statt zu heulen, was zumindest den beiden letzteren helfen mag, sich aufeinander abzustimmen, wenn sie ihre Beute in dichter Deckung einkreisen.

Molekularen Analysen zufolge sind diese drei Arten und der Schabrackenschakal entfernte Verwandte mit gemeinsamer Abstammung von einem frühen Wolfszweig. Vielleicht besaß ihr gemeinsamer Vorfahre ebenfalls solche zusätzlichen Schneidekanten, oder die drei passionierten Fleischfresser entwickelten diese Kanten unabhängig voneinander, weil eine Vertiefung zum Zermahlen ihnen nur wenig Nutzen brachte. Heute sind die einzigen Hunde mit scharfen Schneidekanten an den Zähnen räuberische Rudeljäger, und daher scheint die Vermutung berechtigt, daß ausgestorbene Hunde mit solchen scharfen Schneidekanten ebenfalls gesellig waren.

Die Linien, die den Waldhund, den Mähnenwolf und die südamerikanischen »Füchse« hervorbrachten, entstanden wahrscheinlich alle aus frühen wolfartigen Vorfahren, die Amerika nie verließen. Eine vierte Gruppe der Einwanderer nach Süden stammt von eurasischen Wölfen ab, die vor rund zwei Millionen Jahren in ihre ursprüngliche Heimat Nordamerika zurückkehrten. Der verbreitetste davon, der Direwolf, hatte seine Blüte während der Eiszeit.

Das Eiszeitalter begann vor ungefähr 1,6 Millionen Jahren und umfaßte bisher 17 Zyklen von Kalt- und Warmzeiten, von denen jede etwa 100 000 Jahre dauerte. Am Ende der letzten Kälteperiode, vor 10 000 Jahren, starben die großen Pflanzenfresser, von denen der Direwolf lebte, aus und mit ihnen ihre Jäger. Ein weiterer Wolf, der Falklandwolf, war nahe mit den Kojoten verwandt und driftete vermutlich auf Eisschollen von Kap Hoorn zu den Falklandinseln, wo er sich von Robben und Seevögeln ernährte. Er wurde im Jahre 1876 ausgerottet.

Das Eiszeitalter wirkte sich auch auf die Fuchsverwandtschaft der Familie aus, wie die Geschichte des Swiftfuchses verdeutlicht. Die Vorfahren dieses zwei bis drei Kilogramm schweren Fuchses kehrten vor etwas mehr als einer halben Million Jahren nach Nordamerika zurück und paßten sich an trockene Regionen an. Für Caniden ungewöhnlich jagt der Swiftfuchs ohne Hilfe von Artgenossen Beute, die größer ist als er selbst; Eselhasen verfolgt er mit Geschwindigkeiten von bis zu 50 Kilometern pro Stunde. Während der kalten Perioden des Eiszeitalters stießen Gletscher nach Süden vor und verwandelten die Prärieheimat des Fuchses in Tundra. Als Folge davon entstand vor 250 000 Jahren aus dem Swiftfuchs der Eisfuchs. Die Swiftfüchse zogen sich vor dem Eis in wärmere Gefilde zurück und überlebten in Enklaven, wo sie sich zu getrennten Arten zu entwickeln begannen, den Colorado- und Nebraska-Swiftfüchsen. Oft als Kitfüchse bezeichnet, weichen diese beiden Arten genauso weit voneinander ab wie vom Eisfuchs. Der Alberta-Swiftfuchs könnte ebenfalls eine eigene Art repräsentieren. Heutige Kit- und Swiftfüchse sind kleiner als ihre Vorfahren vor 11 000 Jahren – vermutlich, weil sie wie der Sandfuchs in Gebieten überleben können, die für den konkurrierenden Rotfuchs zu trocken sind.

Das Gleichgewicht zwischen Eisfüchsen und Rotfüchsen ist so ausgeklügelt, daß selbst geringfügige Klimaveränderungen, wie etwa eine Erwärmung der nördlichen Hemisphäre im Laufe des letzten Jahrhunderts, sich spürbar auswirken können. Zwischen 1880 und 1940 stieg die mittlere Jahrestemperatur auf Spitzbergen um zweieinhalb Grad Celsius an, was zu einem Klima führte, wie man es zuvor nur 1500 Kilometer weiter südlich kannte.

Das führte zu einer Zunahme der Beutetierarten, und so vermochten die Rotfüchse in Territorien vorzudringen, die vorher dem Eisfuchs vorbehalten waren. Die eingewanderten Rotfüchse verdrängten die Eisfüchse aus den wärmeren, niedriggelegenen Küstengebieten, in denen die blaue Variante dominierte, in hochgelegene Gebiete im Inland, wo die weiße Form im Vorteil ist. Folglich hat sich das Gleichgewicht der Farbvarianten des Eisfuchses in Skandinavien verändert: Wo zuvor blaugefärbte Individuen häufig vorkamen, machen sie jetzt weniger als ein Prozent der Population aus.

Nachdem sie die Eiszeit überlebt hatten, sahen sich die modernen Swiftfüchse mit einer noch ernsthafteren Bedrohung konfrontiert: mit den Menschen. Im Jahre 1627 kamen die ersten europäischen Siedler in die kanadischen Prärien, im Jahre 1938 wurde der letzte Alberta-Swiftfuchs in Kanada geschossen. Seit 1991 leben durch Wiedereinbürgerung wieder 15 Zuchtpaare in zwei Regionen in Alberta. In der Zwischenzeit hat sich jedoch der Rotfuchs ausgebreitet, und es bleibt abzuwarten, ob die Swiftfüchse sich gegen diesen großen Konkurrenten in den Prärien behaupten können.

Die Rudeljäger der Savannen litten genauso sehr unter den Menschen, die die Herden ihrer Beutetiere dezimierten und ihren Lebensraum zerstörten. Ironischerweise haben wir den Hund in unsere Häuser aufgenommen und verhätscheln ihn. Zugleich werden seine wilden Verwandten vernichtet. In Europa wurden Wölfe und andere große Caniden praktisch ausgelöscht. Vor etwas mehr als einer Million Jahren kamen Afrikanische Wildhunde sowohl in Europa als auch in Afrika vor. Vor hundert Jahren war ihr Verbreitungsgebiet zwar geschrumpft, aber sie bewohnten nach wie vor fast alle Teile Afrikas südlich der Sahara außer dem tropischen Regenwald. Heute leben auf dem gesamten Kontinent nur noch weniger als 4000 Exemplare. Im Jahre 1988 zogen vier fortpflanzungsfähige Wildhund-Schwestern gemeinsam in der Serengeti ein Jahr lang umher, ohne ein geeignetes Männchen zu finden.

Ein kojotenähnlicher Hund brachte in Eurasien die Vorfahren des Wolfes hervor, der wieder nach Amerika zurückkehrte. Auf dem Höhepunkt seiner Entwicklung verdrängte er seine unterlegenen Kojotenvettern an die Peripherie ihrer ursprünglichen Territorien, zum Beispiel in die Wüsten Mexikos. Dann kam der Mensch und veränderte das natürliche Gleichgewicht.

Das Abholzen der Wälder, die Ausbreitung der Landwirtschaft seit 1800 und die Bejagung sorgten dafür, daß der Wolf nahezu ausgerottet wurde. Zwischen 1865 und 1900 töteten die Jäger fast jeden Wolf von Texas bis Nord-Dakota, von Missouri bis Colorado. So konnte der acht bis 20 Kilogramm schwere Kojote in den Lebensraum seines größeren Verwandten zurückkehren.

Die beiden Arten sind noch ähnlich genug, um sich zu kreuzen. Männliche Wölfe paaren sich bisweilen mit weiblichen Kojoten. Ihre Nachkommen, die sogenannten »Coywolves«, nehmen in einer 500 Kilometer breiten Hybridzone um die Großen Seen

Folgende Doppelseite: Der gedrungene Körper des Waldhundes, seine kurzen Ohren und der Stummel-schwanz sind optimale Anpassungen für die Jagd im dichten Unterholz. Die Rudelmitglieder halten durch zwitschernde Laute Kontakt.

herum immer mehr zu. Die Coywolves könnten sich entweder in die Wolfs- oder in die Kojotenpopulation integrieren. Tatsächlich handelt es sich dabei um Wölfe mit Kojotenblut und nicht um Kojoten mit Wolfsblut.

Genetiker können herausfinden, welche Art die Mutter und welche der Vater eines Mischlings war, und es scheint, daß Kreuzungen nur in einer Richtung möglich sind: Männliche Kojoten gehen keine erfolgreichen Bindungen mit weiblichen Wölfen ein. Die Vermischung der amerikanischen Wölfe mit Kojoten folgt der Ausbreitung der Landwirtschaft und somit der Ausbreitung der Kojoten, von Minnesota bis nach Quebec und Ontario.

Sämtliche Mitglieder der Familie der Hunde sehen ähnlich aus und haben eine ähnliche Lebensweise, und diese Ähnlichkeiten im Erscheinungsbild sind mehr als oberflächlich. So haben sich die Kojoten in den südlichen Staaten der USA beispielsweise jahrzehntelang mit den seltenen Rotwölfen gekreuzt. Dieser zimtfarbene Wolf kam früher von Südflorida bis nach Zentraltexas und vielleicht auch darüber hinaus vor. Wie der Wolf litt er unter den sogenannten »Predator Control«-Programmen, die den Abschuß von Raubtieren regelten, und unter der extensiven Landwirtschaft des 20. Jahrhunderts. Im Jahre 1970 gab es Rotwölfe nur noch in Südwest-Louisiana und im Südosten von Texas. Seit 1980 kamen sie in der freien Wildbahn nicht mehr vor. Glücklicherweise hatte man 1977 ein Zuchtprogramm ins Leben gerufen und dazu 79 Exemplare eingefangen. Die meisten erwiesen sich als Wölfe, Kojoten oder »Coywolves«, nur 14 waren genetisch reine Rotwölfe. Bis 1988 hatten diese 14 Exemplare in menschlicher Obhut an acht Stellen in den USA 80 Nachkommen gezeugt, so daß man eine Gruppe von ihnen in dem Naturreservat Alligator River National Wildlife Refuge in Nord-Carolina und im November 1991 in den Smoky Mountains aussetzen konnte. Auf drei Inseln vor der Küste Carolinas, Floridas und Mississippis siedelte man jeweils ein Paar an.

Wissenschaftler stellten anschließend jedoch diese Aktionen in Frage. Sie analysierten das genetische Material von Rotwölfen, die zwischen 1905 und 1930 gelebt hatten, indem sie deren Häute, die in Museumskammern lagerten, untersuchten. Außerdem analysierten sie alle Kandidaten für das Zuchtprogramm in Menschenobhut anhand aufbewahrter Blutproben, sowie die Abkömmlinge jener 14, die als Rotwölfe eingeschätzt wurden.

Ihre Untersuchungen ergaben, daß keiner der als Wölfe zurückgewiesenen Kandidaten wirklich ein echter Wolf war; es waren vor allem Kojoten oder »Coywolves«. Außerdem besaßen die Rotwölfe — jene, die von 1905 bis 1930 gelebt hatten sowie die in Menschenhand gezüchteten — keinerlei genetische Merkmale, die man nicht auch bei Wölfen oder Kojoten finden konnte. Sie waren von den Kojoten Louisianas genetisch nicht zu unterscheiden. Also hatte sich der Rotwolf entweder bereits im ausgehenden 19. Jahrhundert so weit mit Kojoten gekreuzt, daß er nicht mehr als eigenständige Art existierte, oder er war überhaupt nie eine echte Art und schon immer ein Mischling aus Wolf und Kojote gewesen. Welche Erklärung auch immer zutrifft, eines der größten je durchgeführten Artenschutzprojekte hatte sich vielleicht darum bemüht, eine Art zu retten, die schon lange nicht mehr existierte oder nie existiert hatte.

Der Kojote hat sich besser an das Leben in Nachbarschaft von Menschen angepaßt als der Wolf; daher hat sich das Verbreitungsgebiet des Kojoten in den letzten 200 Jahren in die Regionen ausgedehnt, in denen der Wolf ausgerottet wurde.

Der menschliche Druck auf die Caniden nimmt zu, und mittlerweile ist sogar der Kojote in Gefahr. Das gegenwärtige Kapitel in der Geschichte der Hundefamilie ist eine Wiederholung des ersten: Kleine, gewandte Opportunisten stehen in der Blüte. Der sechs Kilogramm schwere Rotfuchs ist heute der am weitesten verbreitete aller wild-lebenden Carnivoren; er hat sich an Wüsten, Tundren, Agrarland und Städte angepaßt und vermag sich von Käfern und Beeren ebenso wie von Hamburgern zu ernähren. Der gleiche Körperbau und zweifellos der gleiche Opportunismus, der es den Pionieren unter den ersten Hunden ermöglichte, neben den furchterregenden, säbelzahnbewehrten Scheinkatzen zu leben, ermöglicht es heute dem Rotfuchs, sogar in den geschäftigsten Städten Europas zu überleben.

Familienstammbaum: Hunde

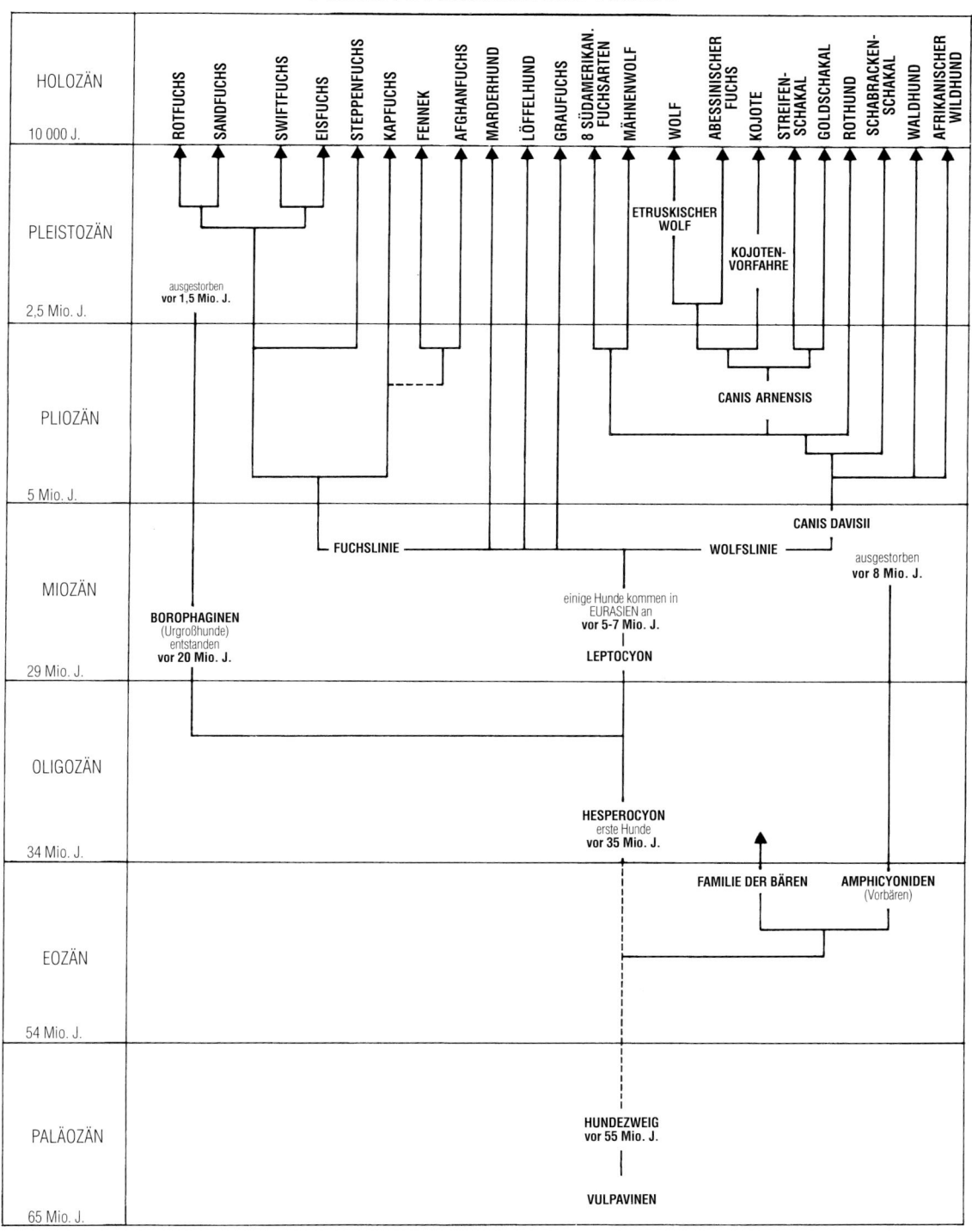

KAPITEL 4

Ein reich gedeckter Tisch

Hyänen, insbesondere Tüpfelhyänen, haben einen schrecklichen Ruf. Der afrikanischen Mythologie zufolge werden sie von Hexen geritten. Die Kolonialherren betrachteten sie als abscheuliche Aasfresser, und seit jeher werden sie als reizbare Tiere dargestellt. Warum wir das Fressen von Aas so verachten, ist nicht nachvollziehbar, denn es ist eine Lebensweise, der auch unsere eigenen Vorfahren nachgingen. Das Bild der Hyänen ist jedoch wie viele populäre Vorstellungen verzerrt.

Es ist eine Legende, daß sich die Familie der Hyänen durch das Fressen von Aas auszeichnet. Von den vier heute lebenden Arten — Erdwolf, Tüpfel-, Streifen- und Schabrackenhyäne — sind nur die letzten beiden ausschließliche Aasfresser. Außerdem fressen Vertreter aller acht Carnivorenfamilien gelegentlich Aas, viele leben sogar ausschließlich davon. Auch spezialisierte Insektenfresser wie die Zebramangusten knabbern gern an einem Büffelkadaver, und selbst der bambusfressende Große Panda nagt hin und wieder an einem Kadaver. Vielfraße leben in einigen Regionen fast ausschließlich von Aas und konkurrieren mit Schwarzbären um die Reste. Sowohl Waschbären als auch Rotfüchse ernähren sich bisweilen von Abfällen des Menschen. Diesen durchschnittlichen Aasfressern fehlt jedoch die Fähigkeit der meisten Hyänen, Knochen knacken zu können. Die Zähne der Tüpfelhyäne können einen Druck von 800 Kilogramm pro Quadratzentimeter ausüben. Darüber hinaus besitzt sie mächtige Brechscheren, die Häute und Sehnen durchschneiden können, und das Gluckern im Kessel des säuregefüllten Magens, wenn dieser die Knochen zu Calcium verarbeitet, kann man fast hören.

Wenngleich die etwas kleineren Streifen- und Schabrackenhyänen ähnlich ausgestattet sind, ist auch das Knacken von Knochen kein einheitliches Merkmal der Familie der Hyänen. Die vierte Art, der Erdwolf, hat erlesenere Ernährungsgewohnheiten und könnte selbst den schwächsten Knochen kaum zerknacken. Was alle vier Arten tatsächlich gemeinsam haben, sind Einzelheiten ihrer Anatomie, insbesondere die Knochen des Innenohres und spezielle duftsezernierende Beutel unter dem Schwanz, deren duftende Paste man in Afrika als »Hexenbutter« bezeichnet. Am wenigsten entwickelt ist dieser Beutel bei der Tüpfelhyäne. Bei Begegnungen haben alle vier Arten die Angewohnheit, das Innere des Beutels nach außen zu stülpen und den Duftstoff abzusondern.

Die Fähigkeit der Streifen-, Schabracken- und Tüpfelhyänen, Knochen zu knacken, könnte zu der Annahme verleiten, daß die altertümlichen Hyänen ähnliche Fähigkeiten aufwiesen und daß sich der Erdwolf am weitesten von seinen evolutionären Wurzeln entfernt hat. Doch es scheint eher so, daß der umgekehrte Fall zutrifft. Die Geschichte der Hyänen begann vor 22 Millionen Jahren in den Dschungeln Eurasiens, als die Vorfahren der Hyänen und andere frühe Vertreter des Katzenastes nach wie vor die meiste Zeit auf den Bäumen lebten. Die ersten altertümlichen Hyänen sahen wahrscheinlich den heutigen Bänderrollern sehr ähnlich und streiften wie diese nachts alleine durch ihr Revier, um nach Fröschen und Eidechsen zu schnappen, Vogelnester auszurauben, Insekten zu sammeln und gelegentlich Früchte zu fressen. Wahrscheinlich fraßen sie auch Aas. Verwesende Nahrung verdauen zu können, erfordert einen starken Magen — eine wichtige Voraussetzung für die aasfressenden späteren Hyänen. Eine weitere Fähigkeit der Hyänen, die im Katzenzweig ebenfalls weit verbreitet ist, stellt das Hochwürgen dar; dieses Verhalten hat sich vielleicht als Möglichkeit entwickelt, sich giftiger oder scharfer Nahrungsbestandteile wieder zu entledigen.

Eine der ältesten, durch fossile Belege nachgewiesenen Hyänen ist *Plioviverrops*, ein geschmeidiges, zibetkatzenähnliches Tier, das vor 22 bis 20 Millionen Jahren in Eurasien lebte. An Einzelheiten ihres Mittelohres und ihrer Zahnstruktur, die allen Vertretern der Familie gemeinsam sind, ist diese Art als Hyäne identifizierbar. Die Lebensweise von *Plioviverrops* war jedoch vermutlich der heutigen Afrika-Zibetkatze sehr ähnlich. Wie dieses Tier kletterte *Plioviverrops* wohl träge im Astwerk umher und hielt sich dabei mit

Die Schabrackenhyänen der Kalahari legen auf der Suche nach Aas beträchtliche Entfernungen zurück. Wo Kadaver großer Antilopen häufig vorkommen, können sich mehrere Schabrackenhyänen die Beute teilen und bilden folglich größere Clans.

Zu den Hauptlinien der Hyänenevolution gehörten Arten wie Ictitherium, *die mehr an Hunde als an moderne Hyänen erinnern.*

katzenartigen Krallen fest. *Plioviverrops* ernährte sich von kleinen Wirbeltieren, reifen Früchten und solch magenfreundlichen Delikatessen wie verwesendem Aas, giftigen Tausendfüßern und Giftpflanzen. Die Abkömmlinge dieser Linie entwickelten spitz zulaufende Kiefer und schlankere Beine als die Familie der Hunde in Nordamerika. Diese Abkömmlinge wurden zu hundeähnlichen, umherziehenden Generalisten.

Wie die Hunde erwiesen sich auch die Hyänen als großer evolutionärer Erfolg. Auf ihrem Höhepunkt, vor 15 Millionen Jahren, lebten 30 oder sogar mehr Arten hundeähnlicher Hyänen in der Alten Welt. Sie waren keine spezialisierten Knochenknacker, sondern behende, wolfartige Tiere, die aus dem Ausgangsmaterial des Katzenzweiges geformt waren. Eins von ihnen, *Ictitherium viverrinum,* hatte die Gestalt eines Schakals angenommen. Einige Verwandte waren schwerer gebaut und ähnelten Wölfen, andere glichen eher Kojoten und wieder andere eher Füchsen. An bestimmten Fundorten aus dem Miozän übertrifft die Anzahl fossiler Überreste von *Ictitherium* und ähnlicher Arten die aller anderen Carnivoren zusammen.

Die hundeähnlichen Hyänen besaßen ähnliche Backenzähne wie Hunde, die es ihnen ermöglichten, ihre Fleischnahrung durch Früchte und Insekten zu ergänzen. Vielleicht war diese Form der Ernährung die Voraussetzung dafür, daß sie wie Hunde paarweise und territorial lebten. Zweifellos gab es keinen Größenunterschied zwischen den

Geschlechtern, wie er mit der territorialen Polygynie der Katzen einhergeht (siehe Seite 45). Einige hundeähnliche Hyänen lebten wahrscheinlich in Gruppen wie Wölfe und Afrikanische Wildhunde, und diese Parallele mit den echten Hunden legt nahe, daß die Fortpflanzung in diesen Gruppen vermutlich dem dominanten Paar vorbehalten war.

Die Hyänenevolution in Eurasien und Afrika verlief parallel zur Geschichte der Hunde in Nordamerika. Dann, vor etwa fünf bis sieben Millionen Jahren, wanderten die echten Hunde von Nordamerika über die Beringbrücke nach Eurasien, und die hundeähnlichen Hyänen der Alten Welt erlebten ein Desaster. Das nahe zeitliche Zusammenfallen dieser beiden Ereignisse verleitet zu dem Schluß, die Hunde, durch die Konkurrenz in Nordamerika gestärkt, hätten ihre europäischen Äquivalente verdrängt. Doch zu jenem Zeitpunkt vor fünf Millionen Jahren, als die echten Hunde sich aufspalteten und in der Alten Welt ausbreiteten, waren die hundeähnlichen Hyänen bereits auf dem Rückzug. Ihr Niedergang wurde offenbar durch weltweite Klimaveränderungen verursacht, die etwa zu der Zeit auftraten, als die Hunde nach Eurasien einwanderten. Als sich das Klima stabilisiert hatte, hätten sich die hundeähnlichen Hyänen vielleicht wieder erholen können, aber zu diesem Zeitpunkt hatten schon die Hunde ihren Platz eingenommen. Heute gibt es in der Alten Welt rund 22 Canidenarten, die Nischen besetzen, die früher einmal hundeähnliche Hyänen ausfüllten.

Die Klimaveränderungen, die den hundeähnlichen Hyänen so zusetzten, wirkten sich in der Alten Welt am stärksten aus, aber selbst in Nordamerika nahm die Diversität der echten Hunde um mehr als ein Drittel ab, die Borophaginen verschwanden gänzlich. Zusätzlich starben zahlreiche Pflanzenfresser und Mitglieder der Familie der Katzen aus. Niemand weiß, warum die klimatischen Veränderungen sich so katastrophal auswirkten, noch, welcher Art sie genau waren. Über einen Zeitraum von einer Million Jahren hinweg starben jedoch 13 Prozent der Säugerfamilien und 73 Prozent der Gattungen aus. Fossile Blätter deuten darauf hin, daß die nördliche Hemisphäre sich von einem Temperaturtal vor sieben bis acht Millionen Jahren zu einem Temperaturgipfel vor fünf bis sechs Millionen Jahren erwärmte und dann wieder abkühlte. Dies fiel mit der Zeit zusammen, als das Mittelmeer austrocknete und sich das Tor nach Afrika öffnete. Die Veränderungen der mittleren Jahrestemperatur wirkten sich jedoch wahrscheinlich in verschiedenen Breitengraden unterschiedlich aus. Die Zusammenhänge von Jahreszeitlichkeit, Niederschlägen und Temperatur und deren Auswirkungen auf die Lebensräume in verschiedenen Teilen der Welt des oberen Miozäns sind nach wie vor zu kompliziert, um sie zu entwirren. Klar ist jedoch, daß nach diesen turbulenten Ereignissen die Wälder durch Buschland und offene Savannen ersetzt worden waren, und dies löste die Evolution neuer, schnellfüßiger Huftiere aus, die die Ebenen bevölkerten. Gedüngt durch die Exkremente der Huftiere, waren die Ebenen auch Heimat vieler Insektenarten, darunter auch Termiten; was sich als ein großer Vorteil für die einzige der ursprünglichen hundeähnlichen Hyänen herausstellte, die ihrem alten Metier treu geblieben war. Der Erdwolf überlebte, weil sich seine Vorfahren vor 15 Millionen Jahren auf das Fressen von Termiten spezialisiert hatten, und er widerstand erfolgreich dem einzigen Konkurrenten auf diesem Gebiet unter den Caniden, dem Löffelhund.

Der Erdwolf ist ein schakalgroßes, schwarz-braun gestreiftes Tier, das man in Süd- und Ostafrika antrifft, das aber in einem dazwischen liegenden 1500 Kilometer breiten Band nicht vorkommt. Trotz einiger zweifelhafter Verbindungen kann man seine Linie

direkt bis zu *Plioviverrops* zurückverfolgen, bis zu den Wurzeln der Hyänenfamilie. Erdwölfe sind passionierte Termitenfresser, die sich von nur zwei Termitengattungen
ernähren. Ihre Hauptnahrung bilden Erntetermiten der Gattung *Trinervitermes,* die bei
Nacht in dichten Kolonnen an die Oberfläche kommen, um trockenes Gras zu ernten und
es für den späteren Verzehr in ihre kuppelförmigen Hügel zurückzutragen. Doch zum
Verdruß des Erdwolfs kommen die *Trinervitermes*-Termiten im Winter nicht aus ihrem
Bau, weil sie die Kälte bei Nacht und die Sonne am Tag nicht vertragen. Der Erdwolf ret-
tet sich dann vor dem Hungertod, indem er sich auf eine robustere Termite, *Hodotermes,*
umstellt, die bei kaltem Wetter tagsüber ihren Bau verläßt und durch eine dunkle Pig-
mentierung vor der Sonneneinstrahlung geschützt ist. Dennoch verlieren erwachsene
Erdwölfe im Juni, in der Mitte des südlichen Winters, ein Viertel ihres Gewichts. Halbwüchsige Tiere, die zu diesem Zeitpunkt ca. sechs Monate alt sind, verhungern sogar
bisweilen. Das Fehlen der Gras erntenden, an der Oberfläche auf Nahrungssuche gehen-
den Termiten in den Waldbiotopen des breiten Bandes zwischen Ost- und Südafrika erklärt, warum der Erdwolf in dieser Zone nicht vorkommt.

Eine *Trinervitermes*-Kolonne auf Nahrungssuche kann bis zu 4000 Termiten umfassen
— ein kleiner Leckerbissen für Termitenliebhaber. Ein Drittel der Termiten-Kolonnen
sind jedoch in der Regel Soldaten, welche die Arbeiter flankieren, die geschäftig Gras
nach Hause schleppen. Die Nasen der Soldaten sind mit Chemikalien geladen,
sogenannten Terpenen, die sie als unangenehm klebrige Masse gegen jeden Gegner
verspritzen. Dies reicht in der Regel aus, um andere Termitenfresser wie Löffelhunde,
Weißschwanzmangusten, Schuppentiere und Erdferkel abzuhalten. Erdwölfe scheinen
jedoch gegen die normalerweise Magenkrämpfe hervorrufenden Terpene immun zu
sein. Doch sie müssen die Terpene unschädlich machen, was den Verdauungsvorgang
kompliziert. Zusätzlich nehmen sie zusammen mit den Termiten noch Sand auf, was den
Nährwert der Mahlzeiten zusätzlich verringert. Dies erklärt vielleicht, warum der Stoffwechsel des Erdwolfes im Vergleich zu anderen Säugetieren, darunter auch anderen
Hyänen, recht langsam verläuft. Ein sparsamer Verbrauch der Körperenergie verlang-
samt auch das Heranwachsen der Embryonen. Somit zwingt seine Ernährung den Erdwolf zu einer Tragzeit von 90 Tagen. In der Regel werden zwei bis drei Junge geboren.
Nach der Geburt beschleunigt sich das Wachstum, vielleicht um ausgewachsen zu sein,
bevor die Unbilden des Winters zu Nahrungsknappheit führen.

Der Erdwolf besitzt eine grotesk lange, breite Zunge und riesige Speicheldrüsen, mit
deren Hilfe er den Termiten zu Leibe rückt. In einer guten Nacht kann ein einzelner Erdwolf 300 000 *Trinervitermes*-Termiten auflecken — das heißt, er verzehrt bis zu zwölf
Millionen der Insekten in einem Monat! Da man zum Überwältigen von Termiten nichts
weiter braucht als eine speichelfeuchte Zunge, sind die Backen- und Vorbackenzähne
des Erdwolfes zu schwachen Stiften degeneriert. Seine furchterregenden Eckzähne behielt er aber bei, denn er braucht nach wie vor Waffen für die Kämpfe um Territorien und
Geschlechtspartner.

Die *Trinervitermes*-Termiten kommen zu unvorhersehbaren Zeiten aus ihren Bauen
hervor, und so braucht jeder Erdwolf etwa sechs Stunden, um seine nächtliche Ration

Die Streifen des Erdwolfes spiegeln vermutlich die altertümliche Fellzeichnung der frühen Hyänen
wider, auch wenn sie einer neueren Theorie zufolge eine jüngere Errungenschaft sind, um die größeren
Streifenhyänen nachzuahmen.

Erdwölfe sind spezialisiert auf nur einen ganz bestimmten Termitentyp.

ausfindig zu machen. Um sich eine ausreichende Nahrungsgrundlage zu sichern, verteidigt ein Erdwolfpaar ein Territorium von 150 bis 200 Hektar, das ca. 3000 *Trinervitermes*-Hügel umfaßt. Da die Jagd auf Termiten wenig Raum für Kooperation läßt, jagen die Partner jeweils allein. Ihr Reviersystem ist die überwiegende Zeit des Jahres stabil, bricht aber während der zwei Monate dauernden Paarungszeit teilweise zusammen. An deren Anfang beginnt das stärkste Männchen, die Nachbarschaft zu erkunden, meidet dabei Territorien anderer dominanter Männchen, wandert jedoch ungehindert durch jene schwächerer, untergeordneter Männchen. Die dominanten Tiere hinterlassen überall ihre Duftmarken. Nach einem Monat eskalierendem Chaos kommen die weiblichen Erdwölfe in Hitze, und dokumentieren dies mit einer sich steigernden Quote des Absetzens ihrer Duftmarken an den Territoriumsgrenzen. Weibchen, die mit niedrigrangigen Männchen zusammenleben, protzen bei Ausflügen in die Territorien der dominanten mit ihren Düften. Nachdem ein dominantes Männchen sich zunächst mit seinem eigenen Weibchen zu Hause gepaart hat, macht es sich auf die Suche nach benachbarten Weibchen, geleitet durch deren Duftmarken. Wenn es eines findet, vertreibt es dessen Gefährten und unterbricht ihn dabei durchaus auch beim Paarungsakt. Dann stolziert der dominante Erdwolf mit erhobenem Schwanz um das Weibchen herum und stellt seine

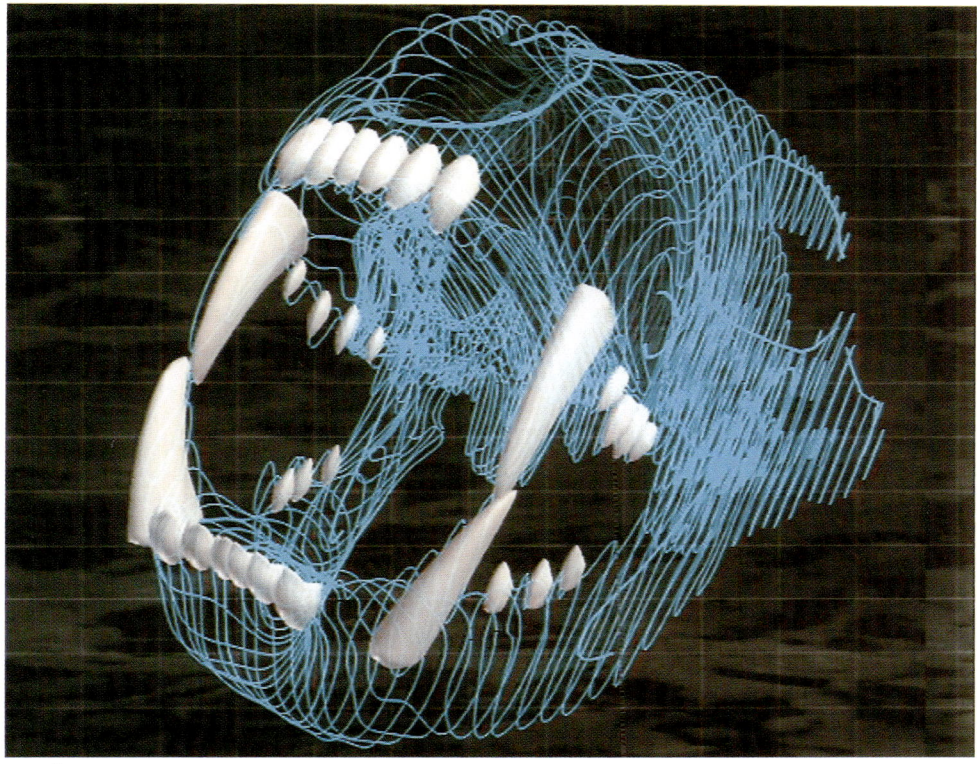

Ihre eindrucksvollen Eckzähne behielten die Erdwölfe zum Ausfechten gruppeninterner Konflikte, aber ihre Backenzähne sind bis zur Bedeutungslosigkeit reduziert.

vorstehende Analdrüse zur Schau. Die Kopulation von Erdwölfen ist ein langanhaltender Vorgang von bis zu viereinhalb Stunden. Zur ersten Ejakulation kommt es etwa eine oder zwei Stunden nach Beginn der Paarung, danach folgen in stündlichem Abstand weitere Ejakulationen. Die einzige Möglichkeit, die Prozedur zu einem Ende zu bringen, scheint darin zu bestehen, daß das Weibchen seinen Bau aufsucht und dabei das Männchen von seinem Rücken abstreift. In scheinbarer Vorahnung dieser unsanften Unterbrechung führt das dominante Männchen die Weibchen vorsichtig von ihrer Höhle weg, bevor es zur Kopulation kommt. Die langanhaltende Paarung dient dem Männchen vielleicht, um sicherzustellen, daß seine Spermien einen Vorsprung gegenüber denen jener Männchen haben, die schon darauf warten, sich mit demselben Weibchen zu paaren.

Das Sozialsystem der Erdwölfe ermöglicht einem Weibchen, das mit einem untergeordneten Männchen zusammenlebt, sich mit dem besten Männchen der Umgebung zu paaren und somit Söhne zu gebären, die vielleicht ähnlich dominant und fruchtbar werden und zahlreiche Enkel produzieren. Es beinhaltet aber auch das Risiko, daß das betrogene Männchen sein Weibchen unter Umständen verläßt, was für das Weibchen und seine Jungen eine Katastrophe bedeuten würde. Zur Aufzucht der Jungen werden sowohl das Männchen als auch das Weibchen gebraucht; ein Elternteil verteidigt die Höhle gegen plündernde Schakale, während der andere auf Nahrungssuche geht. Ein gewissenhafter

Vater beaufsichtigt bis zu sechs Stunden pro Nacht den Nachwuchs. In einem nachgewiesenen Fall verließ ein Männchen sein untreues Weibchen. Dazu kam es, als mehrere Männchen im Zusammenhang mit der Bekämpfung von Wanderheuschrecken unabsichtlich vergiftet wurden und verwitwete Weibchen zurückblieben. Ein überlebendes dominantes Männchen paarte sich mit den meisten dieser Weibchen und mit der Partnerin eines schwächeren Männchens. Das betrogene Männchen verließ sein Weibchen und tat sich mit dem einzigen solitären Weibchen zusammen, das nicht von dem dominanten Männchen gedeckt worden war. Gewöhnlich ist ein solches Weibchen jedoch nicht auffindbar, und untergeordneten Männchen bleibt keine andere Wahl als den Ehebetrug zu dulden. Das Weibchen zu verlassen, würde sie nicht nur ihrer Gefährtin, sondern auch des Territoriums berauben, das sie aber brauchen, um die übrigen Monate des Jahres zu überleben. Außerdem paart sich ein untreues Weibchen in der Regel auch mit dem untergeordneten Männchen und stellt damit die Vaterschaft in Frage; dies könnte eine Strategie sein, um ein Abwandern des eigentlichen Partners zu verhindern. Sollte dies tatsächlich so sein, dann ist dies aber nur eine unzulängliche Strategie, denn Männchen mit untreuen Partnerinnen sind im allgemeinen weniger gewissenhafte Babysitter als dominante Männchen.

Das System der Erdwölfe hat einerseits Gemeinsamkeiten mit jenem der Kleinkatzen, bei dem Männchen die Territorien mehrerer Weibchen durchstreifen, aber sich um deren Junge nicht kümmern, und andererseits mit jenem der meisten Hunde, bei dem monogame Männchen das Territorium mit ihrer Partnerin teilen und treusorgende Väter sind. Der Kompromiß des Erdwolfes scheint für alle Betroffenen von Vorteil zu sein: Die dominanten Männchen paaren sich am häufigsten, die besten Väter haben mehr Jungtiere, die Mütter eine Hilfe bei der Aufzucht, und untergeordnete Männchen besitzen dennoch Aussichten, sich zu paaren, und haben einen Revieranspruch. Dieses System entstand vermutlich, weil wegen des unberechenbaren Auftauchens der Termiten und des minimalen Einflusses der Erdwölfe auf deren Anzahl von Nacht zu Nacht, ein Männchen das Territorium mit nur einem Weibchen ohne oder mit nur geringfügiger Erweiterung teilen kann.

Die übrigen Hyänen haben ein anderes Sozialleben als der Erdwolf und gehen auch einem ganz anderen Handwerk nach. Mit ihren auf das Knacken von Knochen spezialisierten Zähnen und den geerbten Eigenschaften ihrer hundeähnlichen Hyänenvorfahren sind sie meisterhafte Aasfresser.

Die ersten hauptsächlichen Aasfresser unter den Säugetieren waren wahrscheinlich einige Creodonten (siehe Seite 23) wie *Sarkastodon* aus dem östlichen und nördlichen Eurasien. Sie wurden von der rätselhaften Gruppe der Percrocutoiden verdrängt, die ihren Ursprung vermutlich im Hundezweig hatte. Am längsten überlebten die Creodonten in Westeurasien und in Afrika.

Die Percrocutoiden lebten gemeinsam mit den hundeähnlichen Hyänen, und die Beziehungen zwischen beiden waren vermutlich ebenso gespannt, wie sie heute zwischen den knochenknackenden Hyänen und den Schakalen sind. Man kann sich bildhaft vorstellen, wie eine Ansammlung von *Ictitherium* wählerisch an den Sehnen eines Kadavers herumknabberte, den dann *Percrocuta* mit massigem Schädel an sich riß, um die hohlen Markknochen mit mächtigen Kiefern zu knacken. Vielleicht versammelten sich noch weitere *Percrocuta* an dem Kadaver, die mit ihrem phänomenalen Geruchssinn den Weg

Percrocuta *repräsentiert eine rätselhafte Gruppe knochenknackender Carnivoren, die schließlich von den Hyänen abgelöst wurden.*

zu diesem Festmahl gefunden hatten. Womöglich kannten sich diese Tiere gut, waren Mitglieder einer lose zusammenhängenden Gesellschaft, die solche Zusammenkünfte häufiger pflegte.

Bis vor etwa 15 Millionen Jahren gediehen sowohl die Percrocutoiden als auch die Hyänen. Dann begann der zehn Millionen Jahre dauernde Niedergang der Percrocutoiden. Der Beginn dieses Niedergangs fiel mit der Entwicklung der Zähne zum Knacken von Knochen bei einigen Hyänen zusammen. Die innovativen neuen Hyänen waren im

Vergleich zu ihren hundeähnlichen Vettern eine winzige Minderheit, aber sie standen in direkter Konkurrenz mit den Percrocutoiden. Die kleinsten, schakalgroßen Percrocutoiden verschwanden als erste; die knochenknackenden Riesen konnten sich bis vor etwa sieben Millionen Jahren halten. Der Aufstieg der Hyänen und der Fall der Percrocutoiden fallen zeitlich so auffällig zusammen, daß ein ursächlicher Zusammenhang wahrscheinlich erscheint.

Vor zwölf bis zehn Millionen Jahren gab es in Eurasien zwei getrennte Hyänenlinien: die Hauptströmung der hundeähnlichen Hyänen und die Avantgarde der Knochenknacker. Schon in diesen frühen Tagen waren unter den neuen Knochenknackern die verschiedenen Vorfahren erkennbar, die sich zu den heutigen Schabracken-, Streifen- und Tüpfelhyänen entwickelten. Zweifellos fraßen die hundeähnlichen Hyänen wie Hunde eine Menge Aas, und wahrscheinlich waren einige der Knochenknacker, wie die modernen Tüpfelhyänen, auch passionierte Jäger. Aas war vermutlich für beide eine entscheidende Nahrungsquelle, und beide waren mobile Opportunisten. Dann führte der weltweite Klimawandel vor sieben bis fünf Millionen Jahren (siehe Seite 121) zum Aussterben der hundeähnlichen Hyänen. Auch die Percrocutoiden stürzten schließlich ins Verderben, aber eine Handvoll knochenknackender Hyänen überlebte und nahm ihre Plätze ein.

Während die knochenknackenden Hyänen in Eurasien ihre Vormachtstellung auf- und ausbauten, gediehen in Nordamerika hauptsächliche Aasfresser einer ganz anderen Herkunft. In einer bemerkenswerten Parallele brachten die Hyänen der Alten Welt hundeähnliche Formen hervor und die echten Hunde der Neuen Welt hyänenähnliche Formen. Diese Borophaginen oder Urgroßhunde spezialisierten sich sogar noch stärker auf das Knacken von Knochen als ihre Gegenstücke unter den Hyänen (siehe Seite 118). Ihre Vormachtstellung in der Neuen Welt verhinderte vermutlich, daß die knochenknackenden Hyänen über die Beringbrücke nach Nordamerika einwanderten. Die Borophaginen konnten bis vor rund 1,5 Millionen Jahren überleben, als die aus Eurasien zurückgekehrten Wölfe Knochen einer solchen Größe zertrümmern konnten, wie sie die Beutetiere in Nordamerika aufwiesen.

Während die echten Hunde nach Eurasien einwanderten, wechselte eine hundeähnliche Hyäne in die andere Richtung über. Ihr Name, *Chasmaporthetes*, läßt sich recht malerisch übersetzen als »der den Canyon sah«. In Nordamerika waren die Nischen umherstreifender Allesfresser und Knochenknacker von den echten Hunden besetzt, aber die Abkömmlinge von *Chasmaporthetes* fanden dennoch eine Lücke und entwickelten sich zu den ersten Hyänen, die gepardähnlich rennen konnten. Daher bezeichnet man sie auch als Gepardhyänen.

Wenngleich auch gepardenähnliche Katzen vor drei Millionen Jahren Nordamerika erreichten, entwickelte sich dort bis vor 20 000 Jahren keine wirklich schnelle Art. *Chasmaporthetes* starb vor 1,5 Millionen Jahren aus.

In der Alten Welt waren die knochenknackenden Hyänen vor fünf Millionen Jahren als die dominanten Aasfresser aufgetaucht. Die Mega-Herbivoren waren riesige Vegetarier und, abgesehen von den mächtigen Säbelzahnkatzen, unangreifbar. Aber als Kadaver

Oben rechts: Pachycrocuta *war ein schwergewichtiger Vorgänger der Tüpfelhyäne.*

Unten rechts: Die Zähne von Pachycrocuta *zeigen, daß die Hyänen riesige Brechscheren zum Schneiden von Fleisch und wuchtige Vorbackenzähne zum Knacken von Knochen kombinieren.*

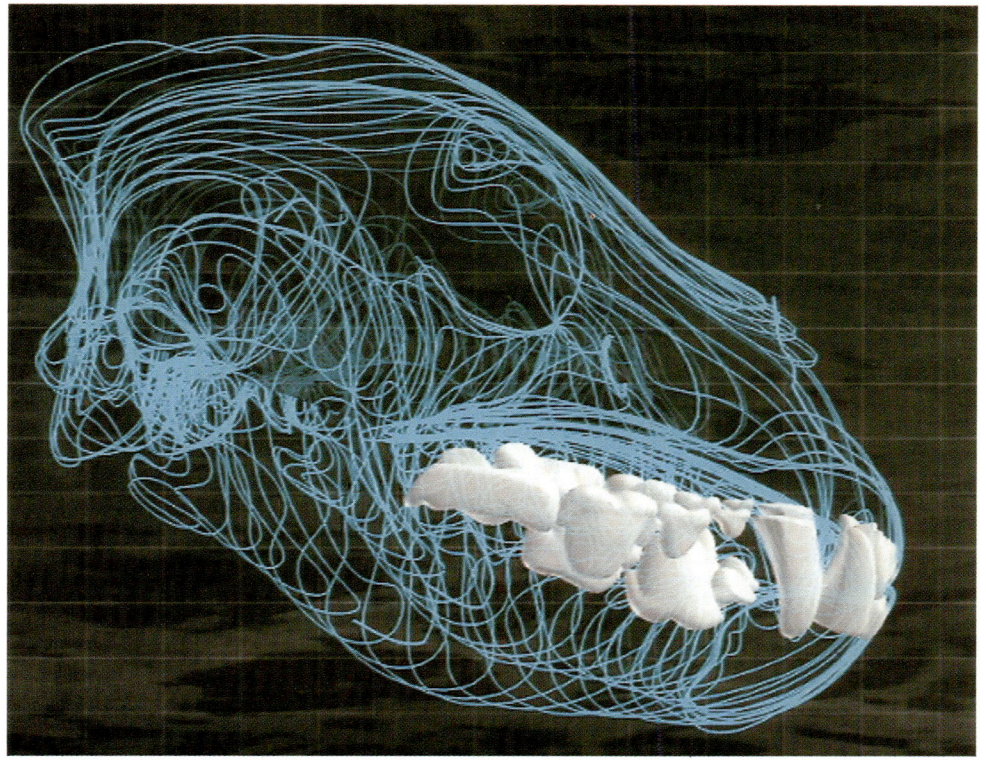

Vielleicht stritt Pachycrocuta *mit der prähistorischen Katze* Homotherium *um ihre Beute, wie heute Tüpfelhyänen und Löwen.*

waren diese Riesen ein Festmahl für eine neue Generation von Hyänen. Eine davon, *Pachycrocuta,* war ein 200 Kilogramm schwerer Riesenaasfresser, dessen wuchtige Zähne die Markknochen eines Elefanten zersplittern konnten.

Die Zähne von *Pachycrocuta* verdeutlichen den Ausgangspunkt des Erfolgs der heutigen Hyänen. Der obere und untere dritte Prämolar waren riesige, konisch geformte Knochenknacker, und ein dritter Kegel zum Festhalten der Knochen ragte vom vierten unteren Prämolaren hervor. In Verbindung mit den kräftig entwickelten Kiefermuskeln und einem speziellen Knochenkamm, der den Schädel gegen die gewaltigen Kräfte schützte, konnten diese Zähne Markknochen packen und zertrümmern. Entscheidend war jedoch, daß *Pachycrocuta* auch eine große Brechschere zum Schneiden von Fleisch besaß, die es ermöglichte, 25 Kilogramm Fleisch und Knochen pro Tag zu fressen. Der gesamte Kiefer war verkürzt, um die Schließkraft des Gelenks zu erhöhen. Folglich waren die hinteren Molaren, die man bei Hunden und Schleichkatzen findet, bei diesen Hyänen wie bei den Katzen mit ihrem kurzen Kiefer verschwunden. Die Zähne von Hyänen sind so angeordnet, daß die knochenknackenden Prämolaren die Reißzähne zum Schneiden von Fleisch nicht behindern; Hyänen können einen Knochen mit ihren wuchtigen Vorbackenzähnen zertrümmern, ohne dabei die Klingen ihrer Brechschere stumpf zu machen. Die Percrocutoiden nutzten ebenfalls ihre Vorbackenzähne zum Knacken der Knochen, während die Borophaginen dazu ihre Brechschere verwendeten (siehe Seite 82).

Pachycrocuta war auf große Pflanzenfresser angewiesen, und mit deren Niedergang im späten Eiszeitalter nahm eine kleinere Version ihren Platz ein – die Tüpfelhyäne. Während der wärmeren Periode zwischen den Vereisungen von 35 000 bis vor 15 000 Jahren wurden Tüpfelhyänen in Höhlenzeichnungen in Europa dargestellt. Obwohl sie im Vergleich zu *Pachycrocuta* Leichtgewichte sind, können sie Kadaver mit ungeheurer Geschwindigkeit auffressen. Fleisch, Knochen und Sehnen gelangen in einen großen, extrem säurehaltigen Magen; den Rekord hält eine Gruppe von 35 Tieren, die nur 36 Minuten brauchte, um ein ganzes Zebra zu verschlingen. Ihr Handwerk ist jedoch nicht ungefährlich. 35 beziehungsweise 40 Prozent der Schädel von Streifen- und Tüpfelhyänen in Museen weisen abgebrochene Zähne auf; es folgen Wölfe mit 29 Prozent, die ebenfalls viele Knochen knacken. Bei Geparden, die das Fleisch vom Knochen abschneiden, weisen nur 17 Prozent der Schädel abgebrochene Zähne auf. Darüber hinaus haben drei Jahre alte Tüpfelhyänen so abgenutzte Zähne wie sechsjährige Löwen, trotz der Tatsache, daß Hyänen unverhältnismäßig große Zähne besitzen, um die Abnutzung aufzufangen.

Heute gibt es noch drei knochenknackende Hyänen, die Tüpfel-, die Streifen- und die Schabrackenhyäne. Seit ihrer Machtübernahme von den Percrocutoiden gab es insgesamt nie mehr als drei bis sechs Arten. Diese mangelnde Vielfalt könnte an der fehlenden Möglichkeit zur Entwicklung von Unterschieden beim Knacken von Knochen liegen; jeden Knochen, den eine kleine Hyäne zersplittern kann, vermag eine große besser zu zertrümmern. Tatsächlich muß ein Spezialist für das Knacken von Knochen so groß sein, wie die vorhandenen Beutetierknochen es verlangen, denn die Skelette kleiner Beutetiere können auch Carnivoren ohne spezielle Zähne fressen. Auch bei der enormen Rivalität zwischen den Aasfressern ist die Größe von ausschlaggebender Bedeutung. Tüpfelhyänen können Schabrackenhyänen töten, wenn sie an einem Kadaver zusammentreffen, Löwen wiederum töten Tüpfelhyänen, wenn sie die Möglichkeit dazu haben. Das ist wahrscheinlich der Grund, warum es seit dem späten Miozän an einem Ort immer nur eine ausschließlich aasfressende Hyänenart gab. Die einander ähnlichsten und am stärksten auf das Fressen von Aas spezialisierten der heutigen Hyänen sind die Streifen- und die Schabrackenhyäne – sie kommen nirgendwo gemeinsam vor.

Die Schabracken- oder Braune Hyäne des südlichen Afrika – manchmal auch als »Strandwolf« bezeichnet – ist heute die seltenste Hyänenart. Sie streift alleine durch riesige Territorien von bis zu 300 Quadratkilometern, in denen die Tiere unter Umständen pro Nacht 50 Kilometer umherziehen müssen, bis sie auf geeignete Nahrung treffen. Mit ihren Gruppengefährten bleiben sie durch das Absetzen von Duftmarken in Kontakt. Im Analbeutel der Schabrackenhyäne, der genau unter der Schwanzwurzel liegt, wird eine schwarzweiße Paste produziert. Die Hyäne vermag die Innenseite dieses Beutels nach außen zu drehen. Der Beutel ist teilweise durch eine Furche in zwei Lappen unterteilt und in ein weißes, fetthaltiges Sekret aus Talgdrüsen gehüllt. Auf jeder Seite der nach außen gedrehten »Blase« geben weitere Drüsen ein schwarzes Sekret ab. Wenn eine Schabrackenhyäne ihre Duftmarke hinterlassen möchte, sucht sie einen geeigneten hohen Grashalm und streift mit gespreizten Beinen darüber hinweg. Dabei duckt sie sich, dreht ihren Beutel nach außen, wackelt in schneller Bewegung mit ihren Hüften und streift den ausgewählten Halm durch die Furche zwischen den beiden sekretverschmierten Lappen. Mit einer zügigen Bewegung geht die Hyäne einen Schritt nach vorne, zieht

den Beutel wieder zurück und somit den Halm durch die Furche und klappt dabei die schwarz eingehüllten Wände um sie herum zusammen. Das Gras springt heraus, überzogen mit einem einen Zentimeter langen Klecks eines weißen Sekrets etwa 70 Zentimeter über dem Boden und einem etwas kürzeren Klecks schwarzen Sekrets etwas mehr als einen Zentimeter weiter oben.

Diese zweifarbigen Signale setzt die Schabrackenhyäne innerhalb des Territoriums etwa alle 400 Meter und in der Nähe der Reviergrenzen in höherer Frequenz, weil sie diese nur selten aufsucht. Der Duft der weißen Schmiere ist für Menschen weit über 30 Tage lang wahrnehmbar, während jener des schwarzen Kleckses innerhalb von Stunden verfliegt; wahrscheinlich vermitteln die beiden verschiedenfarbigen Pasten unterschiedliche Botschaften. Die nur kurz wirkende schwarze Paste informiert vielleicht andere Gruppenmitglieder, daß hier vor kurzem ein Tier auf Nahrungssuche war, und ermöglicht diesen so, das bereits frequentierte Gebiet zu meiden. Die weiße Paste scheint zu vermitteln: »Betreten bei Strafe verboten«.

In der südlichen Kalahari leben Schabrackenhyänen von Melonen über Käfer bis hin zu Gnukadavern. Hauptsächlich sind sie jedoch Aasfresser, die Knochen knacken und Häute sowie Sehnen zerschneiden. Folglich ist ein Tier zum Tode verurteilt, wenn seine Vorbackenzähne abgenutzt sind; so beobachtete man, wie ein altes Männchen über 30 Minuten lang versuchte, den Beinknochen eines Springbockes zu zersplittern, den eine junge Hyäne in fünf Minuten geknackt hätte. Die meisten Schabrackenhyänen der Kalahari leben in sogenannten Clans und suchen häufig in ausgetrockneten Flußbetten nach Nahrung, in denen sie oft Antilopen finden. Im Schnitt legen sie zwischen zwei Mahlzeiten etwa sieben Kilometer zurück. Zwar sind ihre Territorien dann größer, wenn Aas seltener vorkommt, aber wie viele erwachsene Tiere ein Clan umfaßt, hängt nicht von der Größe des Reviers, sondern von der Größe der Kadaver ab, die in der Umgebung verstreut liegen. Einen Gnukadaver mit drei oder vier Artgenossen zu teilen ist für eine Schabrackenhyäne kein Nachteil, weil sie einen so großen Kadaver gar nicht auf einmal verzehren könnte, und die Reste Geiern oder anderen Aasfressern zufielen. Daher hängt die Größe der Clans von der Anzahl der Gnus ab, die in einem Territorium leben beziehungsweise − genauer − sterben. In Gebieten, in denen Gnus selten sind und kleinere Antilopen die Hauptnahrung der Hyänen bilden, sind die Clans entsprechend kleiner.

Die Höhle eines Clans ist in entlegenen Sanddünen versteckt, wahrscheinlich abseits der Pfade räuberischer Tüpfelhyänen und Löwen. Weibliche Schabrackenhyänen werfen in der Regel alle 20 Monate drei Junge. Gewöhnlich pflanzt sich nur das dominante Weibchen fort, wenn in einem Clan jedoch zwei Würfe geboren werden, säugen die Mütter ihre Jungen gegenseitig, wenngleich sie die eigenen begünstigen. Die Jungen sind zwölf bis 15 Monate lang auf fremde Hilfe angewiesen; in dieser Zeit bringen bisweilen alle Clanmitglieder Aasbrocken für sie in die Höhle. Man hat beobachtet, wie zu diesem Zweck eine erwachsene Hyäne einen sieben Kilogramm schweren Kadaver über eine Entfernung von 15 Kilometern schleppte. Die Männchen des Clans erledigen damit aber keine Vaterpflichten, denn sie sind nicht die Väter der Jungen. Nur untergeordnete Männchen schließen sich den Clans an, und zwar entweder dem ihrer Mutter oder dem einer benachbarten Verwandten; die dominanten Männchen dagegen durchstreifen

Eine Schabrackenhyäne überprüft die Sekretmarke, die ein Nachbar gesetzt hat.

weite Bereiche arider Regionen. Wenn ein Weibchen in Hitze ist, wandert einer dieser Nomaden in dessen Territorium ein, als gehöre es ihm, paart sich mit dem Weibchen und zieht weiter. Die ortsansässigen Männchen leisten keinen Widerstand und helfen oft, die daraus hervorgehenden Jungen aufzuziehen. Anders als bei den betrogenen männlichen Erdwölfen hat man die Männchen der Clans noch nie bei Paarungen beobachtet, und so scheint ihre Motivation zu helfen hauptsächlich ein Verwandtschaftsdienst zu sein. Männchen, die Halbbrüder des neuen Wurfes sind, haben ein beträchtliches Interesse am Wohlergehen der Jungen und daran, ihrer Mutter etwas von der Last abzunehmen, damit sie noch mehr Halbgeschwister gebären kann. In Schabrackenhyänen-Clans, die man in Botswana untersuchte, fütterten die ortsansässigen Männchen offenbar ausschließlich ihre Halbgeschwister, nicht aber ihre Vettern und Basen.

Die nächste Verwandte der Schabrackenhyäne, die 35 Kilogramm schwere Streifenhyäne, ist ein gespenstisches Nachttier. Auf der Suche nach Nahrung wandert sie alleine in den ariden Regionen Nordafrikas und des Mittleren Ostens umher. Manchmal treffen zwei dieser solitären Wanderer aufeinander, doch in der Regel verständigen sie sich über Düfte und hinterlassen so jeweils Botschaften, die die nächste Hyäne entziffern kann. Über die Streifenhyänen wissen wir so wenig, daß wir über ihr Sozialleben nur Vermutungen anstellen können. Ihre Ernährung scheint in jeder Hinsicht jener der Schabrackenhyäne ähnlich zu sein, abgesehen davon, daß sie nur selten Zugang zu großen Kadavern haben, weshalb sie wahrscheinlich keine Gruppen bilden, sondern paarweise leben, begleitet von halberwachsenen Nachkommen. Einige Naturforscher haben behauptet, das wie ein Zebra gestreifte Fell des Erdwolfes ahme das der weitaus stärkeren Streifenhyäne nach. Die getäuschten Feinde würden auf diese Weise den hilflosen Erdwolf in Ruhe lassen, da nur wenige es wagen, eine Streifenhyäne anzugreifen. Wenngleich Streifenhyänen bis vor 1,5 Millionen Jahren auch weiter im Süden vorkamen, gibt es heute im gesamten südafrikanischen Verbreitungsgebiet des Erdwolfes keine Streifenhyänen. Vielleicht haben beide Tiere vielmehr eine primitive Fellzeichnung beibehalten, die einst allen Hyänen gemeinsam war. Untermauert wird diese Theorie durch die Tatsache, daß die Schabrackenhyäne in bestimmtem Licht ebenfalls gestreift wirkt und dann einer dunklen Version der Streifenhyäne gleicht. Womöglich entstand dieses Muster sogar noch viel früher, denn zahlreiche Zibetkatzen und Katzen und selbst einige Mangusten sind gestreift. Eine solche Zeichnung hätte die frühen Mitglieder des Katzenzweiges in ihrem Waldbiotop zweifellos gut getarnt. Dies wirft jedoch die Frage auf, warum die Carnivoren des Hundezweiges zumeist auf Ober- und Unterseite gegensätzlich gefärbt sind — oben dunkler als unten.

Sollte eine solche Streifenzeichnung einmal allen Hyänen gemeinsam gewesen sein, dann hat der größte lebende Vertreter der Hyänenfamilie im Laufe der Zeit seine Streifen gegen Flecken eingetauscht. Mit einem Gewicht von 80 Kilogramm ist die Tüpfel- oder Fleckenhyäne der schwerste und kräftigste Knochenknacker und vermag die größten Kadaver zu verspeisen; das mag mit ein Grund dafür sein, warum sie auch die Hyäne mit dem ausgeprägtesten Sozialleben ist. Selbst bei einer solitären Lebensweise hätte eine aasfressende altertümliche Tüpfelhyäne ein großes Territorium gebraucht, um genügend Nahrung zu finden. Um einen großen Kadaver konkurrierten wohl mächtige Löwen, Wildhundrudel, diebische Schakale und unzählige Geier. Als die Populationen der großen Huftiere zahlenmäßig zunahmen und damit auch die Kadaver, war es den

Tüpfelhyänen möglich, Seite an Seite zu fressen. Doch der Druck der Rivalen zwang sie wahrscheinlich, in Gemeinschaft zu leben.

Aufgrund ihrer Lebensweise als Aasfresser waren die altertümlichen Tüpfelhyänen wie Hunde daran angepaßt, beträchtliche Distanzen zurückzulegen. Sie besaßen wie *Pachycrocuta* Zähne, die zwei Funktionen erfüllten: Vorbackenzähne zum Knacken von Knochen und dahinter eine scharfe Brechschere. Sie waren also nicht nur auf Aas angewiesen. Wie die rudeljagenden Hunde wiesen auch die alten Tüpfelhyänen die Ausdauer und den Körperbau auf, um ihre Beutetiere in offenem Gelände zu jagen, besaßen die gemeinschaftliche Stärke, sie zu töten, und waren dennoch klein genug, um die Beute teilen zu können. Eine heutige Tüpfelhyäne kann ein erwachsenes Gnu fünf Kilometer lang mit einer Geschwindigkeit von 60 Stundenkilometern verfolgen, bevor sie es tötet. Daher brauchten die altertümlichen Hyänen wohl größere Territorien, um sicherzustellen, daß sie eine begonnene Jagd auch in ihrem Revier zu Ende bringen konnten. Außerdem brachte das Klima in den Ebenen einen ständigen Wechsel von Regen- und Trockenzeiten mit sich, was viele Antilopen zu Wanderungen veranlaßte. Also mußten die Territorien der Hyänen auch diese Wanderungen berücksichtigen.

Die Lebensweise der Tüpfelhyäne ist von Ort zu Ort unterschiedlich. Wann immer ihr zahlenmäßiges Übergewicht ihnen einen Vorteil gegenüber der Konkurrenz verschafft, werden sie eine Beute stehlen. In den Ebenen der Serengeti in Nordtansania jedoch stehlen die Tüpfelhyänen nicht öfter den Löwen die Beute als umgekehrt. Die heutigen Tüpfelhyänen sind erstaunlich vielseitige Carnivoren, die sich die beiden Funktionen ihrer Zähne voll zunutze machen. Sie sind sowohl aktive Jäger als auch tüchtige Aasfresser. Sie vermögen Knochen zu knacken, die einem Löwen Probleme bereiten, und ihre Ausdauer ist mit der von Wildhunden vergleichbar. Die Größe der Clans verleiht ihnen eine gemeinschaftliche Kraft, die konkurrenzlos ist, dennoch sind die einzelnen Mitglieder imstande, auch alleine auf Nahrungssuche zu gehen. Diese Vielseitigkeit ermöglicht es den Tüpfelhyänen, an sehr unterschiedlichen Orten zu leben, etwa im Ngorongoro-Krater in Nordtansania, in den nahegelegenen Ebenen der Serengeti und in der Wüste der Kalahari. In diesen Regionen leben ähnliche Antilopenarten als Beutetiere, aber mit unterschiedlichen Bedingungen, und dementsprechend haben die Hyänen verschiedene Lebensweisen angenommen.

Innerhalb der 325 Quadratkilometer des Ngorongoro-Kraters treffen sie häufig auf Beutetiere, die zudem keine Wanderungen unternehmen. Hier leben die Tüpfelhyänen in Clans von durchschnittlich 55 Mitgliedern, jeder Clan verteidigt ein zehn bis 50 Quadratkilometer großes Territorium. Die Hyänen führen hier ein relativ leichtes Leben und wenden für die tägliche Nahrungsversorgung durchschnittlich vier Stunden auf, während der sie etwa zehn Kilometer zurücklegen. Die Reviergrenzen markieren sie mit Kothaufen und der Paste ihrer Analdrüsen; diese Duftmarken umgeben das Territorium wie die Perlen einer Kette. Kämpfe mit Nachbarn verlaufen heftig, und stets gewinnt die zahlenmäßig größere Gruppe. Wie üblich bei den Tüpfelhyänen pflanzen sich alle Weibchen des Clans fort. Die Clans haben das ganze Jahr über Junge und teilen sich eine Gemeinschaftshöhle, von der aus sie in Jagdgruppen losziehen. Anscheinend planen sie eine Jagd im voraus, denn große Gruppen gehen auf die Jagd nach großen Beutetieren wie Zebras, doch wenn kleinere Antilopen die beabsichtigten Opfer sind, bilden sich nur kleinere Gruppen.

Im ariden Klima der Kalahari jagen die Tüpfelhyänen große Antilopen, auf die die Hyänen so selten treffen, daß sie in ihren Territorien, die im Schnitt mehr als 1000 Quadratkilometer Größe aufweisen, zwischen zwei Mahlzeiten manchmal 33 Kilometer zurücklegen müssen. Die Clans umfassen etwa acht Tiere, wahrscheinlich, weil ein Gnu oder ein Spießbock für eine Jagdgruppe von acht Tieren als Beute ausreicht. Die Territorien sind zu groß, um sie mit Kothaufen zu markieren. Deshalb geschieht dies in der Kalahari mit Hilfe von Sekretmarken.

In der Serengeti unternehmen viele Huftiere jahreszeitlich bedingte Wanderungen. Einige der dort vorkommenden Tüpfelhyänen leben ebenfalls nomadisch. Andere bewohnen Territorien in den mit hohem Gras bestandenen Ebenen der nördlichen Serengeti. Jeder dieser großen, zehn bis 80 Tiere starken Clans mit einem leichten Weibchenüberschuß besitzt ein Revier von rund 55 Quadratkilometern, das unregelmäßig mit Kotplätzen markiert ist. Während der Trockenzeit wandern die Beutetiere nach Norden in die Wälder, in der Regenzeit nach Süden in die Ebenen. Die Territorien der Clans liegen zwischen diesen beiden Gebieten — ein Kompromiß, weil nur für drei Monate des Jahres innerhalb des Territoriums ausreichend Nahrung vorhanden ist. Die wandernden Gnuherden passieren die Territorien auf ihrem Weg nach Süden, wenn im November die Regenfälle beginnen und wenn sie in der heißen Trockenzeit im Juni nordwärts ziehen. Während dieser Zeiträume ist der Tisch der Hyänen reich gedeckt. Diese Tüpfelhyänen verteidigen ein Revier von etwa zehn Kilometern Durchmesser, aber warum sie diese Größe einem größeren oder kleineren Territorium vorziehen, ist rätselhaft, denn es bietet entweder ein Überangebot an Beutetieren oder gar keine — je nach Jahreszeit. Wenn die Beutetiere das Territorium passieren, ist sogar Nahrung in einer solchen Fülle vorhanden, daß die Revierbesitzer den nomadischen Tüpfelhyänen, welche im Gefolge der Herden hindurchziehen, nur wenig Beachtung schenken. Wenn die umherziehenden Tiere jedoch zu einem erlegten Beutetier hinzukommen, lassen die ortsansässigen durch ihre Rufe deutlich erkennen, wer das Vorrecht auf diese Beute besitzt.

Wenn die Gnus weitergezogen sind, müssen die Revierbesitzer ihre Grenzen überschreiten und in viertägigen Ausflügen bis zu 40 Kilometer zurücklegen, um Beutetiere schlagen zu können. Da ein säugendes Weibchen regelmäßig zu seinen Jungen zurückkehren muß, legt es bei 80 Wanderungen im Jahr ca. 6400 Kilometer zurück. Zwischenzeitlich leiden die Jungen in der Höhle Durst und für die ausgelassenen Spiele, in die sie während der üppigen Monate vertieft sind, fehlt ihnen nun die Energie. Doch auch in anderen Gebieten können derart lange Abstände zwischen den Mahlzeiten liegen; dies erklärt vermutlich, warum alle Tüpfelhyänen nur ein oder zwei Junge pro Wurf haben. Jedes Junge saugt eine erhebliche Menge Milch, wenn es nur die Möglichkeit dazu hat; nachweislich hing ein Junges für fünf Stunden unerschütterlich an der Zitze der Mutter. Ein Weibchen könnte wahrscheinlich gar nicht genug Milch produzieren, um die Bedürfnisse eines größeren Wurfes zu stillen. Im Masai-Mara-Reservat in Kenia jedoch, der nördlichen Erweiterung der Serengeti, sind fast durchweg ausreichend Beutetiere vorhanden. Die Hyänenjungen haben hier ein sehr viel leichteres Leben: Sie werden früher entwöhnt, und ihre Mütter werfen in kürzeren Abständen.

Auch in anderen Regionen hat man Tüpfelhyänen studiert, unter anderem in Äthiopien, wo einige dafür berühmt sind, in Dörfern nach Aas zu suchen, ebenso wie im südafrikanischen Krüger-Nationalpark, wo sie fast ausschließlich von Aas leben. Die Tat-

In der Kalahari machen Tüpfelhyänen gemeinschaftlich Jagd auf Spießböcke.

sache, daß die Hyänen im Krüger-Nationalpark passionierte Aasfresser sind und in der Serengeti sowohl Jäger als auch Aasfresser, könnte auf das jeweilige Verhältnis von Löwen zu Tüpfelhyänen zurückzuführen sein. Im Krüger-Nationalpark sind Löwen genauso zahlreich wie Tüpfelhyänen, und die Reste ihrer Beute bieten viel Aas. In der Serengeti leben jedoch nur halb so viele Löwen wie Tüpfelhyänen, und so sind die Hyänen gezwungen, selbst zu jagen.

Zwar haben verschiedene Tüpfelhyänen-Populationen aufgrund der regionalen Nahrungssituation unterschiedliche Lebensweisen angenommen, aber dennoch weisen alle bestimmte Gemeinsamkeiten auf. So erfordert ihr Sozialleben zum Beispiel ein reichhaltiges Lautrepertoire, darunter charakteristische, über fünf Kilometer weit hörbare Rufe. Diese Rufe scheinen viele subtile Informationen zu vermitteln: Auf solche, welche die Clanmitglieder zur Jagd sammeln, reagieren sie anders als auf jene, welche die Mitglieder alarmieren, einen Löwen zu vertreiben, der ihre Jungen angreift. Die Rufe der erwachsenen Männchen, Weibchen und der Jungtiere unterscheiden sich, wie auch die der einzelnen Individuen. Eine Mutter, die von einer langen Jagd zurückkehrt, und ihre durstigen Jungen, die sich unter Umständen mehrere Kilometer von der Höhle entfernt haben, finden sich rasch durch Erkennen der jeweiligen Rufe wieder. Halbwüchsige Tiere, die bei der Jagd dem Rudel folgen, gehen leicht verloren; aber ihre Mutter kann sie durch Rufe herbeizitieren. Hyänen rufen auch, um sich als Individuen herauszuheben; die Frequenz und die Art der Rufe zeigen den sozialen Status an. Daher rufen

Hyänen eher alleine als im Chor wie Wolfsrudel, die damit ihre gemeinsame Stärke anzeigen. Männchen rufen häufiger als Weibchen vergleichbaren Ranges, doch das dominante Weibchen liefert oft die längsten Rufgefechte von allen.

Wenn sich Tüpfelhyänen um einen Kadaver raufen, kann dies chaotisch aussehen, insbesondere, wenn die Tiere schon fünf Tage umhergezogen sind, um eine Mahlzeit zu finden. Doch so hungrig sie auch sein mögen, es gibt eine strenge Hierarchie, in der die Weibchen dominieren, denn trotz gleichgroßer Skelette sind die Weibchen durchschnittlich zwölf Prozent schwerer als die Männchen (männliche Schabracken- und Streifenhyänen sind dagegen etwas schwerer als weibliche). Die Nachkommen einer hochrangigen Mutter haben am Futter den Vortritt vor allen niedrigrangigen Tieren, auch vor erwachsenen Weibchen, die ihrer Mutter untergeordnet sind. Dieser Vorsprung ist für sie ein Leben lang von Vorteil, und so erben die Töchter hochrangiger Mütter schließlich selbst deren hohen Status. Es überrascht daher kaum, daß niedrigrangige Linien keinen Gefallen daran finden, eine gefährliche Jagd mit einer Gruppe zu unternehmen, die sie dann von der Beute ausschließt. Wenn sich also Clans zur Jagd oder dauerhaft aufteilen, tun sie dies demnach zumeist entlang mütterlicher Linien oder Verwandtschaftsgruppen.

Daß die Weibchen an einer Beute den Vortritt haben, ist vielleicht erforderlich, damit sie genügend Nahrung erhalten, um die für ihre Jungen notwendige Milch zu erzeugen. In einigen Lebensräumen, etwa in der Serengeti und in der Kalahari, fressen die Tüpfelhyänen oft zu weit von ihrer Höhle entfernt, um das Futter dorthin zurückschleppen zu können. Die Nahrung wieder hochzuwürgen ist ausgeschlossen, weil das Fleisch in dem säurehaltigen Kessel ihrer Mägen sehr rasch verarbeitet wird. Statt dessen verschlingen sie das Fleisch und produzieren in riesigen Eutern, die drei bis vier Liter fassen, ausreichende Mengen Milch. Nach Hyänenart zu jagen erfordert Kraft und Ausdauer, und so sind die Jungen neun Monate lang vollkommen auf die Muttermilch angewiesen und können selbst nichts zur Jagd beitragen, bis sie 16 Monate alt sind.

Die Dominanz der Weibchen an der Beute hat Konsequenzen für das gesamte Leben der Tüpfelhyänen. Der afrikanischen Mythologie zufolge sind Hyänen Zwitter — das heißt, jedes Tier ist sowohl männlich als auch weiblich —, denn die Weibchen scheinen vollendete männliche Genitalien zu besitzen. In Wirklichkeit ist die Clitoris der Weibchen so vergrößert, daß sie aussieht wie ein Penis, und nur dadurch zu unterscheiden, daß sie etwas weniger spitz zuläuft. Außerdem sind die Schamlippen verwachsen und bilden einen häutigen Sack, in dem Fettgeschwulste Hoden nachahmen. Wenn sich zwei Weibchen begrüßen, äußern sie einen Begrüßungslaut und heben ein Bein, so daß jedes die Erektion des anderen in Augenschein nehmen kann. Zunächst gehört zur Begrüßung das gegenseitige Beriechen der Genitalien, eine nicht ungefährliche Situation, bei der beide Seiten außerordentlich verletzlich sind, die aber gerade deshalb Vertrauen zwischen ihnen aufbaut. Dann beschnuppern und belecken sie sich für zehn bis 15 Sekunden unter starken Lautäußerungen gegenseitig die Genitalien.

Zahlreiche Wissenschaftler haben nach einer Erklärung für die Ausbildung der Geschlechtsteile der weiblichen Tüpfelhyänen gesucht. Die erste, 1877 veröffentlichte Behauptung lautete, die Genitalien hätten sich so entwickelt, damit Vertreter desselben Geschlechts miteinander sexuelle Befriedigung genießen könnten. Nach der jüngsten Hypothese rühren sie von dem enormen Bedarf des säugenden Weibchens nach Fleisch und somit nach Dominanz her, welche sich durch Stärke und Aggression sichern läßt.

Weibliche Tüpfelhyänen beriechen gegenseitig ihre erigierten Genitalien und die nachgeahmten Hodensäcke. Diese männlichen Merkmale stehen mit der ungewöhnlichen Zusammensetzung der Geschlechtshormone der weiblichen Hyänen in Zusammenhang, die sich in erstaunlicher Weise auf ihr Sozialleben auswirken.

Physiologisch gesehen besteht die einfachste Möglichkeit, die Chemie des Körpers so zu verändern, daß die Muskelmasse und die Aggression gesteigert werden, darin, die Menge der männlichen Hormone, der Androgene, zu erhöhen; diese sind auch in allen weiblichen Säugetieren in geringeren Mengen vorhanden. Die männliche Ausbildung der Genitalien wäre dann eine Nebenwirkung dieser physiologischen Veränderung. Nachdem die weiblichen Hyänen männliche Verhaltensweisen übernommen hatten, die Dominanz oder Unterordnung anzeigen, haben die Weibchen mit der Zeit wohl auch immer ausgeprägtere, den männlichen ähnlichere Genitalien entwickelt. Zweifellos haben Tüpfelhyänenweibchen heute denselben Androgenspiegel in ihrem Blut wie Männchen (auch wenn es leicht unterschiedliche Verbindungen sind), und das wirkt sich sowohl auf ihre Jungen als auch auf sie selbst aus. Die Auswirkungen der Androgene, welche Aggression und Stärke fördern, sind bei allen Säugetieren am ausgeprägtesten, wenn das Junge ihnen während entscheidender Perioden in der Gebärmutter ausgesetzt ist. Im letzten Drittel der Schwangerschaft produziert der Eierstock der Hyänenmutter eine massive Dosis Androgene, die ihr Ungeborenes sozusagen »überschwemmt«.

Man hat 99 Würfe (57 davon mit Zwillingen und 42 mit einzelnen Jungen) in der Gemeinschaftshöhle eines großen Clans von Tüpfelhyänen im Masai-Mara-Reservat in Kenia untersucht. Diesen Untersuchungen zufolge waren sowohl Zwillingsbrüder als auch Zwillingsschwestern überraschend selten. Da Tüpfelhyänen insgesamt gleich viele Söhne und Töchter bekommen, sollten eigentlich 50 Prozent der Zwillinge das gleiche Geschlecht haben, aber dies traf nur auf 15 Prozent der Fälle zu. Ein Hinweis auf die Lösung für dieses Rätsel ergab sich durch erste Beobachtungen von Tüpfelhyänengeburten. Das Weibchen gebiert durch eine anderthalb Zentimeter große Öffnung am Ende seines »Penis«. Es sieht so aus, als würden die Neugeborenen durch ein enges Rohr gezwängt. Weiter kompliziert wird die Geburt wohl noch durch die Tatsache, daß die Neugeborenen im Vergleich zum Gewicht ihrer Mutter die größten aller Carnivorenjungen sind. Diese Jungen werden, was für Säugetiere einzigartig ist, mit offenen Augen geboren und mit gut entwickelten, sechs bis sieben Millimeter langen Milcheckzähnen, vier Millimeter langen Schneidezähnen und einem erstaunlichen muskulären Koordinationsvermögen. Sie weisen darüber hinaus einen hohen Spiegel aggressionsstimulierender männlicher Hormone auf — die weiblichen Jungtiere genauso wie ihre Brüder. Daher gebärden sie sich gleich nach der Geburt recht wild. Gleich nach dem Geburtsvorgang stolpert das Erstgeborene manisch auf sein Geschwister zu, packt es im Genick und schüttelt es, so sehr es kann. Sobald das Zweitgeborene seinen Atem wiedergefunden hat, rächt es sich mit ähnlicher Leidenschaft. In einem Fall beobachtete man bei Drillingen, wie die ersten beiden über das Letztgeborene herfielen, noch bevor es aus den Eihäuten herausgekommen war.

Diese ihnen in die Wiege gelegte Gewalt ist so bestimmend, daß ein Viertel aller Jungen verhungert, weil sie von ihren aggressiven Geschwistern vom Säugen abgehalten werden. Zu den schlimmsten Kämpfen kommt es zwischen Zwillingen des gleichen Geschlechts; dies könnte das seltsam verzerrte Geschlechterverhältnis der Würfe im Clan des Masai-Mara-Reservats erklären. Wahrscheinlich besteht die Hälfte der Würfe bei der Geburt aus gleichgeschlechtlichen Zwillingen, doch in den meisten Fällen tötet ein Geschwister das andere. Der Grund für diese besondere Grausamkeit zwischen Zwillingen des gleichen Geschlechts ist nicht bekannt, sie könnte aber mit den Vorteilen im Zusammenhang stehen, die sich im späteren Leben ergeben. Im Sozialgefüge der Hyänen sind insbesondere weibliche Zwillinge dazu bestimmt, lebenslange Rivalen zu sein; einen solchen Rivalen von Beginn an aus dem Weg zu räumen, ist für das überlebende Tier also von enormem Vorteil. Im Gegensatz dazu wird es wahrscheinlich kaum Konkurrenz zwischen Bruder-Schwester-Paaren geben, wenn diese erst einmal ausgewachsen sind, weil die Männchen die Clans nach der Geschlechtsreife verlassen. Jüngsten Hinweisen zufolge spezialisieren sich hochrangige Weibchen darauf, einzelne

Söhne hervorzubringen; vielleicht erreichen sie dies auf eine ebenso intrigante Weise, indem sie bei den Auseinandersetzungen ihrer Kinder einseitig Partei ergreifen.

Bei allen Säugetieren besteht zwischen den Interessen der Mutter und denen der Jungen ein grundsätzlicher Unterschied. Das Ziel der Mutter lautet, so viele gesunde Nachkommen wie möglich aufzuziehen, während jedes Junge seinen eigenen egoistischen Interessen höchste Priorität einräumt. Die Wurfhöhlen von Tüpfelhyänen sind so konstruiert, daß erwachsene Tiere nicht hineinpassen. Das hält vermutlich Räuber aus benachbarten Clans oder rivalisierenden mütterlichen Linien davon ab, die Jungen zu töten, aber auch die Mutter davon, als Schiedsrichter bei deren Zankereien zu fungieren. Am schlimmsten ist die Aggression der Jungtiere etwa einen Tag nach der Geburt, sie kann aber anhalten, bis die Jungen aus der Höhle zum Vorschein kommen und die Mutter wiederholt die Streithähne voneinander trennen muß.

In den 60 Tiere starken Clans der Serengeti teilen sich bis zu zehn säugende Mütter eine Gemeinschaftshöhle. Das könnte ein weiterer Grund dafür sein, warum Tüpfelhyänen im Gegensatz zu Schabrackenhyänen keine Kadaver zur Höhle schleppen. Bei einem Dutzend zankender Jungtiere würden die kleinsten zu kurz kommen. Da Tüpfelhyänenmütter aber nur selten die Jungen anderer Weibchen säugen, haben die Jungen zumeist nur einen Konkurrenten um die Milch ihrer Mutter. Im Mittelpunkt eines großen Clans steht ein einzelnes dominantes Weibchen. Dieses ruht an der besten Stelle nahe dem Höhlenzentrum, während niedrigrangigere Mütter sich unterwürfig an die Peripherie begeben. Dominante Weibchen produzieren auch die meiste Milch und bekommen in kürzeren Abständen Junge als untergeordnete. Also sorgen sie im Verlauf der Jahre für mehr Nachkommen.

Die Mitglieder eines Clans kommen alleine oder in kleinen Jagdgruppen zur Gemeinschaftshöhle, und so verlassen sie diese auch wieder. Bei einer großen Anzahl von Clanmitgliedern sind also immer Tiere in der Nähe der Höhle, um bei Gefahr Alarm zu schlagen. Sowohl von Löwen als auch von nomadischen Hyänen weiß man, daß sie solche Gemeinschaftshöhlen aufsuchen und versuchen, die Jungen zu töten. Weibchen, die Junge bewachen, rufen häufiger als solche ohne Jungtiere; vielleicht signalisieren sie auf diese Weise ihre Anwesenheit, um Kindesmörder von Übergriffen abzuhalten. Die Gemeinschaftshöhlen ermöglichen also eine Bewachung der Jungen rund um die Uhr, dienen aber auch als Treffpunkt, an dem die Jungtiere die Erwachsenen und ihren Platz im Sozialgefüge kennenlernen.

Für jene jungen Männchen und Weibchen, die das Spießrutenlaufen überleben und die Geschlechtsreife erreichen, hält die Tüpfelhyänengesellschaft unterschiedliche Belohnungen bereit. Junge Weibchen werden in der Regel in den Clan ihrer Mutter aufgenommen, wo ihr Status von dem ihrer Mutter abhängt, während die jungen Männchen zumeist abwandern. Einige Tüpfelhyänenmännchen werden zu Nomaden wie die männlichen Schabrackenhyänen, die besten aber dringen in andere Clans ein, wo sie die Mehrzahl der Jungen zeugen. Es gibt Hinweise, daß die Söhne dominanter Mütter einen ungewöhnlich hohen Spiegel an männlichen Geschlechtshormonen aufweisen und daher besondes aggressiv im Kampf um das Recht zur Fortpflanzung sind.

Folgende Doppelseite: Junge Tüpfelhyänen veranstalten bereits Augenblicke nach der Geburt grausame Kämpfe — eine Aggression, die oft in Geschwistermord endet. Die speichelgetränkten Nacken dieser beiden Jungtiere deuten darauf hin, daß sie versuchten, einander in den Nacken zu beißen.

141

Dennoch nähert sich ein zugewandertes Männchen zunächst nur zaghaft einem Weibchen und wird unter Umständen sogar von dessen junger Tochter vertrieben. Vielleicht wählt es einen Clan nach den Rufen der gegenwärtig Anwesenden aus, anhand derer es ihre Anzahl und ihr Alter abschätzen kann. Es wird dann hart darum kämpfen müssen, sich einen Platz zu sichern. Oft muß ein solches Männchen über ein Jahr an der Peripherie lauern und wird schon verjagt, bevor es sich erfolgreich in einem Clan behaupten kann. In der Kalahari verbrachte ein Kandidat 27 Monate bei einem Clan, ohne akzeptiert zu werden; schließlich wurde er aber doch belohnt, als sich eine untergeordnete mütterliche Linie vom Clan löste, um sich ihm anzuschließen. Erst einmal aufgenommen, kann ein zugewandertes Männchen durchaus zum Anführer bei Jagdausflügen werden, aber an der Beute muß es sich mit dem Verschlingen des Fleisches beeilen, bevor es von den Matriarchen beseite gedrängt wird.

In einem Fall beobachtete man, wie ein Männchen die gewöhnliche Aufnahmeprozedur umging. Das nomadische Männchen versuchte, sich einem Clan im Okavango-Delta in Botswana anzuschließen und wurde, wie vorauszusehen war, vertrieben. Aber statt aufzugeben, schmiedete der Nomade ein bemerkenswertes Bündnis mit dem zweithöchsten Männchen in der Clanhierarchie. Nachdem er dem Clan zwei Tage lang gefolgt war und unterwegs seine Duftmarken gesetzt hatte, forderte der Nomade das dominante Männchen erneut heraus. Diesmal kam ihm sein neuer Verbündeter, die Nummer zwei, zu Hilfe, und bald schlug die Treue des gesamten Clans um. Die Clanmitglieder fielen über das alte dominante Männchen her und verjagten es. Das zweithöchste Männchen stieg in die dominierende Position auf, und der »Königsmacher« trat direkt unter ihm in die Hierarchie ein.

Normalerweise hat ein Zuwanderer, der seine Mitgliedschaft in einem großen Clan sichert, das Erklimmen einer langen sozialen Leiter vor sich. Eine Handvoll Männchen beansprucht fast alle Paarungen mit den etwa 20 Weibchen für sich, und Dominanz scheint eine Belohnung für lange Dienste zu sein. Das überrascht nicht, denn in einer rauhen Welt ist Überleben ein Nachweis für gute Eigenschaften. Die dominanten Männchen kann man daran erkennen, daß sie mit dem höchsten Energieverbrauch rufen; vielleicht demonstrieren sie auf diese Weise sowohl den Weibchen als auch rivalisierenden Männchen ihre Stärke. Manchmal antworten Rivalen auf die Rufe eines Männchens, was auf ein regelrechtes Rufduell hinausläuft. Neue Zuwanderer rufen trotz ihres niedrigen Status häufig, womöglich, damit sich ihre Stimmen den Weibchen einprägen.

Das Märchen, Tüpfelhyänen seien von Hexen geritten, scheint noch harmlos gemessen an der Realität, in der Weibchen mit fettigen Hodenimitaten ihren androgynen Töchtern das Fell pflegen, um deren hohen Status zu fördern. Mit Hilfe der Kraft und Vielseitigkeit ihrer Kiefer und ihrer zahlenmäßigen Überlegenheit in der Gemeinschaft wurden sie zu den heute am häufigsten vorkommenden großen Carnivoren Afrikas. Doch vor 15 Millionen Jahren, auf dem evolutionären Höhepunkt der Hyänen, wären die Tüpfel- und die anderen heutigen Hyänen als Irrwege erschienen. Während die Hauptströmung der Hyänen einer hundeähnlichen opportunistischen Lebensweise nachging, hätte wohl jede, die sich auf das Knacken von Knochen oder das Fressen von Termiten umgestellt hätte, den Rang eines Außenseiters in der Lotterie der Evolution eingenommen. Aber die Bedingungen änderten sich, und zumindest in den letzten paar Millionen Jahren haben sich ihre ausgefallenen Errungenschaften ausgezahlt.

Familienstammbaum: Hyänen

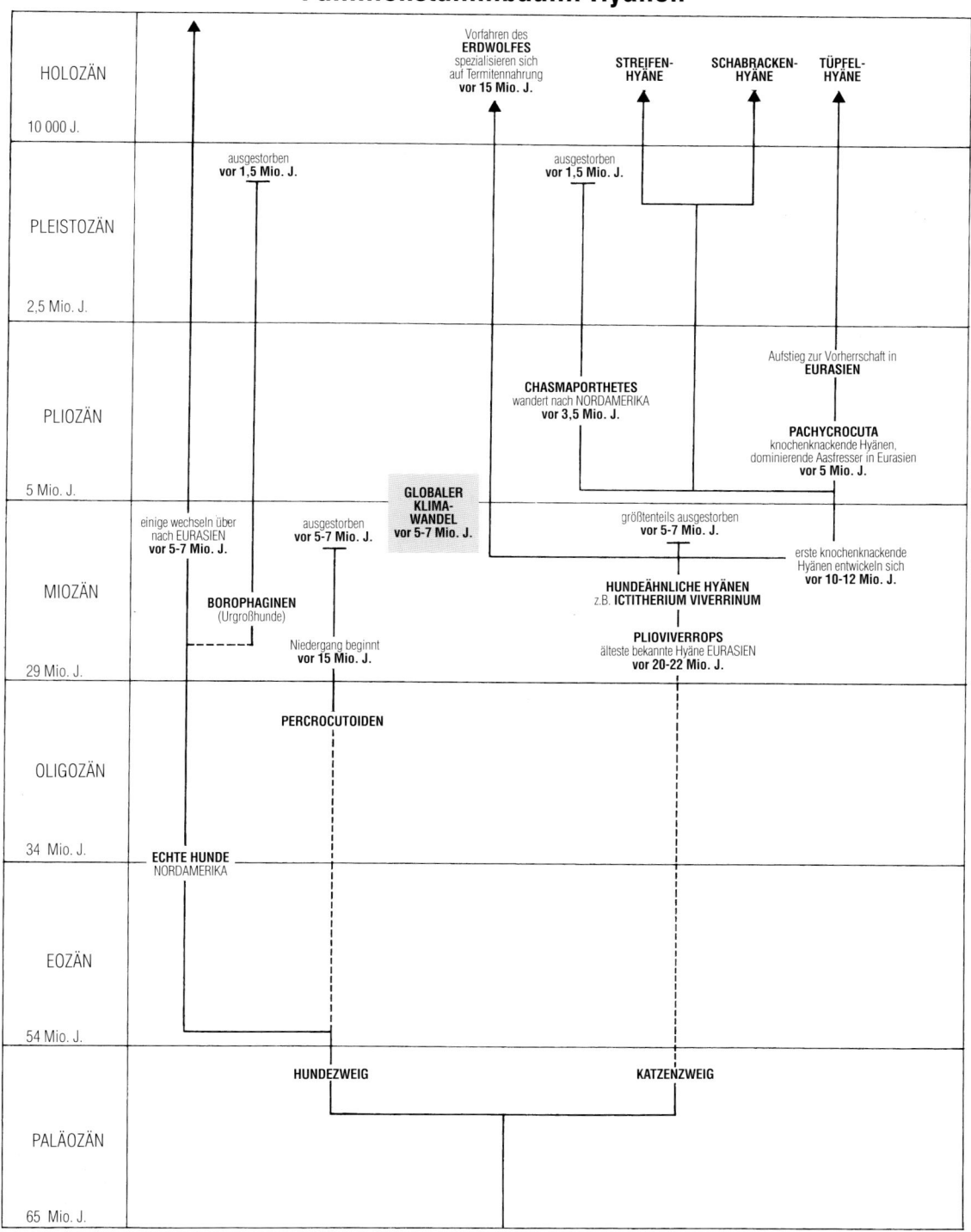

KAPITEL 5

LEBEN AUF DER KRIECHSPUR

Im Jahre 1869 erhielt der Londoner Zoo zum erstenmal einen Kleinen Panda aus dem Himalaja. Dieses flauschige Tier hätte die Zoobesucher wohl an einen Teddybären erinnert, wären diese Spielzeuge nicht erst 33 Jahre später erfunden (und nach dem amerikanischen Präsidenten Theodor Roosevelt benannt) worden. Nachdem man den Kleinen Panda, der in der Natur von Nepal über Birma bis nach Südchina vorkommt, anhand seiner Zähne als Carnivoren identifiziert hatte, bot man ihm Fleisch an, was er aber ablehnte. Dies schien zunächst eine verständliche Reaktion auf die Strapazen seiner langen Reise. Er wies das Fleisch jedoch auch in der Folgezeit zurück und leckte lustlos an gesüßter Fleischbrühe, Eigelb und Haferbrei, bis sein Leben auf Messers Schneide stand. Da nahm ihn der Oberwärter des Zoos, Papa Bartlett, an einer Leine auf einen Spaziergang durch den Garten mit. Der Kleine Panda hielt an einem Rosenbusch an, pflückte geschickt eine Knospe und fraß sie. Wenige Schritte später tat er sich gierig an den gelben Früchten des Busches *Pyrus vestita,* einer Birnenart, gütlich. Und so dämmerte den Verantwortlichen langsam die Erkenntnis: Der neue Carnivor war ein Vegetarier!

1937 folgte der erste Große Panda seinem kleinen Namensvetter nach Westen in den Londoner Zoo. Die beiden hatten viel gemeinsam, unter anderem die vegetarische Ernährung. Sie besaßen ähnliche Zähne und Schädel und einen ungewöhnlichen kurzen, nach hinten gerichteten und S-förmigen Penis. Die wichtigste Gemeinsamkeit aber war: Beide besaßen einen »Daumen«, der in Wirklichkeit ein auf bemerkenswerte Weise zu einem sechsten Finger geformter Knochen des Handgelenks (das Sesambein) zum Greifen von Bambus war, den beide gerne aßen. Weil die Pandas den französischen Biologen Cuvier an Katzen erinnerten, erhielten sie wissenschaftliche Namen, die das griechische Wort für Katze enthalten: *Ailurus.* Der Kleine Panda wird im Deutschen auch als Katzenbär bezeichnet. Nähere Untersuchungen offenbarten jedoch engere Verbindungen zum Hundezweig der Carnivoren, insbesondere zu den Großbären (Ursidae) und den Kleinbären (Procyonidae). Zwar gibt es unter den anderen Vertretern dieser Familien keine solch strikten Vegetarier, die meisten sind aber zumindest Allesfresser und nehmen regelmäßig auch Pflanzen zu sich.

Die Bären, Kleinbären und Pandas stammen alle von Carnivoren wie *Vulpavus* ab, die vor 40 Millionen Jahren in Nordamerika lebten und in den Baumwipfeln jagten. Einige Vulpavinen paßten sich an das Leben am Boden an und bildeten die Basis für den Hundezweig der Carnivoren (siehe Seite 36). Jene Familien, die vor etwa 35 Millionen Jahren

146

aus ihnen hervorgingen, zeichnen sich unter anderem durch die jeweilige Anzahl ihrer Backenzähne auf jeder Seite aus: Hunde besitzen drei obere und drei untere Molaren, Großbären zwei obere und drei untere, Kleinbären haben von beiden jeweils zwei, und die Marderartigen weisen einen oberen und zwei untere Molaren auf. Während die echten Hunde für Millionen von Jahren in Nordamerika blieben, wanderten andere Carnivoren des Hundezweiges bald nach Eurasien, wo die üppigen Wälder zum Ausgangspunkt ihrer frühen Entfaltung wurden. Unter denen, die in Europa ihre Blüte erlebten, war eine Familie untersetzter, aber schnellfüßiger Tiere, die bärenähnlichen Hunden ähnelten und als »Vorbären« oder Amphicyonidae bezeichnet werden (siehe Seite 36).

In Nordamerika findet man seltener Fossilien von Vorbären als in Eurasien, darüber hinaus weisen sie eine geringere Vielfalt auf, möglicherweise weil sie dort in Konkurrenz mit den echten Hunden lebten. Dennoch waren sie vor 25 bis 15 Millionen Jahren die dominanten hundeartigen Carnivoren der nördlichen Hemisphäre. Einer von ihnen, *Daphoenodon superbus,* maß von der Schnauze bis zur Schwanzspitze zwei Meter, hatte kräftige Kiefer und verhielt sich wolfähnlich. In der nebraskischen Schwemmebene wurden einige Exemplare von *D. superbus* vor 20 Millionen Jahren als Fossilien verewigt. Ein durch die Ebene fließender Fluß stieg bei einer plötzlichen Überschwemmung an und ertränkte die Tiere in ihrer Höhle. Die Sedimente erhärteten später zu Felsen und so wurden die Überreste eines jungen Weibchens sowie eines Jungtieres konserviert. Sie stellen den ältesten Nachweis für höhlenlebende Carnivoren dar. Fossilien aus einer späteren Zeit deuten darauf hin, daß manche Vorbären gesellig in großen Bauen lebten, die sie hoch oben an Flußufern gegraben hatten. Diese Tiere wiesen wie die modernen Afrikanischen Wildhunde ebenfalls scharfe Klingen an ihren Reißzähnen auf, und möglicherweise haben sie ihre Beute wie diese ebenfalls im Rudel gejagt.

Andere Vorbären entschieden sich für die omnivore Lebensweise von Jägern und Sammlern und wichen damit dem Wettbewerb mit den spezialisierten fleischfressenden Carnivoren aus. Die omnivoren Vorbären gediehen eine Weile, doch dann nahm die Zahl bodenlebender Konkurrenten zu: der Hunde in der Neuen Welt, der hundeähnlichen Hyänen in der Alten Welt sowie der Groß- und Kleinbären in beiden Teilen. Anfangs verhinderten vielleicht die Vorbären die Entwicklung dieser Rivalen. Wenn dies so war, dann wendete sich das Blatt vor 15 Millionen Jahren, als die Blüte der hundeähnlichen Hyänen in Eurasien und der Aufstieg der echten Hunde in Nordamerika mit dem Rückgang der Amphicyoniden zusammenfiel. Die frühen Hunde, wie zum Beispiel *Hesperocyon,* waren nicht größer als eine kleine Zibetkatze, und es dauerte noch eine Weile, bis sie sich zu einer Größe entwickelt hatten, die es ihnen erlaubte, mit den Vorbären in Konkurrenz zu treten. Schließlich wurden die Vorbären — ein Kompromiß sowohl in der Gestalt als auch im Namen (im Englischen werden sie als »bear-dogs« bezeichnet) — im Gewicht von den Großbären und in der Schnelligkeit von den Hunden übertroffen. Sie starben vor drei Millionen Jahren aus.

Vielleicht hätten die Amphicyoniden überlebt, als sie vor 15 Millionen Jahren unter Druck gerieten, wenn sie in der Lage gewesen wären, sich vom Allesfresser in Richtung Pflanzenfresser zu entwickeln. Zu diesem Zeitpunkt hatten die Groß- und Kleinbären

Folgende Doppelseite: Daphoenodon superbus *war ein Amphicyonide oder »Vorbär«, der vor 20 Millionen Jahren in Nordamerika lebte.*

ihnen dies bereits voraus. Diese miteinander verwandten Familien waren vor etwa 35 Millionen Jahren aus dem Hundezweig entstanden. Zu jener Zeit waren die Vertreter beider Familien noch in erster Linie Fleischfresser gewesen, aber im Laufe der Jahrmillionen spezialisierten sie sich zunehmend auf pflanzliche Nahrung. Die Großbären entschieden sich für Größe, was ihnen ein gemächliches Dasein – sozusagen auf der Kriechspur des Lebens – mit einer Ernährung, die überwiegend aus Früchten und Nüssen bestand, gewährte. Die Kleinbären entwickelten ebenfalls eine Vorliebe für Mischkost, da sie aber kleiner waren, entschieden sich einige für eine geschäftige, opportunistische Lebensweise. Im Gegensatz zu den omnivoren Hunden waren die meisten Vertreter dieser beiden Familien beim Erklettern von Bäumen ebenso geschickt wie bei der Nahrungssuche auf dem Boden.

Unter den modernen Kleinbären ähnelt das Mittelamerikanische Katzenfrett der Trockenwälder Zentralamerikas mit seinem Klettervermögen und der carnivoren Ernährung den frühesten Kleinbären am meisten. Es hat einen kleinen gelbbraunen Körper, zierliche weiße Pfoten und einen auffallend schwarz-weiß geringelten großen Schwanz. Das Nordamerikanische Katzenfrett ist seinem mittelamerikanischen Vetter sehr ähnlich, ist aber etwas kleiner und hat rundere Ohren. Es lebt in den ariden Gebieten von Texas, im Nordwesten bis nach Oregon, im Süden bis nach Mexiko. Beide Arten sind sehr agil. Ihre langen Schwänze dienen zum Halten des Gleichgewichts beim Klettern, und ihre Hinterfüße können sie um bis zu 180 Grad verdrehen, was ihnen zusammen mit den sehr haftfähigen Sohlenpolstern und – im Falle des Nordamerikanischen Katzenfretts – zurückziehbaren Krallen, ermöglicht, steile Felsabhänge und Baumstämme mit dem Kopf voran rasch herabzuklettern. Nordamerikanische Katzenfrette töten ihre Beutetiere sehr effizient, indem sie sich auf sie stürzen und ihnen ins Genick beißen. Wie die Mittelamerikanischen Katzenfrette ernähren sie sich von Ratten, Mäusen, Hörnchen, Vögeln, Reptilien und Früchten (ganz besonders mögen sie Kakipflaumen), ihre Hauptnahrung stellen jedoch Grillen und Heuschrecken dar. Derart kleine Beute erfordert keine Zusammenarbeit, und so leben Nordamerikanische Katzenfrette meist alleine. Es ist jedoch auch schon beobachtet worden, daß Väter ihren Jungen Futter brachten, und angeblich sollen sie bisweilen auch paarweise in Territorien von rund 100 Hektar leben. Das Mittelamerikanische und Nordamerikanische Katzenfrett sind die einzigen Vertreter ihrer Familie, die noch scharfe Reißzähne besitzen. Ihre Brechscheren haben nur ein wenig ihrer ursprünglichen Schärfe verloren. Die meisten anderen Kleinbären haben sich für eine vielseitigere Ernährung entschieden und die Reißzähne durch multifunktionelle Mahlzähne ersetzt. Der bekannteste ist der fünf bis zehn Kilogramm schwere Waschbär. Dieser Kleinbär hat den Opportunismus zum Lebensprinzip erhoben: Er frißt alles und lebt überall, selbst in Dachstühlen von Wohnhäusern, in denen manchmal mehr als als ein Dutzend Tiere gemeinsam hausen. Der Waschbär hat die Angewohnheit, seine Nahrung in Wasser zu »waschen«, wahrscheinlich handelt es sich dabei aber um eine Stauung der Instinkthandlungen des Gründelns und des Beutefangs. Mit ihren empfindlichen Vorderpfoten tasten die Waschbären im Wasser außerordentlich geschickt nach Beutetieren wie Krebsen. Auf ihrem Speiseplan stehen aber

Die Katzenfrette in den südlichen USA sehen den frühesten Kleinbären ähnlich und leben wohl auch ähnlich wie diese.

auch Frösche, Früchte, Eier, Nüsse und Mais, was sie bei Bauern sehr unbeliebt macht. Zudem ist ihr Pelz sehr beliebt, was wohl Anreiz genug für ihre Bejagung ist, der jährlich vier Millionen Waschbären zum Opfer fallen.

Waschbären leben polygyn. Ein Männchen bewohnt ein Territorium, das mehrere Eigenbezirke von Weibchen umfaßt, die sich wiederum stark überschneiden. Die Weibchen gehen allein auf Nahrungssuche, bewohnen aber oft eine gemeinsame Höhle. In einem Stadtteil von Washington leben allerdings bis zu 80 Waschbären auf einem Quadratkilometer, und an einem Restaurant in Florida, wo man sie als Touristenattraktion füttert, kommen bisweilen bis zu 50 Exemplare zusammen. Welche sozialen Bande zwischen diesen Stadtbewohnern bestehen, ist nicht bekannt.

In der Karibik haben sich fünf eigene Inselarten entwickelt: die Barbados-, Bahamas-, Guadeloupe-, Cozumel- und die Maria-Madre-Waschbären. Vielleicht wurden ihre Vorfahren von Menschen auf die Inseln gebracht. Von älteren Kleinbären weiß man, daß sie auf treibendem Pflanzenmaterial zu neuen Ufern aufbrachen. Vor fünf Millionen Jahren, als es zwischen Nord- und Südamerika noch keine Landverbindung gab, drifteten sie nach Süden und besiedelten als erste echte Carnivoren den südamerikanischen Kontinent. Die Schiffbrüchigen landeten an der Küste des heutigen Ecuador, und in nur weni-

Links: Ein Waschbär bei der herbstlichen Beerenernte.

Unten: Das außerordentlich üppige Nahrungsangebot auf der Abfallhalde eines Restaurants in Florida läßt die Waschbären in großen Gruppen zusammenkommen.

gen hunderttausend Jahren entstand im »Land der Donnervögel und Raubbeutler« (siehe Seiten 14 bis 40) eine große Artenvielfalt. Einige entwickelten sich zu »Großbären« des Südens. Vor zwei Millionen Jahren jedoch, als Mittelamerika auf Südamerika traf, wurde ihre erfolgreiche Entwicklung abrupt gestoppt. Nordamerikanische Carnivoren, darunter echte Großbären, fielen über die Landbrücke nach Südamerika ein und verdrängten die Kleinbären (siehe Seite 38).

Die heutigen südamerikanischen Kleinbären stammen wahrscheinlich eher von den späteren Einwanderern ab, die über Land kamen, als von denen, die zuvor auf natürlichen Flößen an Land gespült worden waren. Zu den modernen Kleinbären zählen eine vorwiegend baumlebende Version der nördlichen Waschbären, der Krabbenwaschbär, und zwei Nasenbärenarten. Einer der Nasenbären, Nelsons Nasenbär, lebt zusammen mit dem Krabbenwaschbär auf der zu Mexiko gehörenden Insel Cozumel, während der andere, der Weißrüsselnasenbär, in fast ganz Südamerika beheimatet ist. Nasenbären oder Coatis sind vier Kilogramm schwere Waldbewohner, die gut klettern können. Beide Arten besitzen einen langen Schwanz als Gegengewicht und weit drehbare Knöchelgelenke, wodurch sie mit dem Kopf voran von Bäumen herabsteigen können. Mit Hilfe ihrer langen Schnauze suchen sie im feuchten Waldboden nach Insekten. Aber auch Frösche, kleine Echsen und deren Eier sowie kleine Säugetiere zählen zu ihrer bevorzugten Nahrung.

Bis zu sieben erwachsene weibliche Weißrüsselnasenbären ziehen mit ihren Jungen in einem Streifgebiet von 80 Hektar in stabilen Gruppen von bis zu 25 Tieren umher. Die Gruppenmitglieder halten abwechselnd nach Gefahr Ausschau, und die Weibchen ziehen gemeinsam ihre Jungen auf, wie es scheint ohne Rücksichtnahme auf Verwandtschaftsbeziehungen. Erwachsene Männchen im Alter von drei oder mehr Jahren wandern zumeist alleine umher. Die Männchen leiden mehr unter Parasitenbefall als die Mitglieder einer Gruppe, die sich ihr Fell gegenseitig pflegen. Sie sind 20 Prozent schwerer als die Weibchen und werden manchmal angegriffen, wenn sie sich einer Gruppe nähern; dies führte dazu, daß man sie fälschlicherweise als eigene Art, den Coatimundi (ein Wort aus der Sprache der Guarani-Indianer, was »einsamer Nasenbär« bedeutet) betrachtete. Außerhalb der Fortpflanzungszeit von Januar bis März leben die Männchen in der Regel alleine in sich überschneidenden Streifgebieten, wenngleich bisweilen auch zwei Männchen miteinander umherziehen und sich sogar Weibchengruppen anschließen. Viele von ihnen haben von heftigen Kämpfen herrührende tiefe Wunden und abgebrochene Zähne. Während der Fortpflanzungszeit verschafft sich ein Männchen Zugang zu einer Weibchengruppe. Es verhält sich unterwürfig, pflegt den Mitgliedern der Gruppe das Fell und paart sich mit sämtlichen Weibchen. Schon bald danach vertreibt die Gruppe das Männchen, und die Weibchen verteilen sich, um Baumnester zu bauen, in denen drei bis fünf Junge zur Welt kommen. Ein Grund, warum die Weibchen die Männchen angreifen, besteht darin, daß diese manchmal versuchen, die Jungtiere zu töten.

Unter den Kleinbären haben sich am meisten der Maki- oder Schlankbär und der Wickelbär oder Kinkaju, die älteste Abteilung der Familie, von der Carnivorie entfernt. Beide sind nachtaktiv, wiegen um die zwei Kilogramm und leben in den mittel- und süd-

Waschbären sind die vollendeten Opportunisten und haben sich an eine Vielzahl verschiedener Nahrungsquellen angepaßt. Sie sind auch geschickte Fischfänger.

amerikanischen Wäldern. Bei oberflächlicher Betrachtung sind sie tatsächlich nur an ihren Schwänzen zu unterscheiden: Der Schwanz des Makibären ist lang, buschig, leicht geringelt und nicht greiffähig, der des Wickelbären kürzer, kahl und zum Greifen geeignet. Der Makibär ergänzt seinen Speiseplan aus Früchten und Nektar mit kleinen Säugetieren, Vögeln und Insekten. Er steht somit zwischen den konventionellen Kleinbären und dem Wickelbär, der fast ausschließlich von Früchten, Nektar und Honig lebt und eine besonders lange Zunge aufweist, um an den Nektar der Blüten zu gelangen. Beide Arten

Links: Nasenbären sind gute Kletterer und gehen tagsüber in großen Gruppen auf Nahrungssuche.

Unten: Die lange Zunge des Wickelbären dient dazu, erfolgreich nach Nektar zu suchen.

zeichnen sich durch kurze Schnauzen und große Augen aus, die es ihnen möglicherweise beim nächtlichen Klettern in den Bäumen erleichtern, besonders gut zu sehen. Ihre Reißzähne sind zum Zerquetschen von Früchten flach konstruiert. Ihre Eckzähne weisen nadelstreifenartige Rillen auf — ein Merkmal, das sie mit dem Streifenroller teilen (siehe Seite 30). Wickelbären unterscheiden sich auch insofern von den anderen Kleinbären, als sie immer nur ein Junges pro Jahr zur Welt bringen, einen Vorbackenzahn weniger aufweisen und keine Analdrüse besitzen; statt dessen befindet sich eine Duftdrüse auf ihrer Brust und auf ihrem Bauch. Makibären gehen oft paarweise auf Nahrungssuche, bisweilen in Gesellschaft mehrerer Wickelbären, während Wickelbären auch in großen Gruppen nach Nahrung suchen.

Die Kleinbären weisen das gesamte Verhaltensspektrum der Omnivorie auf. Das nachtaktive, überwiegend Insekten fressende Mittelamerikanische Katzenfrett ernährt sich ähnlich wie die Füchse arider Gebiete und scheint auch wie die kleinen Fuchsarten paarweise Territorien zu bewohnen. Der Waschbär ist eher ein Allesfresser, der auch Früchte und Aas zu sich nimmt und somit häufig ein reichhaltiges Nahrungsangebot zur Verfügung hat. Deshalb können sich mehr Individuen — wenn auch in der Regel nicht mehrere erwachsene Männchen — ein Territorium teilen, in dem jedes Tier weiterhin alleine des Nachts auf Nahrungssuche geht. Wo Nahrung im Übermaß vorhanden ist, bilden sich bisweilen riesige Gruppen. Nasenbären begeben sich am Tage auf die Suche nach Nahrung, vor allem Insekten, müssen dabei aber vor Adlern und anderen Räubern auf der Hut sein. Die Bestände ihrer Insektenbeute erholen sich rasch wieder, nachdem sie ein Gebiet »abgeerntet« haben, und daher reicht selbst einer recht großen Gruppe ein relativ kleines Streifgebiet. Der Makibär ernährt sich ebenfalls von Insekten, aber auch von Nagetieren. Doch seine Beutetiere lassen sich weniger leicht teilen, also lebt er paarweise. Wenn ein Baum im Eigenbezirk eines Makibärpaares Früchte trägt, duldet dieses die Gesellschaft von einer Gruppe Wickelbären. Ob die beiden Arten sich zusammentun, wenn sie von einem Feind bedroht sind, ist nicht bekannt. Ihre starke Spezialisierung auf Früchte erlaubt es den Wickelbären, in großen Gruppen zusammenzukommen, denn ein früchtetragender Baum bietet vielen Tieren Nahrung. Über das Sozialleben des Wickelbären sind nur wenige Einzelheiten bekannt, aber eine Gruppe bewohnt wohl ein Territorium, in dem mindestens einer der Bäume jeweils Früchte trägt. Ist dies nicht der Fall, teilen sie sich wahrscheinlich auf und gehen in kleineren Gruppen oder alleine auf Nahrungssuche.

Die Familie der Großbären, die ebenfalls auf Früchte und andere Pflanzennahrung angewiesen ist, hat sich gänzlich anders entwickelt als die der Kleinbären. Die Großbären kommen überwiegend in kalten oder gemäßigten Klimaten statt in den Tropen vor. Die Fossilien des ersten Großbären, des wolfshundgroßen *Cephalogale,* stammen aus 37 Millionen Jahre alten Ablagerungen in China. Der erste bekannte Vertreter der Linie, die zu den modernen Bären im engeren Sinne (Ursinae) führte, war *Ursavus elmensis,* der vor mehr als 20 Millionen Jahren entstand und wohl eher einem heutigen Marderhund (siehe Seite 83) ähnelte, einem Allesfresser aus Asien. Mit einer Schulterhöhe von 75 Zentimetern hatte *Ursavus* die Größe eines mittleren Hundes. Er war vermutlich ein geschickter Kletterer, auf Bäumen ebenso zu Hause wie auf dem Boden. Nach der breiten Oberfläche seiner Backenzähne zu urteilen, ergänzte er seine Fleischnahrung durch eine gemischte, kauintensive Kost aus Früchten und Fasern. Im Laufe der Zeit wurden die Bären größer, und auch die Länge sowie die mahlende Oberfläche ihrer Molaren nahm zu, während sich ihre Reißzähne zurückbildeten. Als Schwergewichte war es für sie vorteilhafter, auf den Sohlen zu gehen, statt auf den Zehen wie Hunde.

Einige der frühen Bären spielten vielleicht auch bei der Evolution der Ohrenrobben und Walrosse und möglicherweise auch der Hundsrobben eine Rolle. Fossilbelegen zufolge traten diese fleischfressenden marinen Säugetiere zum erstenmal vor rund 20 Millionen Jahren in Erscheinung. Analysen des Blutproteins Albumin von heutigen Ohrenrobben, Walrossen und Hundsrobben untermauerten die anatomischen Hinweise der Fossilfunde, die vermuten ließen, daß sie von Carnivoren des Hundezweiges abstammen. Die Molekularbiologen tendieren jedoch zu der Theorie, daß alle diese Meeressäuger einen gemeinsamen Vorfahren hatten, während die Anatomen davon ausgehen, daß aus den Bären die Ohrenrobben und Walrosse hervorgegangen seien, und aus den Marderartigen (eine Schwesterfamilie der Kleinbären) die Hundsrobben.

Kurz bevor diese marinen Säuger entstanden, brachte *Ursavus elmensis* die asiatische Linie der frühen Ursinae hervor, die vermutlich ähnlich lebten wie die heutigen Malaienbären in Südostasien. Mit einem Gewicht von 27 bis 65 Kilogramm sind sie die kleinsten der heutigen Großbären; auffällig ist das orangegelbe Abzeichen auf ihrer Brust auf einem ansonsten dunklen Fell. Malaienbären bauen Baumnester und sind mit ihren gebogenen Krallen, den großen Pfoten und den nackten Sohlenpolstern gute Kletterer. Sie ernähren sich von Früchten, Knospen, Insekten sowie kleinen Säugetieren und Vögeln. Die Männchen sind 20 Prozent schwerer als die Weibchen.

Die meisten frühen Bären lebten wahrscheinlich von einer ähnlichen gemischten Kost, aber einige spezialisierten sich wohl, wie heute der Lippenbär in den asiatischen Wäldern. Der 100 Kilogramm schwere Lippenbär kann sich wie ein Faultier kopfüber an Äste hängen (daher rührt auch sein englischer Name »Sloth bear« — »Faultierbär«). Er hat sich auf Termiten spezialisiert und ist somit unter den Bären das, was der Erdwolf unter den Hyänen und der Löffelhund unter den Hunden darstellt. Die Werkzeuge für sein Handwerk sind kräftige, acht Zentimeter lange Krallen zum Aufreißen von Termitenhügeln und eine langgezogene Schnauze mit einem tief gewölbten Gaumen und einer außerordentlich langen Zunge. Wenn der Bär die Festung des Termitenhügels erst einmal durchbrochen hat, spitzt er seine nackten beweglichen Lippen und seine lange Zunge zu einer Röhre. Dann atmet er aus und bläst so den Staub von den Termiten, verschließt seine Nasenlöcher und holt kräftig Luft, um die Insekten wie ein Staubsauger aufzusaugen. Lippenbären besitzen keine oberen Schneidezähne — sie würden das »Ansaugrohr« nur behindern. Heute leben nur noch wenige tausend Lippenbären; sie sind hauptsächlich bedroht durch den Holzeinschlag, profitieren aber von den zum Schutz des Tigers eingerichteten Parks.

Die meisten Großbären entwickelten sich mehr und mehr zu Allesfressern, die in Asien beheimateten Arten mit einer Tendenz zu mehr pflanzlicher Kost. Gleichzeitig wurde die Welt trockener, und die feuchten Wälder wurden durch Wälder der gemäßigten Zone und Buschland ersetzt. Vor zwölf bis zehn Millionen Jahren ging aus den Großbären ein neuer Zweig hervor, deren Mitglieder sich den neu geschaffenen offenen Lebensräumen anpaßten: die Kurzschnauzenbären oder Tremarctinae. Diese legten die Omnivorie der Waldbewohner ab, und einige wurden zu riesigen, fleischfressenden Sprintern. Sie breiteten sich über weite Gebiete aus und erreichten schließlich auch Nordamerika.

Auf dem Höhepunkt befanden sich die Tremarctinae während des Pleistozäns, vor 1,8 bis vor 0,2 Millionen Jahren. Zu ihnen gehörte der 600 Kilogramm schwere Räuber *Arctodus* (Kurzschnauzenbär), der schlank, langbeinig und schnell war. Ein weiterer Vertreter, *Tremarctos floridanus* (der »Florida-Höhlenbär«), war ein 400 Kilogramm schwerer Vegetarier. Bei beiden Arten waren die Männchen doppelt so schwer wie die Weibchen. Als die Landbrücke von Panama vor zwei Millionen Jahren entstand, waren es die Tremarctinen, die nach Süden wanderten, um dort das Schicksal der Waschbären zu besiegeln. Der Kurzschnauzenbär *Arctodus* war sowohl in Nord- als auch in Südamerika verbreitet, bis er zusammen mit den anderen Tremarctinen vor etwa 10 000 Jahren ausstarb.

Die großen carnivoren Kurzschnauzenbären litten wohl unter der Konkurrenz der großen Katzen, wahrscheinlich aber war es das Aussterben ihrer großen pflanzenfressenden Beutetiere am Ende des Pleistozäns, das für sie zusammen mit den Direwölfen *(Canis dirus)* und den nordamerikanischen »Löwen« *(Panthera atrox)* das Ende bedeutete. Nur ein Kurzschnauzenbär, der südamerikanische Brillenbär, konnte sich bis heute behaupten — wenn auch stark verändert — als der einzige Überlebende einer zehn bis zwölf Millionen Jahre alten Linie. Als vollendeter Opportunist ernährt er sich größtenteils von Schößlingen und Früchten, aber auch Insekten, Aas und junge Hirsche stehen auf seiner Speisenkarte.

Links: Lippenbären können ihre Lippen zu »Ansaugrohren« spitzen, um Termiten aufzusaugen.

Unten: Der Kurzschnauzenbär Arctodus *stammt von jener Linie der Tremarctinen ab, die nach Nordamerika einwanderte.*

Während sich die Kurzschnauzenbären entfalteten und bis nach Nordamerika ausbreiteten, wurden ihre eurasischen Gegenstücke zunehmend schwerer und entwickelten sich zu Allesfressern. Die klimatischen Veränderungen vor sieben bis fünf Millionen Jahren, die das Leben der Hyänen, Hunde und anderer Familien so massiv beeinflußten, störten diese eurasischen Bären nicht besonders. Vor rund fünf Millionen Jahren erschien *Ursus minimus* (der »Kleine Bär«). Er wurde zum Vorfahren von sechs der acht heute lebenden Bärenarten: von Malaien-, Lippen-, Schwarz-, Kragen-, Braun- und Eisbär. Er hatte etwa die Größe eines Malaienbären, aber seine Eckzähne waren weitaus schärfer, und seine Reißzähne konnten nach wie vor gut Fleisch zerschneiden, wenn sie auch nicht mehr so scharf waren wie die seines Vorgängers *Ursavus*. Vor zweieinhalb Millionen Jahren war *Ursus minimus* größer geworden, möglicherweise als Reaktion auf die fortschreitende Eiszeit, denn große Körper geben Wärme langsamer ab als kleine. Aus diesen größeren Bären entstand der Etruskerbär, der noch die vorderen Vorbackenzähne besaß, die seinen Abkömmlingen fehlen. Zunächst hatte er die Größe eines kleinen Schwarzbären, aber als er in einer Zwischeneiszeit vor anderthalb Millionen Jahren ausstarb, war er so groß wie ein Braunbär.

Aus dem Etruskerbär gingen drei Linien hervor. Eine führte in Europa zu den massigen Höhlenbären, die vor 500 000 bis 10 000 Jahren lebten. Mit einem Gewicht von 400 Kilogramm waren sie die mächtigsten eurasischen Carnivoren ihrer Zeit — dreimal so groß wie ein moderner Europäischer Braunbär, mit unverhältnismäßig massigen Köpfen. Dennoch waren die Höhlenbären wie ihre ähnlich großen Verwandten aus der Neuen Welt, die Florida-Höhlenbären, Vegetarier. Wahrscheinlich konkurrierten die ersten Menschen mit eurasischen Höhlenbären um bewohnbare Höhlen, ganz sicher taten sie dies aber mit den Braunbären. Die Höhle Trois-Frères im französischen Ariège enthält eine Abbildung eines Braunbären, der mit Speeren gespickt ist.

Die anderen beiden Linien, die aus dem Etruskerbär hervorgingen, entstanden in Asien und führten zu den Braun- und Schwarzbären. Vor mindestens 1,5 Millionen Jahren waren Vertreter dieser beiden Arten über die Beringbrücke nach Nordamerika gezogen. Ein makaberer Beweis für ihre Ankunft sind die vielen fossilisierten Tierkörper, die gemeinsam mit denen von Kurzschnauzenbären in den Teergruben von La Brea in Kalifornien gefunden wurden. Heute sind Bären überall, außer in Australien, in der Antarktis und in Afrika, heimisch. Südlich der Sahara fand man nur Spuren einer einzigen Art, und diese hinterließ am südlichen Kap in Südafrika zahlreiche Fossilien. Wie sie dahin gelangte, ohne irgendwelche anderen Zeichen weiter nördlich zu hinterlassen, bleibt ein Rätsel. Heute existieren weltweit lediglich acht Großbärenarten, doch es gab seit jeher immer nur wenige Arten gleichzeitig. Der Grund dafür mag sein, daß der Erfolg der Bären auf einer sehr vielseitigen Ernährung beruht, was die Entwicklung von Spezialisten verhinderte und vielleicht erklärt, daß sich den Bären riesige geographische Verbreitungsgebiete erschlossen. Mittlerweile sind diese durch den Menschen stark eingeschränkt worden: Der Braunbär zum Beispiel lebte einst in der gesamten nördlichen Hemisphäre, ist aber heute außer im europäischen Teil Rußlands in Europa nur noch selten zu finden und in Nordamerika stark zurückgegangen. Braunbären gehören zu den größten heute lebenden Bären, je nach Nahrungsangebot wachsen sie zu wirklich

Die Kurzschnauzenbären waren unerschrockene Räuber, aber selbst sie hatten wahrscheinlich gehörigen Respekt vor dem keulenartigen Schwanz eines Glyptodon.

imposanten Exemplaren heran. In Nordamerika leben zwei Unterarten: der Grizzly und der Kodiakbär. Grizzlys bewohnen die Wälder auf dem Festland. In der Regel wiegen sie zwischen 160 und 315, die schwersten sogar bis zu 450 Kilogramm. Die Kodiakbären leben auf den Kodiakinseln vor Alaska, die vor 10 000 Jahren vom Festland abgeschnitten wurden. Heute gibt es zwischen 2500 und 3000 Kodiakbären, deren Männchen 680 bis 815 Kilogramm schwer werden. Ein 3,4 Meter großer Rekordhalter wog sogar 1000 Kilogramm. Die Kodiakbären stellen die Ausnahme der Regel dar, die besagt, daß Inselformen gewöhnlich kleiner sind als ihre Verwandten auf dem Festland – vielleicht, weil ihre Größe ihnen im hohen Norden hilft, die Körperwärme besser zu halten. Geschützt sind diese Riesen, weil sie für die Bevölkerung lebend durchaus von Wert sind: Jeder Kodiakbär bringt dem Tourismusgeschäft der Inseln jährlich 10 000 US-Dollar ein.

Zu den weiteren Bewerbern um den Pokal für den größten Braunbär gehören die Tiere Sibiriens, die bis zu 816 Kilogramm wiegen können; auf der Halbinsel Kamtschatka in Ostrußland wurde von einem 1130 Kilogramm schweren Exemplar berichtet. Im Gegensatz dazu sind die Männchen der Braunbären Italiens und Spaniens Winzlinge von nur 80 bis 300 Kilogramm.

Eine stattliche Körpergröße hat einen enormen Appetit zur Folge, was wiederum lange Wanderungen notwendig macht, um genügend Nahrung zu finden. So müssen beispielsweise die weiblichen Braunbären in den nördlichen Teilen des amerikanischen Festlandes Gebiete bis zu 200 Quadratkilometer durchstreifen, um ihren Hunger stillen zu können. Braunbären sind zwar in der Lage, sogar Wapitihirsche zu jagen und diese bisweilen mehrere hundert Meter zu verfolgen. In der Regel sind sie aber aufgrund ihrer Körpermasse auf die weniger bewegungsintensive Suche nach pflanzlicher Nahrung angewiesen. Ihre Größe wirkt sich auch auf ihre Wachstums- und Fortpflanzungsrate aus. Braunbären werden erst im Alter von acht bis zehn Jahren geschlechtsreif und bekommen nur alle vier bis fünf Jahre ein oder zwei Junge.

Bei allen Bärenarten ziehen die Muttertiere ihre Jungen ohne fremde Hilfe auf. Die Männchen konzentrieren sich darauf, so viele Nachkommen wie möglich zu zeugen, wozu sie zunächst andere Bewerber aus dem Feld schlagen müssen, was dazu führte, daß die Männchen größer werden als die Weibchen. Sie sind gewaltige »Kampfmaschinen«, die auf der Suche nach Weibchen riesige Gebiete durchziehen. Während die weiblichen Braunbären Territorien von 200 Quadratkilometern bewohnen, leben die Männchen in Territorien von bis zu 1100 Quadratkilometern. Sie wiegen unter Umständen bis zu 80 Prozent mehr als ihre weiblichen Artgenossen. Männliche Kragenbären sind bis zu 70 Prozent schwerer als ihre Weibchen, während männliche Brillenbären das Dreifache des Gewichts der Weibchen auf die Waage bringen können.

Die meisten unserer Erkenntnisse über das Sozialleben der Bären stammen von Studien an Schwarzbären in Minnesota in den USA. Schwarzbären oder Baribals kommen von Mexiko bis nach Alaska vor, im Osten bis nach Neufundland. Im Osten, wo Eicheln und Bucheckern in großen Mengen vorhanden sind, wiegen die Weibchen im Schnitt 90 Kilogramm, nach Westen hin nur noch durchschnittlich 65 Kilogramm. Die Männchen sind bis zu 50 Prozent schwerer; der Rekord liegt bei 272 Kilogramm. Die Weibchen im Osten beginnen sich im Alter von drei bis fünf Jahren fortzupflanzen und bringen jedes zweite Jahr zwei bis vier Junge zur Welt. Die Tiere weiter im Westen pflanzen sich erst mit vier bis acht Jahren fort und bringen alle zwei bis vier Jahre durchschnittlich 1,7 Jungtiere zur Welt. In Minnesota haben sich einige Schwarzbären auf Nahrung spezialisiert, die regional sehr häufig vorzufinden ist, zum Beispiel laichende Lachse. Sie zeigen die Tendenz, in Gruppen zusammenzukommen und untereinander eine Rangordnung auszubilden. Doch in der Regel finden sie ihre Nahrung nur weit verstreut. Die weiblichen Schwarzbären bewohnen zehn Quadratkilometer große Territorien. Die Männchen, die ein Drittel schwerer sind, suchen in Gebieten von mehr als 100 Quadratkilometern nach Weibchen. Die Streifgebiete der Männchen sind zu groß, um sie verteidigen zu können, und überschneiden sich daher. Die Weibchen scheinen hinsichtlich ihrer Geschlechtspartner keine große Wahl zu haben: Sie paaren sich mit dem Männchen, das siegreich war, versuchen jedoch, die Anzahl der Kandidaten zu erhöhen, indem ihr Urin schon bevor sie in Hitze kommen aphrodisierende Düfte verströmt. Dies stellt sicher, daß zahlreiche Bewerber in das Gebiet gelockt werden, von denen nur die »besten« gewinnen. Die Jungen eines Wurfes können mehr als einen Vater haben, weil jedes Weibchen während der Fortpflanzungszeit mehrmals in Hitze kommt. Außerdem beobachtete man, wie sich ein Braunbärenweibchen innerhalb von zwei Stunden zehn Mal mit vier verschiedenen Partnern paarte.

Mit etwa anderthalb Jahren verlassen die Schwarzbärenjungen ihre Mutter und beginnen ein Leben als Einzelgänger. Die Mutter erleichtert ihnen diesen Übergang, indem sie ihnen Teile ihres Territoriums überläßt. Sie meidet dann diese Enklaven, während die Jungen ihren Platz auf dem Grundstücksmarkt sichern. Schließlich verlassen die Söhne gänzlich ihr Zuhause, die Töchter hingegen erweitern ständig die Größe ihrer Enklave, bis sie mit vier Jahren geschlechtsreif sind. Manche Mütter geben ihren Eigenbezirk sogar zugunsten ihrer Töchter ganz auf – ein Vermächtnis, das diesen einen großen Vorsprung verschafft. Ein weniger begünstigtes junges Weibchen muß um ein Territorium kämpfen oder gebiert seine Jungen in einer Höhle im Revier eines feindlichen Weibchens, bevor es sich mit seinem Nachwuchs zu einem Vagabundenleben aufmacht.

Die meisten Schwarzbären Minnesotas bleiben im Territorium ihrer Mutter oder in der Nähe, also ist das Nahrungsangebot innerhalb der Territorien vermutlich reichhaltig genug, oder es gibt nicht genügende Freiräume. Zwischen den Männchen besteht jedoch ein unüberbrückbarer Generationskonflikt: Alte männliche Tiere fressen alle jungen Männchen, derer sie habhaft werden können. Ob sie dabei ihre eigenen männlichen Nachkommen verschonen, weiß niemand. Junge Männchen verlassen ihr Zuhause ungefähr mit dem vierten Lebensjahr und lassen sich in der Regel in mindestens 50 Kilometern Entfernung nieder. Einige sind nachweislich bis zu 219 Kilometer abgewandert. Ihr Abwandern hat jedoch nichts mit Nahrungsknappheit oder mit Aggressionen zu tun. Es ist wahrscheinlich notwendig, um Inzucht zu vermeiden.

Für abwandernde Jungtiere wird es heute zunehmend problematisch, ein geeignetes Territorium zu finden, weil es immer weniger Wildnis gibt und der Mensch darüber hinaus diese mächtigen Carnivoren schon seit jeher verfolgt hat. In Europa hält sich noch rund ein Dutzend Bären in den italienischen Abruzzen, wo die Bauern für alle von ihnen verursachten Schäden voll entschädigt werden. Zwei Populationen in den Pyrenäen umfassen zusammen 20 bis 30 Tiere, und weitere 40 bis 50 leben in zwei Populationen im Kantabrischen Gebirge in Nordspanien. Der Rückzug der Großbären ist symbolisch für die prekäre Situation sämtlicher großen Carnivoren. Dennoch gibt es noch Hochburgen in Osteuropa, insbesondere in Rußland, und die Europäischen Braunbären haben mit geschätzten 35 000 bis 40 000 Exemplaren in der jüngsten Vergangenheit zahlenmäßig zugenommen.

Im Fernen Osten wird die dramatische Situation der Bären noch dadurch verschärft, daß sie wegen der angeblichen medizinischen Eigenschaften ihrer Gallenblasen und der Verarbeitung ihrer Pfoten in der Haute Cuisine hoch im Kurs stehen. Die Tradition des Verzehrs von Bärentatzen rührt von dem Glauben her, daß Bären den Winter nur überstehen, indem sie an ihren Sohlenpolstern saugen. Dieser Mythos entstand, weil sich in den Winterhöhlen die alte, verhornte Haut von den Pfoten der Bären ablöst. Wenn die Pfoten einen mächtigen Bären den Winter hindurch ernähren können, werden die Bärentatzen, dem Aberglauben zufolge, jeden, der sie verzehrt, außerordentlich kräftigen. So erzielen die Tatzen einen phantastischen Preis: Japanische Importeure zahlen 75 US-Dollar pro Kilogramm chinesischer Bärentatzen und verkaufen sie für jeweils 100 Dollar an Restaurants in Tokio, die das daraus zubereitete Mahl für 850 Dollar pro Portion servieren.

In Nordamerika töteten die Siedler Tausende von Schwarzbären wegen ihres Fleisches und ihres Felles und rodeten die Wälder, den Lebensraum der Bären, für die Landwirtschaft. Im Jahre 1902 änderte sich die Einstellung den Bären gegenüber, nachdem Präsident Theodore Roosevelt es ablehnte, auf einen Schwarzbären zu schießen, den man an einen Baum gekettet hatte, um sicherzustellen, daß der Schütze sein Ziel nicht verfehlt. Das beflügelte die Phantasie der Öffentlichkeit: Der damals erfundene Teddybär zeugt als beliebtes Schmusestofftier noch heute von der Wirkung seines Verhaltens. Mittlerweile haben amerikanische Jäger jedoch wieder die Erlaubnis, jährlich Tausende von Schwarzbären und Hunderte von Braunbären zu töten. Im Frühsommer entrinden die Bären nach einem durchfasteten Winter wertvolle Bäume, um an den darunterliegenden, nährstoffreichen Baumsaft zu gelangen. Ein Bär kann so in einer Nacht 50 Bäume (im Wert von 20 000 US-Dollar) bearbeiten, die daraufhin absterben. Bis vor kurzem wurden die Missetäter mit einem Kostenaufwand von 600 Dollar pro erlegtem Bär von den zuständigen Forstmitarbeitern gejagt. Mittlerweile zeigt man jedoch etwas mehr Phantasie: Die Bären werden während der Zeit, in der sie normalerweise die Bäume entrinden, gefüttert. Das ist effektiv und kostet pro Bär nur 50 Dollar.

Zusätzlich tauchten Probleme mit Picknick-Fans in den dreißiger Jahren auf, als Bären, die sich im Yellowstone- und Yosemite-Nationalpark von den Picknick-Abfällen ernährten, zu einer großen Attraktion wurden. Die Bären verloren ihre Scheu vor dem Menschen, und die Menschen legten ihre Angst vor den Bären ab. So kam es häufiger vor, daß Bären sich den Menschen näherten in der Erwartung, von ihnen gefüttert zu werden. Blieb dies jedoch aus, plünderten sie Picknicktische, zerrissen Zelte und zerbrachen Autoscheiben.

Nach einer heftigen Kontroverse zäunte man 1971 die Abfallhalden des Parks ein, und Hunderte von Bären verhungerten, während andere auf der Suche nach Nahrung aus dem Park herausgetrieben und später erschossen wurden. Im Jahre 1972 wurde zum erstenmal in dreißig Jahren eine Person von einem Bären getötet. Das Problem steht nach wie vor auf der Tagesordnung, denn Braunbären töten in den USA jährlich etwa sechs Menschen. Paradoxerweise werden jedoch mehr Menschen von Schwarzbären verletzt, weil diese als weniger aggressiv gelten und die Menschen ihnen daher unbefangener begegnen. Gefährliche Bären siedelt man bisweilen − in der Regel mit geringem Effekt − woandershin um: Zwölf Braunbären, die man in Alaska über 200 Kilometer von ihrer Heimat entfernt aussetzte, kehrten in weniger als zwei Monaten zurück. Eine weiterer Lösungsansatz besteht darin, die Bären zu »trainieren«. In einer »Bärenschule« in Montana zum Beispiel wird jedem Problembär von einem »Erzieher« bei einer Begegnung sofort Capsaicin (das »Öl« des Gewürzpaprika) ins Gesicht gesprüht. Dieses Alkaloid ist reizauslösend, aber nicht gefährlich, und nach einigen wenigen solcher erzieherischen Maßnahmen haben es selbst die aufsässigsten Bären verstanden und ergreifen beim Anblick von Menschen die Flucht. Bisher hat man über 90 Prozent der Problembären als »geheilt« entlassen.

Dank seiner eisigen Heimat hat der Eisbär Rückzugsgebiete, die größtenteils außer Reichweite des Menschen liegen, wenngleich Flugzeuge und Schneemobile den Jägern zunehmend Zugang in diese Gebiete ermöglichen. Der Eisbär ist eine der jüngsten Carnivorenarten; er entstand erst vor 250 000 Jahren aus einer nördlichen Population des Braunbären, die ihre Omnivorie aufgab, um sich auf Robben zu spezialisieren. Das war nur ein kleiner Schritt, denn auch die Grizzlys Nordkanadas ernähren sich auf dem Packeis oft von Robbenkadavern und jagen gelegentlich auch Robbenbabys. Beide Arten können sich nach wie vor kreuzen, und die weiblichen Nachkommen aus solchen Verbindungen sind fruchtbar, die Männchen hingegen wahrscheinlich nicht.

Die Südgrenze des Verbreitungsgebiets des Eisbären variierte mit dem Kommen und Gehen eiszeitlicher Vergletscherungen. Vor 70 000 Jahren zogen sie durch die Eiswüsten südlich von London. Ihre nördliche Grenze liegt beim 82. Breitengrad, der Grenze zwischen den Flachwassern des Kontinentalschelfes, in denen der Nordatlantische Strom eine hohe biologische Produktivität sichert, und dem relativ unbelebten Polarmeer. Dort zieht es den Eisbären oft buchstäblich den Boden unter den Füßen weg. Ständig entstehen und schließen sich Eislöcher im Packeis, an denen sie Robben jagen. Es kommt jedoch vor, daß Regionen in einem Jahr viele Robben-Populationen aufweisen, im darauffolgenden Jahr jedoch gar keine. Wie Bären der gemäßigten Zone muß auch der Eisbär längere Fastenzeiten aushalten, aber im Gegensatz zu seinen omnivoren Verwandten ist seine kärgste Zeit der Spätsommer, wenn sich die Robben im offenen Meer verteilt haben.

Der größte nachgewiesene Eisbär war mit 1002 Kilogramm so schwer wie die größten Kodiakbären. In der Regel wiegen erwachsene männliche Eisbären jedoch nur 350 bis 650 Kilogramm.

Bei der Evolution vom Braun- zum Eisbär kam es zu zahlreichen Anpassungen an eine carnivore Lebensweise im Eis. Die Bären legten sich, abgesehen von der Schnauze und den Sohlenpolstern, ein cremeweißes Fell an. Über die unbehaarten Stellen geben sie, wenn sie erhitzt sind, Körperwärme ab, rollen sich aber mit einer Pfote über der Schnauze zusammen, wenn es kalt ist. Der Wechsel in der Ernährung von Früchten und Nüssen zu Fleisch führte dazu, daß sie die mahlenden Backenzähne zugunsten kleinerer, gezackter Reißzähne und größerer Eckzähne aufgaben. Eisbären haben kürzere, festere Krallen, die auf dem Eis nicht brechen, und große Füße, die im Wasser als Paddel fungieren und auf dünnerem Eis wie Schneeschuhe wirken. Ihre Sohlenpolster sind aufgerauht, und bieten auf dem Eis festen Halt. Kleine Vertiefungen an den Fußsohlen ver-

Folgende Doppelseite: Die amerikanischen Schwarzbären haben sich an das Nahrungsangebot der Abfälle in der Nähe von Campingplätzen gewöhnt, was aber immer wieder zu gefährlichen Kontakten mit dem Menschen führt.

schaffen zusätzliche Griffigkeit. Wenn das Eis sehr dünn ist, kriechen Eisbären auf ihren Knien und Ellbogen, um ihr Gewicht zu verteilen.

Der Körper der Eisbären ist mit einer bis zu elf Zentimeter dicken Fettschicht ausgestattet, die zusammen mit dem erstaunlich dichten Fell und der schwarzen Haut eine hervorragende Isolation bietet. Auf UV-Fotos erscheinen sie schwarz, weil ihr Fell das ultraviolette Licht nahezu vollständig absorbiert. Die einzelnen Haare sind hohl und leiten das wärmende UV-Licht wie eine optische Glasfaser an die wärmeabsorbierende schwarze Haut. Da die kurzwellige UV-Strahlung auch durch die Wolken hindurchdringt, können sich die Bären selbst an bedeckten Tagen aufwärmen. An einem sonnigen Tag kann die Haut des Eisbären wärmer sein als sein Körperinneres.

Derart ausgestattet laufen die Eisbären eher Gefahr, zu überhitzen als zu erfrieren. Darum stapfen sie so schwerfällig über das Eis, insbesondere große Männchen und trächtige Weibchen galoppieren selten länger als eine oder zwei Minuten. Große Männchen überhitzen so schnell, daß der Mensch sie zu Fuß in wenigen Stunden einholen kann. Das Risiko, unter Hitzestreß zu leiden, erklärt vielleicht, warum große Männchen besonders lange Schnauzen haben. Die Schnauze strahlt wie ein Leuchtfeuer Wärme ab. Wahrscheinlich fungiert sie auch als Wärmeaustauscher, um Wärme zu speichern, denn sie enthält gewundene Knochenlamellen, die von ausgedehnten feuchten Membranen umgeben sind. Wenn der Bär einatmet, wird die eiskalte, trockene Luft aufgewärmt und angefeuchtet, bevor sie die empfindlichen Lungen erreicht, beim Ausatmen werden die Wärme und die Feuchtigkeit von den Membranen wieder aufgefangen. Ein weiteres Problem entsteht durch den stämmigen Körper und die mächtigen Gliedmaßen und Pfoten; sie haben einen torkelnden Gang zur Folge, der doppelt soviel Energie verbraucht wie der Gang der meisten anderen Tiere. Daher lauern Eisbären lieber ihrer Beute auf, als sie zu jagen. Bei einer Verfolgung entwickeln sie so viel Wärme, daß sie es sich nicht einmal leisten können, die im Sommer durch die Mauser flugunfähigen Schneegänse zu jagen: Eine Jagd von zwölf Sekunden würde die gesamte Energie verbrauchen, die der Bär durch den Verzehr der Gans gewinnen würde.

Eisbären ernähren sich fast ausschließlich von Robben, die sie aus dem Hinterhalt überraschen, wenn diese an Eislöchern zum Atmen an die Oberfläche kommen. Mit einem einzigen Schlag vermögen die mächtigen Bären eine Robbe aus dem Wasser zu schaufeln und zu töten. Ihr Gesichtssinn ist ähnlich entwickelt wie der des Menschen, aber sie können Robben schon in einem Kilometer Entfernung unter einer einen Meter dicken Schneedecke riechen. Zwischen erfolgreichen Beutezügen können Tage vergehen. Eisbären überbrücken diese Zeit, indem sie das Fleisch ihrer Beutetiere in einer Größenordnung verschlingen, die 15 bis 20 Prozent ihres Eigengewichts entspricht. Besonders gut vermögen sie Eiweiß und Fett zu verdauen, und so fressen sie während des Überangebots an Robbenbabys im Frühjahr manchmal nur das Fett der Beute. Mit einem erstaunlichen Navigationsvermögen legen sie auf der Suche nach den Lieblingsstellen der Robben, die sich von Jahr zu Jahr um mehr als 100 Kilometer verschieben können, bisweilen pro Tag 30 Kilometer auf dem sich verschiebenden Packeis zurück. In Gebieten wie der Barentssee, in Grönland, in der Tschuktschen- und der Beringsee ziehen Eisbären auf der Suche nach Robben jedes Jahr Tausende von Kilometern umher.

Abgesehen von der langen Beziehung zwischen einer Mutter und ihren Jungen, leben Eisbären einzelgängerisch. Ihr Jahr beginnt im Februar oder März, wenn die Mütter mit ihren Jungen aus ihren Winterhöhlen auftauchen und sich auf das Packeis begeben. Im späten März und frühen April graben Zehntausende weiblicher Ringelrobben Geburtshöhlen in Schneeverwehungen über Atemlöchern im Eis und gebären dort ihre Jungen. Die Eisbären stöbern die fettleibigen Jungrobben auf und legen rasch an Gewicht zu, das ihnen über die mageren Sommermonate hinweghilft, wenn sich die Robben im offenen Meer verteilen.

Männliche und weibliche Bären treffen sich auf dem Packeis dort, wo sie am besten Jagd auf Robben machen können. Ihr Geschlechterverhältnis beträgt überall 1:1. Da die Weibchen ihre Jungen aber zweieinhalb Jahre lang versorgen, steht jedes Jahr nur ein Drittel der erwachsenen Weibchen den Männchen zur Verfügung. Zwischen April und Mai durchstreifen die Männchen das Eis auf der Suche nach Spuren von Weibchen und stellen vermutlich am Geruch fest, welche fortpflanzungbereit sind. Wenn ein Männchen schließlich ein Weibchen findet, trifft es unter Umständen auf bis zu sechs weitere Bewerber, die um das Weibchen kämpfen. Die daraus resultierende Konkurrenz erklärt, warum Männchen zwei- bis dreimal so schwer wie Weibchen und oftmals von Narben aus Kämpfen übersät sind. Das Männchen, das sich durchsetzt, ist in der Regel mindestens acht bis zehn Jahre alt. Es führt das Weibchen weg von den Haupt-Nahrungsgründen, wo sich konkurrierende Männchen aufhalten. Die beiden bleiben eine Woche lang zusammen und paaren sich in dieser Zeit mehrmals täglich.

Wenn sich das Eis von Ende Mai bis Juli nach Norden zurückzuziehen beginnt, folgen ihm die nördlicheren Eisbären über mehrere hundert Kilometer. Dabei schwimmen sie bis zu 40 Kilometer zwischen Eisschollen. Die südlicheren Bären und alle trächtigen Weibchen vermögen dem Eis nicht zu folgen und müssen für den Rest des Jahres von den Fettreserven leben, die sie im Frühjahr gespeichert haben. Eine erwachsene Ringelrobbe wiegt etwa soviel wie ein Mensch und ernährt einen Bär für rund elf Tage; wenn dieser jedoch Fett ansetzen will, frißt er alle vier bis fünf Tage eine solche Robbe. Ein Weibchen, das einer Schwangerschaft entgegensieht, verdoppelt oder vervierfacht manchmal sogar sein Gewicht zu Beginn des Frühlings, solange es Nahrung im Überfluß gibt. Wenn die Männchen und die nicht trächtigen Weibchen abwandern, ziehen sich die tragenden Weibchen für acht Monate in die Enge von Höhlen in Schneeverwehungen zurück. Im Herbst wandert der nördliche Teil der Bärenpopulation im Gefolge des Eises und der Robben wieder nach Süden. Wenn die See zufriert, beginnt für diese Tiere wieder die Jagd auf dem Treibeis, während die trächtigen Weibchen weiterschlafen. Die Temperatur in der Wöchnerinnenhöhle fällt zwar unter den Gefrierpunkt, bleibt aber wie in einem Iglu um rund 20 Grad über der Außentemperatur.

Zwischen Ende November und Anfang Januar bringt die Eisbärin in der Regel zwei Junge zur Welt. Jedes Neugeborene wiegt ungefähr 600 Gramm und mißt 30 Zentimeter. Die Mutter zehrt von ihren Fettreserven und säugt die Jungen bis zum Frühling, wenn sie zwischen zehn und 15 Kilogramm wiegen und die Größe eines kleinen Hundes aufweisen. Die Milch ist ungewöhnlich reichhaltig und enthält fast 50 Prozent Fett (zum Vergleich: die Milch des Malaienbären enthält elf Prozent Fett). Dies ermöglicht den Jungen, in nur einem Jahr zu einer stattlichen Größe heranzuwachsen. Beim Verlassen der Höhle wiegen männliche Junge bereits zehn Prozent mehr als ihre Schwestern. Innerhalb weniger Wochen beginnt für beide die lange Wanderung zum Packeis, und ob sie überleben, steht — je nach Anzahl der Robben — auf Messers Schneide. Wo es ein reichliches Nahrungsangebot in Form von Robbenbabys gibt, ist die Sterblichkeitsrate der Bärenjungen niedrig und umgekehrt. Eisbären können bis zu 30 Jahre alt werden.

Die Blutzusammensetzung der trächtigen Weibchen in den Höhlen unterscheidet sich von der aktiver Bären. Die Harnstoffmenge im Blut steigt, wenn das Tier frißt, und fällt stark ab, wenn es von seinem körpereigenen Fett lebt. Eine weitere Substanz im Blut, Kreatin, bleibt hingegen konstant. Somit zeigt das Verhältnis von Kreatin zu Harnstoff im Blut, wie aktiv oder lethargisch ein Bär ist. Weibliche Eisbären in Höhlen weisen ein für den Zustand des Fastens oder Schlafens typisches Verhältnis der Blutsubstanzen auf. Die südlichen Eisbären, die sich nicht in Höhlen zurückziehen, den Sommer hindurch aber fasten müssen, weisen zu dieser Zeit ein ebensolches Verhältnis auf wie die schlafenden Weibchen – biochemisch gesehen sind sie sozusagen »Schlafwandler«! Die in den Höhlen überwinternden Bären sind hinsichtlich ihres Stoffwechsels ein Wunder. Ihre Nierenfunktion ist für Monate auf ein Niveau reduziert, das bei Menschen zum Tod führen würde. Ihr Skelett bleibt während der Monate des Nichtstuns völlig intakt, während die Knochen von bettlägerigen Menschen schwach werden.

Bären, die sich auf Früchte und Nüsse spezialisiert haben und in Gebieten leben, in denen solche Nahrung im Winter selten zu finden ist, verfallen in einen ähnlichen Zustand der Lethargie. Auch diese Bären ziehen sich gewöhnlich alleine in Höhlen zurück. Europäische Braunbären nehmen im Herbst große Mengen Bucheckern und Eicheln zu sich, ergänzt durch Kastanien und Haselnüsse. Dann begeben sie sich für drei bis sechs Monate – je nach Breitengrad – in Höhlen zur Ruhe. Die Schwarzbären Nordminnesotas, die unter rauhen klimatischen Bedingungen leben, ziehen sich für fünf bis sieben Monate des Jahres in Höhlen zurück, während ihre »verhätschelten« Vettern weiter südlich an den Küsten Washingtons und Nord-Carolinas sich weniger als halb so lange zurückziehen und noch weiter südlich lebende Bären überhaupt nicht. Winterruhe haltende Bären bringen im Herbst manchmal 20 Stunden täglich damit zu, Eicheln, Bucheckern, Beeren, Äpfeln, Insekten und Aas zu sich zu nehmen. Im Norden, wo es weniger Früchte gibt, müssen die Bären zum Ausgleich riesige Mengen Blätter und Schößlinge fressen, haben jedoch Schwierigkeiten, genügend von dieser weniger leicht verdaulichen Nahrung zu verarbeiten. Jedes erwachsene Tier nimmt in dieser Zeit etwa 20 000 Kalorien pro Tag zu sich – das Fünffache der normalen Menge – und baut eine 13 Zentimeter dicke Fettschicht auf. Wenn ein Bär für die Nahrungssuche mehr Kalorien verbraucht, als er pro Tag aufnehmen kann, zieht er sich in eine Höhle zurück, weil die Nährwert-Energieverbrauchsbilanz es ratsamer erscheinen läßt, den Winterschlaf anzutreten.

Bei Winterschläfern wie dem Igel kann die Körpertemperatur auf wenige Grad über Null fallen, auch die Stoffwechselrate sinkt. Carnivoren halten demnach keinen echten Winterschlaf, wenngleich der Unterschied nur eine Sache der Auslegung zu sein scheint. Ihre Körpertemperatur sinkt nämlich von 38 auf nur 31 bis 35 Grad Celsius, während ihre Stoffwechselrate auf 50 bis 60 Prozent des Normalmaßes abfällt. Ein ruhender Schwarzbär kann in nur wenigen Augenblicken vollkommen aufwachen. In nur wenigen Sekunden beschleunigt sich sein Herzschlag von sanften acht Schlägen pro Minute auf pochende 175 Schläge pro Minute.

Wie die Eisbären bringen auch weibliche Schwarz- und Braunbären ihre Jungen in den Winterquartieren zur Welt. Die Neugeborenen sind winzig und fast nackt, und sie zu säugen zehrt stark an den Energie- und Wasserreserven der Mutter. Wenn eine Schwarzbärmutter mit ihren drei Monate alten Jungtieren die Höhle verläßt, hat sie bis zu einem Drittel ihres Gewichts verloren. Im Norden müssen die Bären früh im neuen Jahr geboren werden, damit sie im Frühjahr alt genug sind, um von dem dann reichhaltigen Nahrungsangebot profitieren und genügend Fettreserven anlegen zu können, und so ihren ersten Winter zu überleben. Die Tragzeit der Bären beträgt drei Monate; die Bären müßten sich für den letzten Geburtstermin also im Oktober paaren, wenn Männchen und Weibchen in getrennten Lagern schlafen. Kleinere Beerenfresser wie Waschbären können im Frühjahr rasch für eine Schwangerschaft sorgen, die Großbären mußten jedoch eine andere Lösung für die Unvereinbarkeit von Sex und Schlaf finden: Braunbären paaren sich im Mai oder Juni, und die befruchteten Eier beginnen sich bis zum Stadium einer Blastozyste (Blasenkeim) zu entwickeln. Dieser Keim fällt jedoch bald für fünf Monate in eine Art »scheintoten« Zustand. Erst dann, während der Winterruhe der Mutter, nistet er sich in die Gebärmutterwand ein und setzt seine Entwicklung normal fort. Man bezeichnet dies als verzögerte Einnistung. Der winzige Embryo belastet seine Mutter nur minimal, bis er reaktiviert wird, um seiner Bestimmung zu folgen. Wenn das Muttertier im Herbst für eine Schwangerschaft nicht genügend Nahrung zu sich nehmen kann, nisten sich die Ruhekeime gar nicht erst ein.

Obwohl sich die Kleinbären ähnlich ernähren, unterscheiden sie sich in vielerlei Hinsicht von den Großbären. Viele Kleinbären müssen sich im Winter nicht zurückziehen, weil sie – wie die Maki- und Wickelbären – in den Tropen leben, wo das ganze Jahr über Früchte zur Verfügung stehen. Die Großbären des Nordens sind nicht nur zu einer Winterruhe gezwungen, sondern darüber hinaus in dieser Phase auch mit dem großen Problem des Wärmeverlusts konfrontiert, denn ruhende Carnivoren weisen höhere Temperaturen auf als echte Winterschläfer. Das begünstigte die Evolution eines großen Körpers, der die Körperwärme langsamer abgibt. Andererseits wurden Tiere, die dasselbe Problem haben, nicht so groß wie die Großbären, was daran liegen mag, daß sich der Körperbau in diesem Fall primär an eine andere Form der Nahrungssuche anpaßte, die zum Beispiel darin besteht, auf Bäume zu klettern oder in Baue zu schlüpfen. Eine Möglichkeit für winterschlafende Kleinbären, Wärme zu speichern, besteht darin, sich zusammenzukuscheln, wie zum Beispiel die Waschbären. In einem Nest halten sich bis zu 23 Waschbären auf; in der Regel befindet sich nur ein erwachsenes Männchen darunter. Ähnlich ziehen sich die Europäischen Dachse, die im Vergleich zu den normalen Verhältnissen bei Marderartigen viel pflanzliche Nahrung zu sich nehmen, über Winter gemeinsam in Höhlen zurück, ebenso wie die beerenfressenden asiatischen Marderhunde.

Zwar war die Notwendigkeit, Wärme zu speichern, sicherlich mit ausschlaggebend für die Evolution größerer Bären, aber dies reicht als Erklärung nicht aus. Der Florida-Höhlenbär lebte in warmen Klimaten und war dennoch ebenso groß wie sein in der Kälte lebendes europäisches Gegenstück. Die omnivoren Bären konnten auch deshalb so groß werden, weil ihre Nahrung, bestehend aus Früchten, Knollen und ab und zu Fleisch, ausreichend vorhanden war, um einen beträchtlichen Appetit zu stillen. Tatsächlich finden Bären in der gemäßigten Zone im Herbst eine solche Vielzahl von Früchten und Nüssen, daß sie ihre Körperfunktionen für Monate aufrechterhalten können. Ihre enorme Größe behinderte die Bären nicht bei der Nahrungssuche und erwies sich darüber hinaus als nützlich bei der Abwehr von Konkurrenten. Und je größer sie wurden, desto weniger Feinde hatten sie.

Eine solche Körpergröße hat aber auch Nachteile, unter anderem eine langandauernde Fortpflanzungsperiode sowie die Notwendigkeit, ein riesiges Streifgebiet zu sichern. Und diese Faktoren haben sich auch auf das Sozialleben der Bären ausgewirkt. Jeder weibliche Bär besitzt ein großes Territorium, in dem er ständig mit nachfolgenden Generationen heranwachsender Bären zusammenlebt. Da ein solches Weibchen die meisten anderen Räuber an Größe übertrifft und sich hauptsächlich von Pflanzen ernährt, wäre ein Männchen wenig hilfreich, selbst wenn sich beide das Territorium zusammen mit den Töchtern des Weibchens teilen könnten. Statt dessen versucht ein männliches Tier, sich gegen die männliche Konkurrenz durchzusetzen und mit so vielen Weibchen wie möglich zu paaren, wodurch auf Eigenschaften besonderer Wert gelegt wird, die im Kampf wichtig sind, zum Beispiel Größe. Da die Territorien von mehreren sich fortpflanzenden Weibchen zu groß wären, um sie zu verteidigen, lebt das Männchen in Promiskuität und wandert zwischen den Territorien mehrerer Weibchen umher.

Von diesem allgemeinen Muster gibt es viele Abweichungen, über deren Gründe noch nicht ausreichende Klarheit besteht, weil nur wenige Bärengesellschaften detailliert untersucht wurden. So ist es zum Beispiel denkbar, daß das Sozialleben des termitenfressenden Lippenbären eher jenem des ebenfalls von Termiten lebenden Erdwolfes (siehe Seite 123) ähnelt. Die recht ähnliche Größe des männlichen und weiblichen Malaienbären könnte darauf hindeuten, daß sie eher monogam leben. Der außerordentliche Größenunterschied zwischen den Geschlechtern beim Brillenbär besteht vielleicht, weil ihre Ernährung eine extreme Polygynie begünstigt oder einfach das Erbe ihrer fleischfressenden Vorfahren, der Kurzschnauzenbären, ist. Zweifellos ist die Gesellschaftsform der Bären wie die anderer Carnivoren flexibel. Trotz ihrer natürlichen Scheu kommen Großbären ebenso wie Wasch- und Wickelbären dort zusammen, wo sich das Nahrungsangebot lohnt, sei es unter früchtetragenden Bäumen, an Picknickkörben, an Flüssen mit springenden Lachsen oder an Eislöchern mit Robben.

Zwei Carnivoren, der Große und der Kleine Panda, haben den jahreszeitlich bedingten Wandel der Verfügbarkeit von Früchten und Nüssen in der gemäßigten Zone umgangen, indem sie immergrüne Blätter fressen. Die flachen und breiten Backenzähne des Kleinen Panda mit ihrem komplizierten Leistenmuster sehen eher aus, als gehörten sie ins Maul einer Antilope als in das eines Carnivoren. In seinem heimatlichen Lebensraum in den Wäldern Nepals, Birmas und Chinas ernährt sich der Kleine Panda überwiegend von Bambus, ergänzt durch Früchte, Wurzeln, Eicheln, Flechten und gelegentlich kleine Säugetiere. Über seine Lebensgewohnheiten ist ansonsten wenig bekannt, weil er in der Natur selten vorkommt, selbst in seinen Hochburgen; so leben im Lantang-Reservat in Nepal wohl nur noch 24 Tiere. In Zoos gibt es jedoch noch insgesamt 500 Tiere, die sich auch erfolgreich fortpflanzen.

Der Große Panda oder Bambusbär, einst in den Bergen Chinas weit verbreitet, steht heute vor dem Aussterben; weniger als 1000 Exemplare leben noch in den Bambuswäldern der Provinzen Setschuan, Shensi und Kansu. Abgesehen von gelegentlichen Ausnahmen lebt er ebenfalls vegetarisch. Er ist auf Bambus spezialisiert und besitzt eine gegen die Splitter fest ausgekleidete Speiseröhre und einen Magen ähnlich einem Muskelmagen, um den Bambus zu verarbeiten. Trotz dieser Anpassungen verdaut er den

Den Kleinen Panda verbindet mit dem Großen Panda sein Name und die Anpassung an eine Ernährung von Bambus. Seine Linie entstammt den Wurzeln der Familie der Kleinbären.

Bambus nach wie vor nur ineffizient – ein Vermächtnis seiner carnivoren Vergangenheit. Bambus ist aus Zellen aufgebaut, die einen flüssigen Inhalt und harte Zellwände besitzen. Zwar ist ein Teil der wertvollen Bestandteile der Blätter auch im flüssigen Inhalt jeder Zelle enthalten, vor allem aber sind sie in den Zellwänden eingeschlossen. Der Große Panda vermag rund 90 Prozent der Nährstoffe in den Bambuszellen zu verdauen, aber nur 17 Prozent jener in den Wänden. Im Gegensatz dazu können Tiere aus einer langen Vegetarierlinie, wie Antilopen, 90 Prozent der Zellwände verwerten.

Große Pandas gleichen ihre schlechte Verdauung dadurch aus, daß sie große Mengen Bambus zu sich nehmen. Die Nahrung passiert den Darm rasch: Zur Verdauung von Bambusschößlingen brauchen sie nur fünf Stunden. Die Geschwindigkeit der Verdauung ermöglicht einem mittelgroßen, 100 Kilogramm schweren Panda, am Tag fast acht Kilogramm Bambus zu verzehren. Er entzieht dem Bambus jedoch nur wenig mehr Energie, als er für die Nahrungssuche und ihre Verdauung braucht. Somit leben Große Pandas beständig im Grenzbereich und sparen Energie, indem sie schlafen, wann immer sie gerade nicht fressen. Aus diesem Grund können sie es sich auch nicht erlauben zu überwintern, statt dessen ziehen sie im Winter in niedrigere Regionen.

Über ihre natürlichen Probleme hinaus litten die Großen Pandas in der Vergangenheit auch unter der Bejagung durch den Menschen. Traurige Berühmtheit erlangte der Fall der Söhne Theodore Roosevelts, Theodore und Kermit, die das »Teddybär-Image« der Familie trübten, weil sie als erste westliche Jäger einen Großen Panda schossen. Eine noch größere Bedrohung stellte das Roden von Bambus durch die Landwirtschaft dar, unter anderem wegen einer Eigenart im Lebenszyklus des Bambus. Es gibt sieben Bambusarten, von denen jede in einer anderen Höhenlage wächst. Normalerweise kommen alle Bambusarten in ausreichenden Mengen vor und bieten eine zuverlässige Nahrungsquelle. Alle 40 bis 120 Jahre jedoch stehen sämtliche Bambuspflanzen einer bestimmten Art in einem bestimmten Gebiet in Blüte und sterben anschließend ab. Es vergehen zehn bis 15 Jahre, bis die neuen Schößlinge für die Großen Pandas als Nahrung zur Verfügung stehen. Früher gab es riesige Bambusflächen, und die Großen Pandas konnten das Territorium wechseln, wenn der Bambus in einem Gebiet blühte. Heute leben die Pandas in sechs kleinen Enklaven entlang des Ostrandes des Tibetischen Hochlandes, von denen jede eine Gruppe von Bergen umfaßt, an deren Hängen jeweils nur eine oder zwei Bambusarten gedeihen. Die isolierten Populationen umfassen oft weniger als 50 Individuen, und es gibt keine Korridore zwischen den Populationen. Noch schlimmer für die Großen Pandas wirkten sich die für Moschushirsche ausgelegten Fallen einheimischer Jäger aus, die zur bedeutendsten Todesursache für die Großen Pandas wurden. Mitte der siebziger Jahre lebten nur noch weniger als 2000 Exemplare

Dann verhängte China die Todesstrafe für jeden, der des Tötens eines Großen Pandas oder des Schmuggels mit ihren Häuten überführt wurde. Bisher wurden drei Menschen hingerichtet, aber aufgrund des enormen finanziellen Anreizes hält die Wilderei in einem gefährlich hohen Ausmaß an. 1978 gab es zwölf Panda-Reservate und ein Forschungszentrum im 2070 Quadratkilometer großen Wolong-Naturreservat, das gegenwärtig über 100 Große Pandas beherbergt. Ein Ziel in Wolong besteht darin, die Bergbauern umzusiedeln, um Lebensraum für die Pandas im Tiefland freizumachen, und es überrascht natürlich nicht, daß die Dorfbewohner nicht davon begeistert sind, wegzuziehen. Ein weiteres Ziel ist die Regenerierung der sieben Bambusarten in der Natur – derzeit zieht man sie in Baumschulen heran —, damit jede Pandapopulation Zugang zu mindestens zwei Bambusarten hat. Der im Jahre 1991 erstellte chinesische Naturschutzplan fordert 14 weitere, über Korridore miteinander verbundene Reservate, um dem bereits geschützten 3350 Quadratkilometer großen Pandalebensraum weitere 1900 Quadratkilometer hinzuzufügen.

Wegen der Empfindlichkeit von Wildpopulationen wurde die Zucht in menschlicher Obhut vielfach zu einem lebensnotwendigen Rückhalt, aber in diesem Fall erwies sie sich als schwierig. In der Natur pflanzen sich Pandas nur langsam fort und ziehen meist nur alle zwei Jahre ein Junges auf. Nach einer verzögerten Einnistung und einer Tragzeit von dreieinhalb bis fünfeinhalb Monaten wiegen die Jungen nur 90 bis 140 Gramm und werden fast nackt in einer Höhle oder einem hohlen Baum geboren. Zwillinge kommen zwar häufig vor, doch eine Mutter versucht nie, mehr als ein Junges aufzuziehen; sie wiegt das Junge drei Wochen lang und sitzt dazu fast ständig in aufrechter Position. Bis das Junge stehen kann, vergehen zweieinhalb Monate und 18 Monate, bis es das Muttertier verläßt. In Menschenobhut vollzieht sich die Fortpflanzung noch langsamer. Das erste Problem besteht darin, daß sich das Geschlecht von Pandas nur schwer feststellen läßt, weil der Penis der Männchen normalerweise verborgen ist und diese keinen Hodensack besitzen: Die Hoden verbleiben, umgeben von Fettgewebe, im Körper. Außerdem ist das Weibchen nur für wenige Stunden im Jahr aufnahmefähig und sehr wählerisch hinsichtlich seines Geschlechtspartners. Geplante künstliche Besamungen wurden meist vereitelt, weil die kurze Zeit der Aufnahmebereitschaft der Weibchen nicht festzustellen war, und so kamen bis 1989 außerhalb Chinas nur drei Würfe auf diese Weise zur Welt. Im Zoo nehmen Pandamütter ihre Jungen oft nicht an, und bisher starben alle vom Menschen aufgezogenen Neugeborenen innerhalb von 45 Tagen. Auch wenn man sie ständig und fest im Griff hält, winden und verausgaben sich die Jungen so sehr, bis sie anscheinend vor Erschöpfung sterben. Zusätzlich gibt es kaum einen Ersatz für Pandamilch, die einen bemerkenswert geringen Zuckergehalt aufweist. Infolge all dieser Schwierigkeiten dauerte es von 1937 bis 1963, bis im Zoo von Peking die erste erfolgreiche Pandaaufzucht gelang. Heute leben nur rund 110 Große Pandas in Zoos (davon fast 100 in China), und sie sterben in der Regel, bevor sie sich fortpflanzen.

So verwundert es nicht, daß mit Pandabären durchaus lukrative Geschäfte zu machen sind: Als im Ueno Zoo in Tokio im Jahre 1986 nach einer künstlichen Befruchtung ein Großer Panda geboren wurde, schlugen 270 000 Menschen einen Namen für das Junge vor (man einigte sich schließlich auf den Namen »Tong Tong«, was nichts anderes bedeutet als »Kind«!). Nahezu 13 000 Menschen standen Schlange, um beim ersten öffentlichen Vorstellen des Jungtieres einen Blick zu erhaschen, und 200 000 riefen täglich die Sondertelefonnummer »Panda« an, um seine Stimme zu hören. Bis 1958 brachte Chi Chi auf ihrer Europatour wöchentlich 2000 US-Dollar ein. Bei den Preisen von 1989 kostete das drei- bis sechsmonatige Ausleihen eines Pandapaares in China 300 000 bis 600 000 US-Dollar. Dennoch eine lohnenswerte Angelegenheit: Ein an den Zoo von San Diego ausgeliehenes Pandapärchen ließ die Besucherzahlen um 35 Prozent und den Gewinn um über fünf Millionen US-Dollar in die Höhe schnellen.

Als der Zoo von London seinen ersten Kleinen Panda erhielt, begann eine Diskussion darüber, welchen Platz die Pandas in der Geschichte der Carnivoren einnehmen. Die meisten Paläontologen hielten die Großen Pandas für Großbären, während die Morphologen behaupteten, sie seien sonderbare Kleinbären. Schließlich faßte man den Kleinen und den Großen Panda zusammen in eine eigene Familie, die Ailuropodidae, wenngleich die Beweise für ihre Verwandtschaft nur schwach waren. Dann, nach 120 Jahren der Kontroverse, schien die strittige Frage durch molekularbiologische Untersuchungen gelöst. Im Jahre 1985 verglichen die Biologen Proteine der beiden Pandaarten mit denen von Braunbären, Brillenbären, Kragenbären und Waschbären. Sie gelangten zu dem Schluß, daß sich der Kleine Panda vor 28 Millionen Jahren von den Kleinbären abspaltete, während sich der Große Panda vor rund 22 Millionen Jahren aus den frühen Großbären entwickelte. Somit war also der Kleine Panda ein Kleinbär und der Große Panda ein Großbär, und ihre Ähnlichkeiten bestehen lediglich in einer ähnlichen Erscheinungsform und in ihrem Namen. Die Wissenschaftler hatten diese Ergebnisse kaum verarbeitet, da brachte eine andere Studie einen Monat später ans Licht, daß das Hämoglobin im Blut des Kleinen und Großen Pandas verblüffend ähnlich war und sich von jenem der Groß- und Kleinbären unterschied. Das mag daran liegen, daß beide Pandaarten an ein Leben in großer Höhe angepaßt sind, genau wie die Ähnlichkeit ihrer »Daumen« eine unabhängige Anpassung an die Notwendigkeit, Bambus zu greifen, sein könnte. Vielleicht entwickelten sich die Daumen zunächst als eine Art einfacher Greifwerkzeuge, weil beide Arten Baumkletterer sind. Im Jahre 1989 untermauerte eine weitere Analyse, daß Kleine Pandas frühe Kleinbären, Große Pandas hingegen etwas jüngere Großbären sind. Wahrscheinlich ist die Diskussion damit aber noch nicht beendet.

Früher hatte man den Kragenbär als den am konsequentesten vegetarisch lebenden Großbären angesehen, während der nektarfressende Wickelbär der am wenigsten carnivore Kleinbär war. Nun sind diese Titel neu zu vergeben, und die beiden Pandas sind fortan Denkmäler für die Anpassungsfähigkeit der Carnivoren. Blattfressende Antilopen und Affen leben in der Regel in Gruppen, weil es kaum Nachteile bringt, Seite an Seite zu fressen, die gemeinsame Wachsamkeit aber von Vorteil ist. Der Große Panda hingegen lebt nicht in Gruppen, vielleicht, weil er wegen seiner Größe nicht so wachsam sein muß. Weibliche Große Pandas gehen in 30 Hektar großen Enklaven innerhalb gemeinsamer Streifgebiete von vier bis sechs Quadratkilometern allein auf Nahrungssuche. Die Männchen sind rund zehn bis 20 Prozent größer als die Weibchen und scheinen eine Rangordnung zu haben, um Konflikte beizulegen, beispielsweise, wenn mehrere Männchen um ein in Hitze befindliches Weibchen konkurrieren. Das System ähnelt sehr jenem des europäischen Elches, eines weiteren großen Pflanzenfressers, der für die meisten Räuber zu groß ist. Weibliche Elche fressen alleine und erhalten ab und zu Gesellschaft von Männchen, die 25 Prozent größer sind und mit Konkurrenten um sie wetteifern.

Aufgrund seiner außergewöhnlichen Errungenschaften wird der Große Panda häufig als überspezialisiertes Relikt der Evolution bezeichnet. Beide Pandaarten fallen aus der Carnivorennorm, weil sie mit geringem Gewicht geboren werden und langsam wachsen, vermutlich, weil Bambus einen niedrigen Proteingehalt aufweist. Große Pandas sind jedoch auch nicht altmodischer als alle anderen Carnivoren. Anspielungen auf ihr »Versagen« in der modernen Welt rühren wahrscheinlich daher, daß die Menschen versuchen, die Schuld für das unmittelbar bevorstehende Aussterben des Großen Pandas von sich zu weisen. Aber wie bei den anderen großen Bären, die sich für ein Leben auf der Kriechspur entschieden haben, trägt der Mensch Schuld an deren dramatischer Situation.

Familienstammbaum: Großbären und Kleinbären

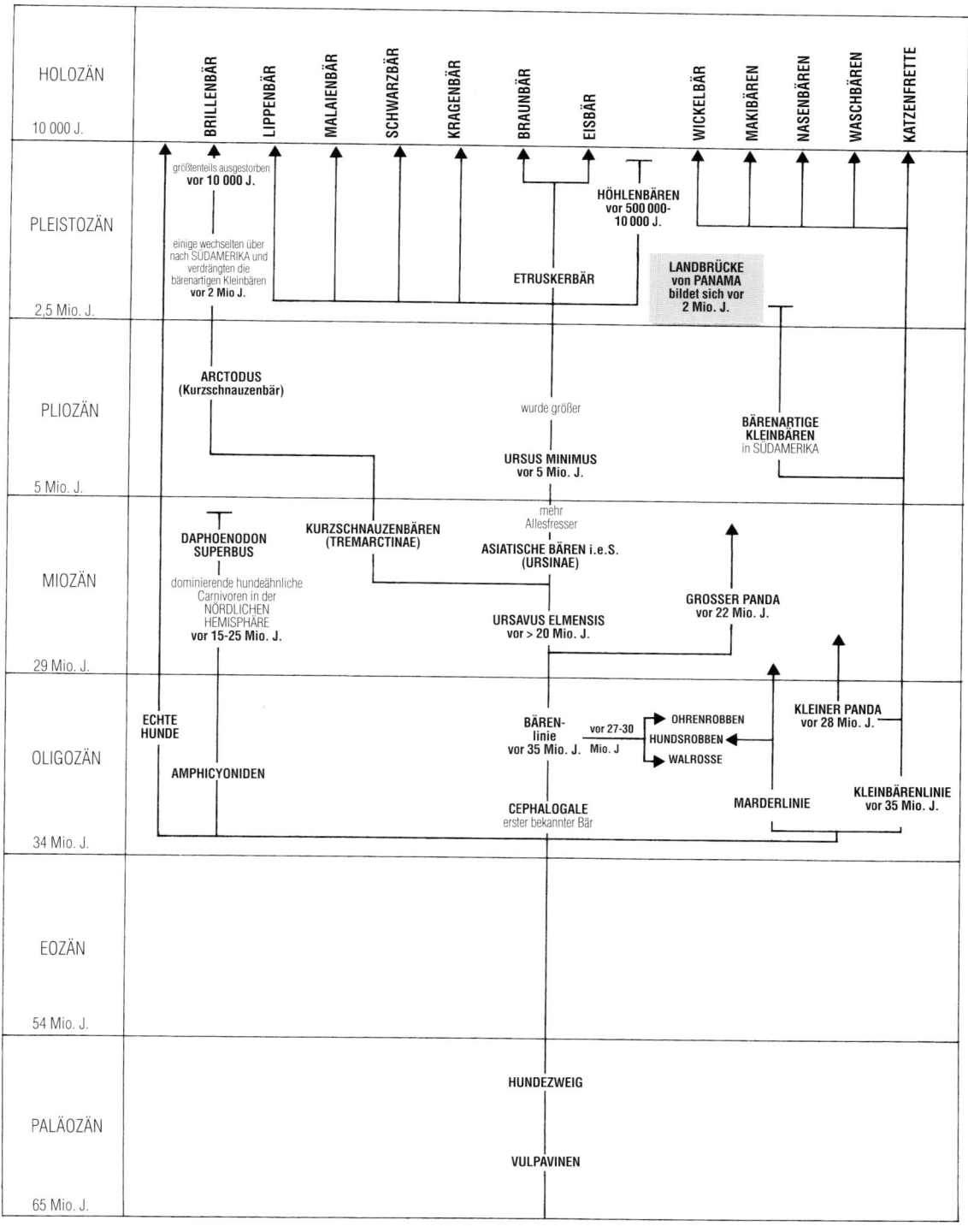

KAPITEL 6

KLEIN, ABER TÖDLICH

Die Familie der Mustelidae wird oft als Marderartige bezeichnet, umfaßt aber neben den Mardern, Wieseln und Iltissen auch noch Dachse, Skunks und Otter. Berühmt-berüchtigt ist die Familie wegen der Düfte, die ihre Mitglieder aus ihren Analdrüsen verströmen. Alle Vertreter sind zwar eher klein, aber dennoch sind die Marderartigen die vielfältigste Carnivorenfamilie. Der schwerste, der 30 Kilogramm schwere Seeotter, ist tausendmal schwerer als das Mauswiesel, der kleinste aller Carnivoren. Die Musteliden weichen auch in der Größe der Beute im Verhältnis zu ihrer Körpergröße enorm voneinander ab. Ein Hermelin oder Großwiesel kann Kaninchen fangen, die das Zehnfache seines eigenen Gewichts aufweisen, wohingegen ein Europäischer Dachs von Regenwürmern leben kann, die nur ein 3000stel seines Gewichts haben, was einer 30 000fachen Größendifferenz zwischen Räuber und Beute entspricht. Die größten von Marderartigen geschlagenen Beutetiere sind wahrscheinlich die 272 Kilogramm schweren Karibus, die von Vielfraßen gejagt werden. Die Vielfalt der Lebensgewohnheiten der Musteliden geht zum großen Teil auf ihre langgestreckten, schlanken Körper zurück, die von verschiedenen Zweigen der Familie angenommen wurden und es ihnen ermöglichen, ihre Beute auf Bäumen, unter Wasser, auf dem Boden, durch Felsspalten und in unterirdischen Baue zu verfolgen.

Die Musteliden stellen den jüngsten Seitenzweig des Hundezweiges dar, haben einen gemeinsamen Vorfahren mit den Kleinbären und unterscheiden sich von anderen Familien dieses Zweiges dadurch, daß sie auf jeder Kieferseite einen oberen und zwei untere Backenzähne besitzen. Zwar lag der Ursprung der Mitglieder des Hundezweiges in Nordamerika, doch ein Großteil der frühen Entfaltung der Marderartigen erfolgte gemeinsam mit derjenigen der Klein- und Großbären in Eurasien. Der Wandel zu einem kühleren, gemäßigteren Weltklima vor etwa 30 Millionen Jahren beschleunigte das Entstehen offener Waldlichtungen und Savannen, in denen kleine Säugetiere gediehen. Diese Beute konnte den frühen terrestrischen Carnivoren wie *Cephalogale* in Erdhöhlen entkommen. Der wolfshundgroße, frühe Bär konnte nur seine Schnauze in den Eingang des Baues zwängen und sich von den appetitanregenden Gerüchen darin anregen lassen. Einer seiner Zeitgenossen jedoch, *Palaeogale,* stellte den Ausgangspunkt einer Linie, die dieses Problem lösen sollte. *Palaeogale* war mardergroß und wies den geschmeidi-

Baummarder haben viel mit den baumlebenden Vorfahren der Familie der Musteliden gemeinsam.

gen Körperbau eines Kletterers der frühesten Carnivoren auf. Beutetiere aus Bauen hervorzuholen, wurde zu einer der Spezialitäten seiner Abkömmlinge.

Eine frühe Linie in der Musteliden-Evolution entschied sich für die Stärke professioneller Gräber. Der vor ungefähr 22 Millionen Jahren lebende *Aelurocyon brevifacies,* der größte je lebende Marderartige, besaß kräftige Kiefer und verhielt sich wie seine Vettern, die Bären. Von der Größe eines Pumas, mit breiten Vorderpfoten und gebogenen Krallen, erinnerte er an Vertreter einer Linie von Gräbern, aus der vor sieben Millionen Jahren *Pliotaxidea* entstand, der Vorfahre des heutigen Amerikanischen oder Silberdachses. *Pliotaxidea* hatte einen langgestreckten Körper und war ausgesprochen muskulös, mit breiten, flachen Füßen und gebogenen Krallen. Silberdachse wiegen zwischen dreieinhalb und zwölf Kilogramm und sind auf der Oberseite grau bis rötlich und auf der Unterseite bräunlich mit dunkelbraunen Füßen. Ihr auffälligstes Merkmal ist ein weißer Streifen von der Schnauze bis zu den Schultern. Sie sind meisterhafte Gräber mit gedrungenen Körpern, und ihre stämmigen Vorderbeine sowie ihre flexible Haut ermöglichen es ihnen, sich selbst in engsten Winkeln noch umzudrehen. Die Erwachsenen ernähren sich in erster Linie von Erdhörnchen, den Jungen aber fehlt noch das Grabvermögen, und so bevorzugen sie Insekten. Wenn die winterliche Schneedecke ihre Beute für sie unerreichbar macht, begeben sich die Dachse zur Ruhe, bis es wieder wärmer wird. Außerhalb der Paarungssaison umfassen die Streifgebiete der Männchen rund 170 Hektar und sind damit etwas größer als die der Weibchen. Die Weibchen leben zumeist territorial, die Streifgebiete der Männchen aber überschneiden einander und reichen in die der Weibchen. In der Brunstzeit wandern die Männchen weit über ihr normales Streifgebiet hinaus und paaren sich mit mehreren Weibchen. Die nachbarlichen Beziehungen sind sehr gespannt, viele Tiere, insbesondere Männchen, tragen Narben von heftigen Kämpfen.

Trotz seines Namens und seiner Lebensweise ist der Silberdachs vielleicht gar kein echter Dachs. Die meisten Dachse kommen in der Alten Welt vor, wo acht Arten in der Unterfamilie Melinae zusammengefaßt werden. Alle diese echten Dachse sind mittelgroße, stämmige Tiere mit breitem Hals und kräftigen Kiefern, die wuchtige, mahlende Backenzähne tragen. Sie haben lange, zum Stöbern geeignete Schnauzen, die der asiatische Schweinsdachs mit seinem beweglichen »Rüssel« zu einer Extremform entwickelt hat. Mit Ausnahme der drei Sonnendachsarten aus dem tropischen Asien besitzen allesamt kurze Schwänze. Ihre Vorderpfoten sind wie »Spaten« mit langen, nicht zurückziehbaren Krallen. Die Zehen der kellenartigen Vorderfüße des Java-Stinkdachses sind bis zu den Krallen miteinander verbunden.

Im Verlauf der Evolution der Dachse entwickelten sich ihre Reißzähne zugunsten breiter Backenzähne zum Zermahlen pflanzlicher Nahrung zunehmend zurück. Besonders eindrucksvoll zeigt dies der Europäische Dachs, der am wenigsten carnivore Marderartige, der vermutlich vor zwei Millionen Jahren in China entstand. Seine Kiefer können so kräftig zubeißen, daß der Unterkiefer durch ein knöchernes Scharnier fest mit dem Schädel verbunden ist, um zu verhindern, daß er aus dem Gelenk springt. Dieser zwölf Kilogramm schwere, muskelbepackte Allesfresser ernährt sich von Beeren, Knollen, kleinen Säugetieren und Insekten, aber wo möglich, bevorzugt er Regenwürmer. Aus Spanien wurde von paarweise lebenden Dachsen berichtet, aus den Apenninen in Italien von solitär lebenden. In Teilen Schwedens kann sich das Territorium eines Männchens

Eine frühe Linie der Marderartigen, bekannt als die Oligobuninae, begann mit recht stämmig gebauten Tieren. Vielleicht stammten ihre Vorfahren von Tieren wie diesem Cephalogale ab, einem altertümlichen Bär. Für ein Tier wie dieses gab es zwei Evolutionswege, sich an seine unter die Erde flüchtende Beute anzupassen: Es konnte entweder zu einem professionellen Gräber oder zu einem unterirdischen Jäger werden.

Eine Linie der frühen Musteliden entwickelte sich zu untersetzten, kräftigen Gräbern mit gebogenen Krallen. Aelurocyon *(ganz links)* war von dieser Gestalt, wie auch die modernen Dachse und in gewisser Weise auch der Vielfraß und der Honigdachs. Eine weitere Möglichkeit war die Entwicklung eines langgestreckten Körpers, mit dem sich die Tiere in die Baue oder Höhlen ihrer Beute zwängen konnten; diesen Weg verfolgte Zodiolestes *(links und unten)*.

mit dem mehrerer Weibchen überschneiden. In weiten Teilen Europas leben sie jedoch in gemischten Clans von etwa zehn (maximal 25) Mitgliedern. Die Clanmitglieder bewohnen zusammen einen großen Bau in einem gemeinsamen Territorium, das mit Kothaufen gekennzeichnet ist. Dominante Männchen verschmieren einen Duftstoff aus Taschen unter ihrem Schwanz an diesen Latrinen und auf die Körper der anderen Clanmitglieder. Bestimmte Bakterien in diesen Taschen tragen zur Duftwirkung bei; gelegentlich pressen die Mitglieder eines Clans ihre Hinterteile wie zu einem Kuß aneinander, was dazu führt, daß alle Clanmitglieder dieselben Bakterien aufweisen und folglich dasselbe geruchliche Mitgliedsabzeichen.

Die Europäischen Dachse können sich nur zu bestimmten Zeiten von Regenwürmern ernähren, denn diese kommen nur dann an die Erdoberfläche, wenn eine bestimmte Bodentemperatur und -feuchtigkeit herrscht. Wo sie sich gerade am besten aufstöbern lassen, variiert von Nacht zu Nacht, je nach Wetter. Deshalb lebt ein Dachs in einem Territorium, das groß genug ist, um jederzeit mit an Sicherheit grenzender Wahrscheinlichkeit an einer Stelle Würmer zu finden. Wenn die Würmer an die Erdoberfläche kommen, tun sie dies oftmals zu Tausenden, und so können sich zahlreiche Dachse die Beute teilen. Infolgedessen reicht das kleinste Territorium, das einem einzelnen Dachs genügt, auch zur Ernährung eines großen Clans aus. In diesen stabilen Clans gehen Männchen und Weibchen für viele Jahre feste Beziehungen ein, aber ihre scheinbare Treue könnte trügerisch sein. Wie Bluttests gezeigt haben, gebären manche weibliche Dachse Würfe, die von zwei Männchen stammen. Außerdem konnten in einer nicht unerheblichen Zahl von Clans einige Junge nicht von den anwesenden Männchen gezeugt worden sein, wohingegen in einem benachbarten Clan ein passender Vater aufgefunden werden konnte. Verbotene Rendezvous sind also anscheinend an der Tagesordnung.

Nach einem Festmahl im Herbst verbringen Dachse den Winter lethargisch in ihren Bauen. Einige davon haben enorme Ausmaße: Einer dieser Baue wies 180 Eingänge, 880 Meter Tunnelsystem und 50 Nistkammern auf. Die Nistkammern bieten nur zwei bis drei erwachsenen Tieren Platz und sind mit Grasstreu ausgepolstert, welches die Dachse selbst eintragen (in einem Bau fand man zusätzlich 250 Golfbälle!). Bei kalter Witterung teilen sich die Dachse die Nistkammern, wobei das faulende Gras ihnen vermutlich als Zentralheizung dient. Einige Tunnel sind mit Streu zugestopft, möglicherweise als Speicher oder als weitere Wärmequelle. Die Mitglieder eines Clans können bevorzugte Schlafpartner haben, doch alle wechseln häufig die Nistkammer, vielleicht, um dadurch die Vermehrung von Flöhen zu begrenzen, von denen es in den Bauen nur so wimmelt. Temperaturkontrolle und Flohvermeidung könnten die Größe und die Komplexität der Dachsbaue erklären. Wo der Boden nicht zum Graben eines Baus geeignet ist, können sich Dachse nicht ansiedeln. Wenn ein Bau aber erst einmal gegraben ist, wird er mitunter jahrhundertelang bewohnt.

Während die Dachse sich für die Omnivorie entschieden, nahm eine andere Unterfamilie, die Lutrinae oder Otter, die langgestreckte Gestalt ihrer Vorfahren an und wurde zu wasserlebenden Jägern. Der erste Mustelide, der das Leben im Wasser erprobte, ähnelte vermutlich dem heutigen Mink oder Amerikanischen Nerz, einem Ver-

Links: Fischotter und ihre Verwandten stehen der Linie der Dachse näher als den anderen Musteliden.

Folgende Doppelseite: Die Europäischen Dachse sind unter den Marderartigen insofern ungewöhnlich, als sie in geselligen Gruppen leben.

treter der Unterfamilie der Wiesel- und Marderartigen. Der moderne Mink lebt normalerweise an Flußufern und jagt wasserlebende Beute, fühlt sich aber an Land mindestens ebenso zu Hause. Dieser Kompromiß hat zum Beispiel zur Folge, daß die Augen des Minks für das Sehen an Land besser geeignet sind als für das Sehen unter Wasser. Die modernen Otter hingegen weisen unter Wasser eine fast dreimal so hohe Sehschärfe auf wie der Mink. Der Zwergotter und der Seeotter können möglicherweise an Land und im Wasser gleich gut sehen. Ihre enorm entwickelten Irismuskeln können die Linsen der Augen kugelförmig zusammendrücken, so daß sie für ein Sehen unter Wasser geeignet sind. Zusätzlich besitzen Otter Tasthaare an Schnauze und Ellbogen, mit denen sie im trüben Wasser ihren Weg ertasten und Turbulenzen feststellen können.

Die Mitglieder der Otterlinie entwickelten auch nach und nach leichte Körper mit beweglichen Wirbelsäulen für schnelle Manöver sowie muskulöse Schwänze und Schwimmhäute zwischen den Zehen. Otter sind stromlinienförmig gebaut, ihr Hals ist breiter als ihr Kopf, und sie besitzen eine dichte Unterwolle und lange, wasserabstoßende Grannenhaare. Der älteste fossile Otter, *Potamotherium,* lebte vor 25 Millionen Jahren im Tal der Loire und war vermutlich der Ahne der Hundsrobben (siehe Seite 159). Der älteste Vorfahre der modernen Otter könnte *Mionictis* gewesen sein, dessen in Nordamerika gefundenen Fossilien 17 Millionen Jahre alt sind. Der Seeotter oder Kalan ist heute von allen Ottern am besten an das Leben im Wasser angepaßt. Seine kräftigen Hinterbeine sind so flossenartig ausgebildet, daß er sich an Land nur sehr unbeholfen fortbewegen kann. Sein abgeflachter Schwanz dient ihm beim Schwimmen als Ruder. Fischotter setzen beim Schwimmen nur ihre Hintergliedmaßen ein, während die Seeotter sich auch durch vertikale Bewegungen ihres Schwanzes antreiben.

Als die altertümlichen Otter die Umstellung auf ein Leben im Wasser vollzogen, entwickelten sich einige, wie der Fleckenhalsotter, zu stromlinienförmigen, torpedoartigen Fischräubern. Sie entdecken ihre Beute mit Hilfe ihres scharfen Gesichtssinnes. Andere, wie der Kap- oder Fingerotter, gingen dazu über, den Schlamm nach Schalentieren zu durchwühlen. Sowohl der Fleckenhalsotter als auch der Kapotter leben beide in afrikanischen Seen, wobei der Schlammwühler viel längere Tasthaare und geschicktere Finger aufweist. Seine Finger sind nicht durch Schwimmhäute verbunden und haben besonders tastempfindliche Kuppen, um das Sediment zu durchsuchen. Seine Krallen ähneln menschlichen Fingernägeln. Auch die Zähne der Torpedos und der Schlammwühler unter den Ottern unterscheiden sich. Die Fischfresser haben scharfe Schneide- und Eckzähne, um ihre Beute festzuhalten, und Reißzähne, um sie zu zerteilen. Sie tragen ihre Beute oft im Maul an Land zurück, wo sie sie mit einer Vorderpfote auf den Boden drücken, während sie mit ihren Zähnen Stücke herausreißen. Das Fischfleisch ist zwar leicht verdaulich, aber die Gräten sind gefährlich. Die Riesenotter der tropischen Flüsse Amerikas fressen Fische mit dem Kopf beginnend und produzieren große Mengen Schleim, um ihren Darm zu schützen, den das Fleisch in nur einer halben Stunde passieren kann. Jene Otterarten, die sich von Schalentieren ernähren, greifen diese mit Hilfe ihrer tastempfindlichen Hände und führen sie zu ihrem Maul. Mit den abgeflachten Mahlzähnen knacken sie die Schalen. Diese Otter tragen das Futter selten an Land zurück, und wenn, dann in der Hand.

Der Seeotter, der vor den Küsten von Kalifornien über Alaska bis nach Kamtschatka und zu den Kurilen vorkommt, hat noch eine andere Technik entwickelt, um mit seiner

Nahrung aus Seeigeln, Muscheln und Seeohren fertig zu werden. Er benutzt Steine, um darauf Muscheln zu zerschlagen, und bewahrt besonders günstige Steine in seiner »Westentasche« auf — einer Hautfalte unter seiner Armbeuge. Vielleicht hortet er in dieser Tasche auch Futter, um darauf zurückzugreifen, wenn er eine kleine Zwischenmahlzeit braucht. Neu gegründete Seeotterpopulationen bevorzugen beliebte Beute wie Seeigel und Meerohren, wenn diese aber erst einmal dezimiert sind, müssen sich die Otter auf eine mehr generalisierte Ernährung umstellen. In einer schon lange bestehenden Population in der Bucht von Monterey in Kalifornien haben sich einzelne weibliche Seeotter jeweils auf bestimmte Beutetierarten spezialisiert, selbst wenn sie Seite an Seite auf Nahrungssuche gehen. Einige konzentrieren sich auf Beute wie Kreiselschnecken, von denen sie in etwas mehr als einer Minute ein Dutzend oder eine »Westentasche« voll sammeln können, von denen sie aber jede sechsmal oder öfter auf einen »Amboß« schlagen müssen, um sie zu öffnen. Im Schnitt dauert es zwei Minuten, bis sie den gesamten Fang an der Wasseroberfläche geknackt haben. Andere favorisieren Beutetiere, die schwerer zu finden sind, wie zum Beispiel Meerohren, die durchschnittlich 63 Tauchgänge von insgesamt 30 Minuten und das Hämmern mit einem Stein unter Wasser erfordern, um sie von den Felsen abzulösen. Dann sind sie aber schnell gefressen und können schnell verdaut werden. Die Töchter übernehmen wahrscheinlich die Spezialität ihrer Mutter.

Die meisten Otter machen nur kurze Tauchgänge; die durchschnittlichen Tauchzeiten für Fischotter (15 Sekunden) und Riesenotter (25 Sekunden) liegen nicht viel über denen des Minks (zehn Sekunden). Die Lungen eines Seeotters sind im Verhältnis dreimal so groß wie die eines Fischotters oder einer Robbe. Doch während die Weddell-Robbe in der Regel für 30 (maximal 75) Minuten taucht, kann der Seeotter nicht länger als zwei Minuten bis in etwa 20 Meter Tiefe vorstoßen. So dient das große Fassungsvermögen ihrer Lungen wohl eher dem Auftrieb als der Atmung. Seeotterbabys, die bis zu einem Alter von sechs bis acht Wochen überhaupt nicht schwimmen können, haben einen so hohen Auftrieb, daß sie nicht untergehen können. Seeotter sind so gut an ein Leben im Wasser angepaßt, daß sie überleben können, ohne je an Land zu gehen.

An Wasser wird Körperwärme 25mal schneller abgegeben als an die Luft, und kleine Tiere verlieren Wärme rascher als große. Deshalb können Otter es sich nicht leisten, klein zu sein. Ihr durchschnittliches Gewicht liegt bei 13 Kilogramm, während das anderer Mustelidenarten bei weniger als drei Kilogramm liegt. Bewegtes Wasser mit vielen Turbulenzen entzieht dem Körper 100mal schneller die Wärme als die Luft, deshalb ist der Seeotter, der sein Leben im Meer verbringt, mit einem Gewicht von bis zu 45 Kilogramm der schwerste. Es ist ein Rätsel, wie der vier Kilogramm leichte Chilenische Fischotter, der sich ebenfalls viel im Meer aufhält, es sich leisten kann, nur die Größe eines neugeborenen Seeotterbabys zu haben. Seeotter und Pelzrobben sind die einzigen marinen Säuger, die sich auf ihr Fell statt auf eine Fettschicht gegen den Wärmeverlust verlassen. Seeotter weisen das dichteste Haarkleid aller Säugetiere auf — mit durchschnittlich 126 000 Haaren pro Quadratzentimeter ist es doppelt so dicht wie das von Pelzrobben. Sie wenden täglich drei Stunden auf, in ihr Fell zu blasen, um es so mit isolierender Luft zu füllen. Ihr Pelz hilft ihnen, sich über Wasser zu halten, das Wasser abzuweisen und eine warme Lufthülle um sich herum aufrechtzuerhalten. Infolgedessen verlieren sie im Wasser tatsächlich nur zweimal so schnell ihre Körperwärme wie an der Luft und nur mit einem Zehntel der Geschwindigkeit wie normale Säugetiere im Wasser.

Diesem Verlust begegnen sie mit einem erhöhten wärmeerzeugenden Stoffwechsel, der mit 2,5- bis 3,2fach höherer Rate abläuft, als man bei einem vergleichbaren terrestrischen Säugetier erwarten würde. Dieses innere Feuer braucht Brennstoff, und der Seeotter frißt gierig: Er verzehrt täglich Mengen, die ca. 23 bis 33 Prozent seines eigenen Gewichts entsprechen. Um den gefährlichen Wärmeverlust ans Wasser zu verringern, müssen Seeotterbabys sehr schnell wachsen und werden daher mit einer Milch ernährt, die außerordentlich reich an Fetten ist.

Die Ernährungsgewohnheiten der Otter haben ihr Sozialverhalten ebenso wie ihre Körper geformt. Viele sind monogam, wie die Chilenischen Fischotter, die man paarweise bei der kooperativen Jagd beobachtete. Einige jedoch, wie der Eurasische Fischotter in Skandinavien, sind polygyn. Die Männchen leben in großen Territorien, welche die kleineren Territorien mehrerer einzeln lebender Weibchen umfassen. Die entlang der Küste der schottischen Shetlandinseln vorkommenden Eurasischen Fischotter leben jedoch aufgrund der speziellen Gegebenheiten in Clans. Sie jagen tagsüber nach Fischen in dem Wald aus Seetang am Meeresboden. Die Küste der Shetlandinseln bietet geschützte und offene Wasserflächen. In ersteren fangen die Otter Aalmuttern, Köhler und Steinköhler, aus letzteren Seequappen und Seeskorpione. Aalmuttern kommen im Sommer am häufigsten vor, Seequappen im Winter. Von November bis Januar stellen sich die Otter von Seequappen auf Köhler und Steinköhler um, obwohl letztere im Winter nicht besonderes zahlreich sind, aber es ist die einzige Zeit, in der sie sich vom offenen Wasser in die Seetangwälder zurückziehen, wo die Otter sie überraschen können. Der Wechsel der Beutetiere von Ort zu Ort und von Jahreszeit zu Jahreszeit bedeutet, daß jeder Otter Zugang zu einem beträchtlichen Küstenabschnitt braucht. Da der kleinste Abschnitt, der die erforderliche Mischung aus exponierten und geschützten Jagdgründen bietet, oft mehr Beute aufweist als ein einzelner Otter braucht, bewohnen meist zwei bis fünf Weibchen gemeinsam ein Territorium, während sich die Territorien der Männchen untereinander und mit denen von mindestens zwei weiblichen Clans überschneiden.

Die Weibchen eines Clans verbünden sich, um benachbarte Eindringlinge abzuwehren, gehen jedoch in ihrem eigenen Kerngebiet in jeweils offenen Bereichen im Seetangteppich alleine auf Fischfang. Diese offenen Bereiche sind in wenigen Stunden leergefischt und erholen sich erst nach etwa 24 Stunden. Deshalb müssen sich die Clanmitglieder verteilen, um zu vermeiden, einen Bereich aufzusuchen, der bereits leergefischt wurde. Die Größe eines Clans in einem Territorium kann unter anderem von der Zahl der zum Fischfang geeigneten Bereiche abhängen, wird aber wahrscheinlich eher durch die Zahl der Moorlöcher an Land begrenzt, die Süßwasser bieten. Wenn sich die Otter der Shetlandinseln nicht regelmäßig im Süßwasser waschen, verstopfen ihre Öldrüsen mit Salz, und ihr Fell verliert seinen Wollwesteneffekt. Werden die Moorlöcher jedoch von zu vielen Ottern zum Waschen genutzt, ist ihr Wasser bald mit Salz gesättigt und für die Körperreinigung nicht mehr verwendbar.

Der brasilianische Riesenotter, der längste, aber nicht der schwerste Mustelide, hat ein noch ausgeprägteres Sozialleben. Schwach territorial lebende Gruppen von bis zu sechs erwachsenen Tieren fischen gemeinsam an Flüssen im Tropenwald. Jede Gruppe scheint aus einem Paar und dessen erwachsenen Nachkommen zu bestehen. Sie markieren ihr Territorium, indem sie an bestimmten Stellen die Vegetation des Flußufers entfernen, Mulden im Schlamm graben und in diese ihre in eine gelartige Masse aus den

Analdrüsen eingehüllten Exkremente absetzen. Zusammen mit ihrem Urin entsteht ein stark riechender Morast, in dem sich die ganze Familie wälzt und mit dem sich die Tiere gegenseitig einreiben. Im Kerngebiet des Territoriums werden solche Stellen häufiger angelegt, die Randbereiche des Territoriums werden mit einzelnen Exkrementen markiert. Jeder Riesenotter weist ein einzigartiges Fleckenmuster am Hals auf, das den Tieren vielleicht hilft, sich untereinander zu erkennen. Die ca. 30 Kilogramm schweren Männchen sind kaum schwerer als die Weibchen, und beide scheinen hingebungsvolle Eltern zu sein. Im Zoo von São Paulo in Brasilien tötete ein Riesenotter-Pärchen gemeinsam einen Pfleger, von dem sie offensichtlich annahmen, er würde ihre Jungen angreifen.

Der geselligste aller Otter ist der Seeotter. Man teilt die Seeotter des Nordpazifik in eine nördliche, bei Alaska vorkommende und eine südliche, kalifornische Unterart ein. Bei den kalifornischen Ottern führen die beiden Geschlechter ein recht eigenständiges Leben. Die Weibchen halten sich das ganze Jahr über in der Nähe des Zentrums ihres Verbreitungsgebiets auf und versammeln sich in Gruppen von vier bis 40 Tieren, die untereinander verwandt sein können, denn man hat Mutter, Tochter und Enkelinnen schon gemeinsam angetroffen. Im Winter bilden die Männchen an der Grenze des Verbreitungsgebiets Gruppen von 20 bis 150 Tieren. Im Frühling und Sommer machen sich die meisten Männchen auf den Weg vom äußersten Rand ihres Areales (Santa Cruz im Norden und Pismo Beach im Süden) ins 60 bis 100 Kilometer entfernte Zentrum, wo einige von ihnen in den von Weibchen bevölkerten Gewässern Fortpflanzungsterritorien gründen. Manche kehren jedes Jahr wieder in dasselbe Territorium zurück, nur wenige Männchen verbleiben das ganze Jahr über in ihren Territorien nahe der Bucht von Monterey.

Das Fortpflanzungsterritorium eines männlichen Kalifornischen Seeotters umfaßt im Durchschnitt 40 Hektar und erstreckt sich bis anderthalb Kilometer von der Küste weg. Die Männchen fressen und paaren sich innerhalb ihrer Territorien, verfolgen Weibchen manchmal aber auch über die Grenzen ihres Territoriums hinaus. Die Weibchen beginnen sich im Alter von vier bis fünf Jahren fortzupflanzen; die Männchen sind zwar ebenfalls mit fünf Jahren geschlechtsreif, brauchen aber vermutlich noch einige Jahre, um ein Territorium zu erobern. Die Weibchen leben in einem ca. 80 Hektar umfassenden Territorium, gehen aber auch in vielen männlichen Revieren auf Nahrungssuche, paaren sich jedoch mit dem Männchen eines anderen Territoriums. Das »Werben« der Seeotter ist eine kurze, brutale Angelegenheit. Das Männchen schwimmt hinter dem Weibchen her, umfaßt mit seinem Maul dessen Schnauze, und beide drehen sich viele Male schnell um ihre Längsachse. Nach einem bis vier Tagen enger Gemeinschaft zieht das Männchen weiter und läßt das Weibchen mit blutender Nase als Erinnerung zurück. Die Weibchen können sich mit mehreren Männchen paaren; dann beginnt nach einer kurzen Verzögerung bis zur Einnistung eine vier- bis sechsmonatige Tragzeit, die mit der Geburt eines einzelnen Jungen endet. Die Mutter füttert und pflegt das Junge, bis es im Alter von fünf bis acht Monaten selbständig wird.

In den letzten 200 Jahren hätte der Mensch den Seeotter beinahe ausgerottet, doch mittlerweile hat er sich erholt. Er entwickelte sich vor einer Million Jahren in den flachen Gewässern des Nordpazifik. Vermutlich hatten die Seeotter während der letzten 8000

Folgende Doppelseite: Vor der kalifornischen Küste teilen weibliche Seeotter ihre Territorien manchmal mit ihren Töchtern und Enkelinnen. Die Konkurrenz zwischen den Gruppenmitgliedern wird wohl dadurch verringert, daß die einzelnen Tiere sich auf eine unterschiedliche Nahrung spezialisieren.

Jahre zunächst nur Kontakt mit den Bewohnern der Aleuten in Alaska. Dennoch gediehen sie bis Mitte des 18. Jahrhunderts, als noch etwa 200 000 an den Pazifikküsten von Nordjapan bis Mexiko lebten. Im Jahre 1741 entdeckte sie dann eine russische Expedition unter der Leitung des dänischen Forschers Vitus Bering in Alaska. Berings Schiff, die St. Peter, lief bei den Kommandeurinseln auf Grund. Bering kam dabei ums Leben, aber eine Handvoll seiner Besatzung überlebte und brachte Seeotterfelle nach Rußland. Bald war diese neue Handelsware mehr wert als der äußerst wertvolle Pelz des Zobels, eines weiteren durch den Wert seines Felles bedrohten Marderartigen aus dem Norden Eurasiens. 1857 verkauften die Russen Alaska für 7,2 Millionen Dollar an die USA, die Seeotterpelze brachten die Kosten jedoch innerhalb von 40 Jahren wieder ein. 1911 lebten weltweit nur noch 2000 Seeotter.

Zwischen 1911 und 1938 sah man Seeotter an der Küste Kaliforniens nur selten. Danach nahm ihre Zahl wie durch ein Wunder wieder zu, und sie breiteten sich jährlich um 1,4 Kilometer entlang der Küste nach Norden und doppelt so schnell nach Süden aus. 1972/73 geriet die Ausbreitung der Seeotter an zwei sandigen Buchten ins Stocken: an der Bucht von Monterey im Norden und der Estero Bay im Süden. Ihre Beutetiere lebten in den Seetangwäldern entlang der Küste, die sandigen Buchten waren für die Seeotter öde Wüsten. Schließlich übersprangen sie 1977 im Süden und 1982 im Norden diese Hürden.

Zwischen 1987 und 1990 siedelte man 127 Seeotter zur Insel San Nicolas Island, 130 Kilometer südlich von Los Angeles um. Die ortsansässigen Meerohrenfischer waren nicht gerade begeistert, doch andere Menschen profitierten von dieser Aktion. Denn Seeotter fressen nicht nur Meerohren und Krabben, sondern auch Seeigel, die den Kelp abweiden. Ohne Kontrolle durch die Otter können die Seeigelpopulationen explodieren und riesige Kelpgebiete verwüsten. Die 80 Meter langen Wedel dieses Seegrases werden zu Nahrungszwecken sowie zur Gewinnung von Jod, Pottasche und Arzneien verwendet. Zusätzlich erhöhen die Kelpwälder beträchtlich den touristischen Wert der kalifornischen Küste, indem sie marinen Tieren Lebensraum bieten und auf diese Weise das Ausüben von touristischen Hobbys von der Vogelbeobachtung bis zur Sportfischerei ermöglichen. Somit profitiert die lokale Wirtschaft von der Ansiedlung der Seeotter. 1992 waren jedoch nur noch etwa 15 der umgesiedelten Otter verblieben; viele fanden wieder zurück in ihre Heimat.

Die Notwendigkeit einer bestimmten Größe für den Erhalt der Körperwärme und einer gewissen Stärke zum Graben begünstigte die Entwicklung einiger stämmiger Otter und Dachse. Die Abkömmlinge von *Miomephitis,* einem Marderartigen, der vor 22 Millionen Jahren in Deutschland lebte, schlugen jedoch einen anderen Weg ein. Die Vertreter der Unterfamilie Mephitinae oder Skunks, auch als Stinktiere bekannt, wurden weitaus kleiner; die 13 modernen Arten wiegen zwischen einem halben und drei Kilogramm. Sie blieben bis vor zehn bis fünf Millionen Jahren in Eurasien, als *Pliogale* schließlich nach Nordamerika überwechselte. Heute ist das Verbreitungsgebiet der Skunks auf die Neue Welt beschränkt.

In Amerika nehmen die Skunks jene Nischen ein, die in der Alten Welt kleine Dachse ausfüllen. Tatsächlich benutzen sie wie Miniaturdachse ihre ansehnlichen Krallen der Vorderpfoten, um ihre Nahrung auszugraben. Sie ernähren sich jedoch weit mehr von Fleisch und verzehren in erster Linie kleine Säugetiere und Insekten, gelegentlich aber auch Früchte. Skunks sind hauptsächlich nachtaktiv und ziehen sich während Schlecht-wetterperioden im Winter für längere Zeit zum Schlafen zurück. Die Weibchen bewohnen Streifgebiete von einem bis zwei Quadratkilometern, die sich jeweils unterschiedlich stark mit denen anderer Weibchen überschneiden. Sie ziehen ihre Jungen alleine auf, denn die Männchen zeigen kein Interesse an den Jungtieren. Jedes Männchen besitzt ein Territorium, das die Gebiete mehrerer Weibchen umfaßt, andere Männchen jedoch ausschließt.

Kleine Carnivoren stehen vor dem Dilemma, sowohl Räuber als auch Beute zu sein, und daher sind viele unauffällig getarnt. Skunks jedoch tragen alle ein elegantes schwarz-weißes Kleid, das sich vor jedem Hintergrund und in jedem Licht auffällig abzeichnet. Die Fellzeichnung unterscheidet sich von Art zu Art ebenso wie von Tier zu Tier einer Art. Das auffällige Muster stellt eine signalhafte Warnung vor ihrer Gewohnheit dar, beim Anblick von Feinden eine nach Schwefel riechende Flüssigkeit zu verspritzen, die sogar zu vorübergehender Blindheit führen kann. Ihre Feinde lernen schnell, die Warnfärbung mit der unangenehmen Erinnerung an den abscheulichen, auf der Haut brennenden Sprühnebel zu verbinden.

Bei Gefahr stellen die Skunks ihren buschigen Schwanz auf, trippeln mit den Vorder-pfoten, gehen steifbeinig und stellen ihre maskenhafte Tracht zur Schau. Bleibt die Gefahr bestehen, dreht ein aufgebrachter Fleckenskunk dem Feind sein Hinterteil zu, richtet sich zu einem Handstand auf und wedelt mit der Unterseite vor dem Gesicht sei-nes Widersachers. Als letzter Ausweg läßt sich der Skunk wieder auf alle viere fallen und verspritzt in einem bis zu fünf Meter weit reichenden Strahl das stinkende Sekret aus seinen Analdrüsen. Er kann recht genau in das Gesicht des Gegners zielen, denn er ist mit einer Art »eingebauter Spritzpistole« ausgerüstet. Merkwürdigerweise mit Aus-nahme der Bären besitzen fast alle Carnivoren je eine kolbenförmige Drüsentasche bei-derseits des Afters. Bei Skunks sind diese Taschen besonders groß, und die wirkungs-vollen Sekrete werden in großen Mengen produziert. Jede Drüsentasche ist von Mus-keln umgeben und mit einem muskulösen Kanal versehen, der in einer kleinen Öffnung endet, welche wiederum von einer kleinen Scheide umgeben ist. Die beiden Scheiden ragen auf jeder Seite des Hinterteiles des Skunks wie Gewehre von einem Geschütz-turm hervor. Kleine Muskeln richten diese »Düse« auf ihr Ziel aus, und die den Kolben umgebenden Muskeln pressen diesen fest zusammen, um den Strahl abzufeuern. Selbst der dümmste Haushund wird die Botschaft nach nur einer Begegnung kapiert haben. Skunks haben nur sehr wenige Feinde.

Während Skunks im allgemeinen nachtaktiv sind und am Boden ihre Nahrung suchen, fanden die Mitglieder einer vierten Unterfamilie, die Mustelinae, verschiedene Wege, aus ihrer langen und schlanken Gestalt Nutzen zu ziehen. Heute gibt es davon 32 Arten, und auch wenn die Unterscheidung unscharf ist, lassen sich 30 davon vier verschiedenen Lebensweisen zuordnen: die baumlebenden Marder, der aquatische Mink, die prärie-lebenden Iltisse und Frettchen und die in der Tundra lebenden Wiesel. Alle diese Räuber haben die langgestreckte Gestalt ihrer Vorfahren noch verfeinert, um ihrer Beute in enge Winkel folgen zu können. Der Vielfraß und der Honigdachs haben sich hingegen zu größeren Räubern in rauheren Regionen spezialisiert.

Der Vielfraß oder Järv ähnelt *Aelurocyon*, einem frühen amerikanischen Gräber. (Die Vielfraße gehören vermutlich zur Wiesellinie der Familie, wenngleich es auch die Mei-

Die auffällige Zeichnung des Streifenskunks dient wohl als »Gedächtnisstütze« für Feinde, die an ihre unangenehme Form der chemischen Abwehr erinnern soll.

nung gibt, sie seien mit den Dachsen verwandt.) Mit einem Gewicht von 15 bis 25 Kilogramm sind Vielfraße die größten landlebenden Musteliden. Sie sind zirkumpolar in den kalten Wäldern und der Tundra des Nordens verbreitet, wo sich ihre großen, fellbedeckten Füße als perfekte Schneeschuhe erweisen. Skandinavische Vielfraße bevorzugen die Jagd und können vom Winter geschwächte Rentiere vom Zehnfachen ihres eigenen Gewichts töten, indem sie auf ihren Rücken springen und sie so überwältigen. In anderen Gebieten, wie in Montana in den USA, leben sie in erster Linie von Aas. Vielfraße können Kadaver aus mehr als drei Kilometern Entfernung riechen und mit ihren starken Kiefern gefrorenes Fleisch und große Knochen problemlos zerkleinern. Ihre Gewohnheit, Fallen zu plündern, machte sie bei Trappern sehr unbeliebt und brachte ihnen einen schlechten Ruf ein: Eskimos nennen den Vielfraß Kee-wa-har-kess — den »Bösen« —, und die frühen amerikanischen Siedler gaben ihm den Namen Glutton — der »Unersättliche« — oder Devil Bear — »Teufelsbär«. Der deutsche Name Vielfraß wird allerdings vom schwedischen Wort Fjällfraß (»Fjällkatze«) abgeleitet.

In Montana bewohnen Vielfraße im Winter riesige Gebiete von rund 400 Quadratkilometern, und in Alaska, wo ihre Nahrung im Winter noch spärlicher vorzufinden ist, sind sie bis zu 700 Quadratkilometer groß. Bisweilen unternehmen sie bis zu 30 Tage lange

Ausflüge von über 160 Kilometern. Im Sommer ziehen sie in 2000 Meter hohen Regionen umher, im Winter steigen sie auf 1300 Meter herab. Während des Sommers ist ihre Ernährung vielseitig und umfaßt Säugetiere und Früchte, im Winter leben sie jedoch überwiegend von Aas oder Vorräten, die sie sechs Monate zuvor angelegt haben. Die Vielfraße Montanas leben wie kleine Bären, mit denen sie auch um Aas konkurrieren. Doch die Vielfraße leben dort nicht territorial, wahrscheinlich weil ihr Sozialleben durch die von Fallenstellern verursachte hohe Sterberate nicht sehr stabil ist. Anderswo besitzen weibliche Vielfraße Territorien, die in den weit größeren und sich überschneidenden Streifgebieten mehrerer Männchen liegen.

Der zwölf Kilogramm schwere Honigdachs ist das Gegenstück zum Vielfraß im ariden Süden von Turkestan bis zum Kap der Guten Hoffnung. Der Honigdachs meidet zwar Artgenossen, bildet aber ein erstaunliches Bündnis mit einem Vogel, dem Honiganzeiger, der mit ihm die Vorliebe für Honigwaben und Bienenmaden teilt. Die Nester einiger Bienenarten kann der Honiganzeiger vermutlich ohne fremde Hilfe aufbrechen, zum Aufbrechen der Befestigungen der größten und besten Nester fehlen ihm jedoch die Mittel. Wenn er nun ein solches Nest entdeckt hat, fliegt er los und sucht einen Honigdachs (oder einen Menschen). Findet der Honiganzeiger (wissenschaftlich mit dem treffenden Namen *Indicator indicator* bezeichnet) einen Honigdachs, flattert er von Ast zu Ast in Richtung des Bienenstockes und wippt dabei verlockend mit seinem Schwanz. Der Honigdachs reagiert mit Grunzlauten, die wahrscheinlich seinen guten Willen bekunden, und folgt seinem gefiederten Freund. Am Nest verstummt der Vogel. Der Honigdachs zerstört das Bienennest natürlich nicht für seinen Führer, aber es bleibt als »Dankeschön« für den Vogel immer genügend übrig.

Unter den kleineren Mustelinen blieben die Marder noch dem alten Handwerk treu, auch in den Baumwipfeln zu jagen — eine Lebensweise, die auf die frühesten Carnivoren vor fast 50 Millionen Jahren zurückgeht. Heute ist der Akrobatischste unter ihnen der Baummarder, der in den Baumkronen sogar Eichhörnchen zu überlisten vermag, wenngleich er hauptsächlich auf dem Boden jagt. Wie die meisten Marder verzehrt der russische Buntmarder oder Charsa gelegentlich Eier; bei einem in menschlicher Obhut lebenden Tier beobachtete man, wie es die Eier knackte, indem es sie mit den Vorderpfoten umklammerte, sich aufrichtete und sie zu Boden warf. Mit einem Eckzahn bohrte es dann ein kleines Loch hinein, gerade groß genug, um den Inhalt aufzulecken, ohne etwas davon zu verschütten.

Der größte Marder ist der Fischermarder oder Pekan, dessen Männchen mit sechs Kilogramm doppelt so schwer sind wie die Weibchen. In den Hemlocktannenwäldern in Ober-Michigan leben die Fischermarder sowohl auf dem Boden als auch auf Bäumen, wo sie sich beweglicher verhalten als Katzen, aber weniger gewandt als der Baummarder. Bisweilen ziehen sie auf der Suche nach Hasen planlos in den Wäldern umher, oder sie gehen auf die Jagd nach Stachelschweinen und folgen dabei Pfaden von bis zu sechs Kilometern zwischen all den ihnen bekannten Stachelschweinnestern. Ein weiblicher Fischermarder kann ein Stachelschwein von nahezu dem Vierfachen seines eigenen Gewichts töten. Bei einer Begegnung mit einem Fischermarder verbirgt ein Stachelschwein sein

Folgende Doppelseite: Der Vielfraß ist der größte Vertreter der Linie der Mustelinen. Er kann Rentiere vom Zehnfachen seines Eigengewichts töten.

Gesicht an einem Baumstamm und stürmt hin und wieder mit herumfuchtelndem Schwanz rückwärts, in der Hoffnung, mit dem Feind zusammenzustoßen. Die gedrungenen Fischermarder können die Stachelschweine aber auf deren eigener Ebene angreifen, im Gegensatz zu den höhergewachsenen Luchsen und Kojoten, die direkt auf die Stacheln des Stachelschweines herabblicken. Sie sind bei der Jagd auf Stachelschweine so erfolgreich, daß sie die Populationen dieser Tiere, die (vielleicht zu Unrecht) als Schädlinge der Forstwirtschaft gelten, zu regulieren scheinen. Leider erkannte dies der Mensch erst, nachdem er die Fischermarder in vielen Gebieten ausgerottet hatte. Im Jahre 1962 siedelte man die Fischermarder in Michigan und Wisconsin wieder an; 13 Jahre später gab es pro 512 Hektar Wald einen Fischermarder, die Stachelschweinpopulationen hatten um 76 Prozent abgenommen.

Die vier bis sechs Kilogramm schwere Tayra in den Wäldern Mittel- und Südamerikas lebt auf Bäumen und erbeutet Vögel und kleine Säugetiere. Sie unterscheidet sich jedoch insofern grundlegend von anderen Mustelinen, als sie auch eine Vorliebe für Früchte hat. Außerdem trifft man die Tayra häufig paarweise und manchmal sogar in größeren Gruppen — wahrscheinlich erweiterten Familien — an, während die übrigen Vertreter dieser Unterfamilie einzelgängerisch leben.

Der erste Carnivor, der nachweislich seine Beutetiere unter der Erde verfolgte, war *Zodiolestes,* dessen griechischer Name die treffende Bedeutung »Tierräuber« hat. *Zodiolestes* war ein geschmeidiges, katzengroßes Tier, das an die Jagd in Erdbaue angepaßt war. Fossilbelege von einem Unglück, das sich vor 24 Millionen Jahren ereignete, brachten seine neuartige Strategie ans Licht. Ein *Zodiolestes* war einem Beutetier in einen langen und engen, spiralig gewundenen Schacht gefolgt, der zwei Meter tief senkrecht in die Erde gegraben war und zu einem unterirdischen Labyrinth führte. Räuber und Beute waren den Spiralen nach unten gefolgt. Die Überreste von *Zodiolestes* versteinerten und machten diesen Augenblick unsterblich, aber den Fossilien waren keine Anhaltspunkte für den Grund seines Todes zu entnehmen. Vielleicht versetzte ihm seine Beute einen tödlichen Abwehrbiß, oder der Räuber war einfach nur zu alt und unbeweglich und blieb in dem engen Gang des Baus stecken.

Der erste bekannte unterirdische Jäger gehörte einer ausgestorbenen Unterfamilie der Musteliden an, den katzenähnlichen Oligobuninae, und seine Beutetiere waren stämmige, in Erdbauen lebende Biber namens *Palaeocastor*. Sie lebten in großen Kolonien, und *Zodiolestes* hatte sich auf sie spezialisiert, bis die Biber ausstarben und ihren Feind mit in den Tod nahmen. Dieses Szenario findet einen traurigen Widerhall in der zeitgenössischen Geschichte des Schwarzfußiltisses, des einzigen Vertreters der Iltisse in Nordamerika. Der Schwarzfußiltis hatte sich auf die Jagd von Präriehunden, einer nordamerikanischen Erdhörnchenart, spezialisiert. Er lebte, jagte, vermehrte sich und starb in der Umgebung von Präriehundkolonien. Wegen seiner unterirdischen, nächtlichen Lebensweise wußte der Mensch lange Zeit gar nicht von seiner Existenz. Als der berühmte Ornithologe John James Audubon einen Schwarzfußiltis bildlich darstellte, warf man ihm sogar vor, ihn erfunden zu haben. Vor 100 Jahren gab es in Amerika schätzungsweise 5000 Millionen Präriehunde, sehr zur Freude der Schwarzfußiltisse. Seither wurde ihre Beute jedoch gezielt durch den Menschen dezimiert, mit der Folge, daß der Schwarzfußiltis in der Natur ausstarb. In menschlicher Obhut überlebten aber zehn Exemplare, die sich bis 1991 auf über 300 Tiere vermehrten, so daß man im Herbst dieses Jahres wieder einige in Wyoming ansiedeln konnte. Zu den unterirdischen Jägern der Grasländer gehören noch der Steppeniltis Eurasiens, der früher anstelle des Europäischen Iltisses als Vorfahre des domestizierten Frettchens galt, der Tigeriltis aus Südosteuropa und Arabien, der Grison der argentinischen Pampas – ein Meerschweinchenjäger – sowie der afrikanische Bandiltis oder Zorilla. Einige dieser Mustelinen zeigen trotz über 20 Millionen Jahren Trennung der Unterfamilien bemerkenswerte Übereinstimmungen mit den Skunks. Der 1,4 Kilogramm schwere Zorilla zum Beispiel weist eine skunkartige, schwarz-weiße Fellzeichnung auf. Bei Gefahr dreht er sich von seinem Gegner weg, hebt seinen Schwanz und richtet einen Kamm entlang seines Rückens auf, damit seine Streifen am besten zur Geltung kommen. Wenn er bedrängt wird, verspritzt er den Inhalt seines Analbeutels und schwenkt seine Hüfte bogenförmig, um den Feind einzunebeln. Schreckt dies den Angreifer nicht ab, stellt sich der Zorilla tot.

Zorillas kommen gemeinsam mit dem 300 Gramm schweren Weißnackenwiesel vor, welches das Duftsekret seiner Analdrüse bei Gefahr bis zu einem Meter weit verspritzen kann. Die beiden Arten ähneln sich ein wenig, auch wenn sie nur entfernte Vettern sind. Ihre auffällige Färbung soll Feinde wahrscheinlich vor ihrem stechenden Sekret warnen, und durch ihr ähnliches Aussehen teilen sie sich vielleicht die Aufgabe, die einheimischen Räuber über die Bedeutung ihres gemeinsamen Signals aufzuklären. Sollte dies der Fall sein, dann profitiert das kleinere Weißnackenwiesel wohl am meisten von dieser Kooperation.

Noch eine Reihe anderer Musteliden zeichnet sich durch sehr auffällige Fellzeichnungen aus. Manche weisen Querbänder am Kopf auf, wie der südamerikanische Grison und das Patagonische Wiesel. In den Gesichtern des Silberdachses, des Europäischen Dachses und des Schweinsdachses finden sich ebenfalls sehr ausgeprägte Längsstreifen. Wie der Silber- und der Europäische Dachs ist auch der Vielfraß ausgesprochen kräftig, aber sein Seitenstreifen ist nur blaß schattiert, wohingegen der des Honigdachses sich sehr deutlich abhebt. Honigdachse werden manchmal auch mit ihrem englischen Namen als Ratel bezeichnet – nach dem Geräusch, das sie machen, kurz bevor sie eine stinkende Flüssigkeit verspritzen, die sogar angreifende Hyänen und Löwen abzuschrecken vermag. Die Europäischen oder Waldiltisse, die Schwarzfußiltisse und die Tigeriltisse haben weiße Ringe um die Augen; ähnliche Ringe zeichnen sich nur schwach im Gesicht der Java-Sonnendachse ab: Alle diese Arten besitzen wirkungsvolle »Analpistolen«.

Das verstreute Auftreten auffälliger Fellzeichnungen unter den Marderartigen ist insofern rätselhaft, als die ungemusterten Otter nahe mit den Skunks verwandt sind, wohingegen die Dachse und Mustelinen nur Schwestergruppen sind. Offenbar haben sich solche Fellzeichnungen mehr als einmal unabhängig voneinander entwickelt und sollen entweder vor einem Duftsekret oder vor Muskelkraft warnen. Es gibt keinen Faktor, wie etwa die Ernährung von Insekten oder die nachtaktive Lebensweise, der alle gestreiften Arten vereint. Klein und verletzlich zu sein führt nicht zwangsläufig zu auffälligen Fellzeichnungen, wie der Mink, die Marder und viele Wiesel beweisen, während Wehrhaftigkeit nicht unbedingt zu Gesichtsstreifen führt, wie man am Vielfraß sieht. Manche Arten ahmen vielleicht größere Vettern nach, aber einige nahmen die Zeichnungen wohl zu anderen Zwecken an, etwa als Signale für Rivalen oder Geschlechtspartner oder als Merkmal bei Begrüßungen.

Der Zorilla gehört zur Mustelinen-Linie, aber seine Fellzeichnung ähnelt jener der Skunks.

Die Wiesel des Nordens haben sich für die Unauffälligkeit entschieden und sind in der Regel einfarbig kastanienbraun gefärbt. Als kleinste Musteliden sind sie das Produkt eines Vorgangs, der vor fünf bis sieben Millionen Jahren mit Klimaveränderungen begann und die Geschichte sowohl der Familie der Katzen als auch der Hunde revolutionierte (siehe die Seiten 56 und 121). Damals wurden die nördlichen Wälder durch Tundragrasland ersetzt, was eine explosionsartige Evolution kleiner, grabender Nagetiere auslöste. Die langgestreckten Musteliden hatten genau die richtige Form, um aus diesem großzügigen Geschenk der Natur ihren Nutzen zu ziehen — sie mußten nur noch kleiner werden. Zur Verkleinerung kam es parallel in zwei Teilen der Welt. In Nordamerika entstand vor etwas mehr als zwei Millionen Jahren das Langschwanzwiesel, kurz danach tauchte als sein evolutionäres Spiegelbild ein altertümliches Hermelin in Eurasien auf. Während des Eiszeitalters fanden diese winzigen Räuber ihre Beutetiere die meiste Zeit des Jahres unter einer Schneedecke vor. Ihre geringe Größe und die langgestreckten Körper, die es dem Hermelin und dem Langschwanzwiesel ermöglichten, in unterirdischen Bauen zu jagen, machten sie auch unter dem Schnee zu guten Jägern. Sie blieben getrennt, bis die polaren Eiskappen vor einer halben Million Jahren große Wassermengen einschlossen, wodurch der Meeresspiegel genügend absank, um die Beringbrücke erneut freizulegen. Das Hermelin wechselte alsbald nach Nordamerika über, wo man seine Fossilien heute in Arkansas zusammen mit jenen von Langschwanzwieseln findet. Sein amerikanischer Verwandter wanderte jedoch nicht nach Eurasien ein. Die Erde erwärmte sich wieder, die Eiskappen gingen zurück, und das Hermelin folgte den neuen Tundragrasländern nach Norden. Ungefähr zur selben Zeit entstand aus der Linie des Hermelins in Eurasien das Mauswiesel, das weniger als 35 Gramm wiegen kann. Während einer weiteren Vergletscherung vor 200 000 Jahren wechselte auch das Mauswiesel nach Nordamerika über.

Das Ergebnis dieser Wanderungen ist, daß heute in Nordamerika drei kleine Wieselarten leben und in Europa zwei. Manchmal bezeichnet man diese drei Arten als »Snow weasels« − »Schneewiesel« −, um sie von verwandten Arten abzugrenzen, die ebenfalls den Namen Wiesel tragen. Normalerweise ist das Langschwanzwiesel das größte, gefolgt vom Hermelin und dem Mauswiesel. In beiden Kontinenten variieren diese Arten jedoch in ihrer Größe. Im Norden Amerikas, wo das Langschwanzwiesel nicht vorkommt, werden die Hermeline größer; in Spanien, wo das Hermelin fehlt, erreichen Mauswiesel die Größe von Hermelinen; und wo Mauswiesel fehlen, sind die Hermeline kleiner. Die innerartlichen Größenunterschiede scheinen also unter anderem auf den Konkurrenzdruck zurückzuführen zu sein. Am deutlichsten wird dies am Durchmesser der tödlichen Eckzähne, der die drei Arten (und innerhalb der Arten die Geschlechter) in jedem Gebiet, in dem sie gemeinsam vorkommen, deutlich voneinander unterscheidet. Bei unterschiedlicher Artenzusammensetzung ergibt sich auch beim Durchmesser der Eckzähne entsprechend eine unterschiedliche Reihenfolge. Andere Marderartige wie der Mink lassen sich ebenfalls in diese Abfolge einordnen. Die verschieden großen Eckzähne spiegeln vermutlich die Spezialisierung auf unterschiedlich große Beutetierarten wider. Aber auch das Klima kann sich auf die Größe von Marderartigen auswirken. So wie Honigdachse nach Süden hin größer werden, werden Hermeline in der Regel in Nordamerika nach Norden hin größer, wohingegen das Mauswiesel in Europa nach Norden hin kleiner wird. Infolgedessen können die Mauswiesel von einem Ort größer sein als die Hermeline von einem anderen.

Die räuberische Raffinesse dieser winzigen Carnivoren ist ohnegleichen. Sie setzen ihren tödlichen Biß so schnell, daß das menschliche Auge ihm nicht folgen kann. Ein Mauswiesel kann ein Kaninchen vom Fünf- bis Zehnfachen seines eigenen Gewichts töten. Entsprechend müßte ein männlicher Löwe eine Asiatische Elefantenkuh töten. Am nächsten kamen dieser räuberischen Vollkommenheit des Mauswiesels unter den Raubtieren noch die Säbelzahnkatzen, die nashorngroße Beute schlugen. Ihre geringe

Folgende Doppelseite: Das Mauswiesel ist der kleinste Carnivor und macht tagsüber Jagd auf Nagetiere wie diese Gelbhalsmaus; bisweilen hält das Mauswiesel seinen Verdauungsschlaf im Nest seines Opfers.

Größe ist dabei eher Auslöser denn Hemmschuh für die Fähigkeiten der »Schneewiesel«. Während sie mit ihren Zähnen den dünnen Schädel eines Kaninchens durchbohren können, vermögen die aus demselben Material aufgebauten und im Verhältnis sogar größeren Zähne von Großkatzen den stärkeren Kräften nicht standzuhalten, die notwendig sind, um sie durch die Schädeldecke eines Nashorns zu bohren. Darüber hinaus kann ein Mauswiesel das Zehnfache seines eigenen Gewichts tragen – dies könnte ein Wiesel von der Größe eines Löwen nicht. Das liegt daran, daß die Muskelkraft nur proportional zur Fläche der Muskelmasse zunimmt, während sich das Gewicht proportional zum Volumen erhöht. Um also der Kraft eines zierlichen, kleinen Carnivoren vergleichbar nahe zu kommen, muß ein großer Carnivor schon sehr stark gebaut sein – mit einer außerordentlich vergrößerten Muskeloberfläche. Um jedoch das Zehnfache seines Eigengewichts tragen zu können, müßte ein löwengroßes Tier eine unverhältnismäßig und absurd große Muskeloberfläche besitzen.

Die Fähigkeiten der »Schneewiesel« sind legendär, besonders ihre Gewohnheit, die Opfer mit einem »Tanz« in »Hypnose« zu versetzen. Hermeline unternehmen angeblich gymnastische Verrenkungen, die ihre Beutetiere, die Kaninchen, so zu hypnotisieren scheinen, daß die Räuber auf Reichweite an sie herankommen. Scheinbar sterben die Opfer häufig vor Schreck. Hermeline tanzen auch recht oft ohne Publikum. Diese Darbietungen könnten Versuche darstellen, Beutetiere anzuziehen, oder sie haben ihre Ursprünge in einer Art Spielverhalten. Möglicherweise sind solche Hermeline auch Opfer von parasitischen Fadenwürmern, die in den Schädel eindringen. Ein derartiger Parasitenbefall ist wahrscheinlich sehr schmerzhaft, ein sich krümmendes Hermelin könnte also auch einfach vor Schmerzen verrückt sein.

Ihre Fähigkeiten, die sie bei der Jagd zeigen, schützen die kleinen Mustelinen jedoch nicht vollständig vor den Gefahren ihrer Zunft. Man hat beobachtet, daß Langschwanzwiesel, denen bei der Jagd auf Baumwollschwanzkaninchen in einem Gehege ein Angriff mißlang, mit ziemlicher Wahrscheinlichkeit von den Kaninchen getötet werden. Außerdem macht ihre geringe Größe die »Schneewiesel« zu beliebten Opfern größerer Räuber. Mit ihren tiefbraunen Fellen sind sie im Sommer gut getarnt, würden jedoch im Winter auffallen wie Leuchtfeuer. Daher legen sie in schneereichen Regionen ein weißes Winterkleid an. Vom Mauswiesel gibt es in Europa eine nördliche (*Mustela nivalis nivalis*) und eine südliche Unterart (*M. n. vulgaris*). In einem 100 Kilometer breiten Band in Schweden bei etwa 60 Grad nördlicher Breite, etwa in der Höhe von Stockholm und Uppsala, treffen die beiden Unterarten aufeinander. Südlich dieser Zone bleiben die Mauswiesel das ganze Jahr über braun, nördlich davon legen sie ein rein weißes Winterkleid an. Entlang der Trennungslinie haben einige Tiere ein Winterfell, andere nicht.

Ob Hermeline, die an einer Klimagrenze leben, im Winter ein weißes Fell annehmen, wird durch ein bestimmtes Gen reguliert. Bei welcher Temperatur ein Farbwechsel erfolgt, variiert von Ort zu Ort und auch von einem Körperteil des Hermelins zum anderen. Während beispielsweise die Flanken und die Unterseite schon bei zwei Grad Celsius weiß werden, wechseln der Kopf und der Rücken ihre Farbe wohl erst bei minus ein Grad Celsius. Infolgedessen verwandeln Hermeline dort ihr Fell in ein weißes Winterkleid, wo für mindestens 40 Tage im Jahr mehr als zwei Zentimeter Schnee liegen. Wo das Klima am Rande dieses Schwellenwertes schwankt, kommen häufig gescheckte Hermeline vor. Ein Exemplar aus den Schweizer Alpen (einer Zone weißer Hermeline), das man nach England gebracht hatte (wo die Hermeline im Winter braun bleiben), nahm weiterhin hartnäckig seine weiße Farbe an, wie seine Artgenossen in den Alpen. Auffallend ist die schwarze Schwanzspitze des Hermelins, die bei seiner ansonsten reinweißen Tarnfärbung wie ein Makel wirkt, aber dieser schwarze Fleck hat eine Funktion. Greifvögel, die das Tier aufspüren, richten ihren Angriff auf die auffällige Schwanzspitze und zögern dann in letzter Sekunde, verwirrt von der Tarnfarbe des Körpers. Vermutlich wiegt der Vorteil, den Feind von seinem tödlichen Stoß abzuhalten, jedes Risiko auf, das zunächst einmal durch die schwarze Schwanzspitze entsteht.

Ein weiteres durch ihre geringe Größe bedingtes Problem ist, daß die »Schneewiesel« sehr rasch Körperwärme verlieren. Überdies haben ihre langgestreckten, schlanken Körper eine größere Oberfläche und verlieren die Wärme somit dreimal schneller als vergleichbar große, aber mehr kugelförmige Körper wie der einer Wühlmaus. Wiesel können kein Winterfett ansetzen, ohne ihren günstigen Körperbau zu ruinieren. Folglich bemühen sie sich, genügend Nahrung zu sich zu nehmen, um den Verlust an Energie auszugleichen, die sie verbrennen, um ihren rasend schnellen Stoffwechsel anzuschüren. Wenn sie unter der Schneedecke entlanglaufen, sind sie wie in einem Iglu vor der schneidenden Kälte geschützt. Zum Schlafen brauchen sie ein warmes Plätzchen, und so übernehmen sie einfach die mit Fell ausgepolsterten Nester der Nagetiere, die sie erbeuten.

Die grabenden Nager, denen die »Schneewiesel« ihre Existenz verdanken, breiteten sich im Eiszeitalter stark aus. Wie die zeitgenössischen Lemminge und Wühlmäuse der nördlichen Tundren waren die Populationen dieser altertümlichen Nagetiere wahrscheinlich enormen Schwankungen unterworfen. Die Populationen der Braunen Lemminge in der Tundra Alaskas erreichen alle vier Jahre einen Höhepunkt von über 200 Tieren pro Hektar, fallen dazwischen aber auf weniger als ein Tier pro Hektar ab. Die Populationen der frühen »Schneewiesel« waren wahrscheinlich ebenso einem ständigen Aufstieg und Niedergang unterworfen. Das hat wohl die Fähigkeit außerordentlich begünstigt, sehr rasch sehr viele Jungtiere hervorzubringen, um aus einem Überangebot an Beute so viel Kapital zu schlagen wie möglich. Mauswiesel und Hermeline haben dazu vor allem aufgrund ihres Größenunterschieds sehr unterschiedliche Methoden der Fortpflanzung entwickelt.

Unter gleichen Bedingungen pflanzen sich kleinere Säuger schneller fort als größere, was darauf zurückzuführen ist, daß der Stoffwechsel kleiner Säugetiere besonders hoch ist. Der erhöhte Stoffwechsel soll den Wärmeverlust aufgrund der geringen Größe ausgleichen. Bei einem beschleunigten Stoffwechsel verläuft alles schneller: das Wachstum, die Tragzeit, das Leben. Das Herz eines weiblichen Mauswiesels schlägt 500mal pro Minute, und mit drei Monaten ist das Tier bereits geschlechtsreif. Wenn es also im Frühjahr geboren wird, hat es noch im selben Sommer seinen ersten Wurf — etwa zum selben Zeitpunkt, an dem seine Mutter ihren zweiten Wurf des Jahres zur Welt bringt. Mauswiesel bekommen durchschnittlich ca. sechs Junge. Ein Weibchen kann also pro Jahr möglicherweise 30 Abkömmlinge hervorbringen: sechs in seinem ersten Wurf, weitere sechs im zweiten, und je sechs Nachkommen seiner drei Töchter. Seine Söhne pflanzen sich im ersten Jahr wahrscheinlich noch nicht fort. Bei einer mittleren Lebenserwartung von weniger als einem Jahr, ist eine derartig produktive Fortpflanzung durchaus sinnvoll.

Hermeline sind größer, wachsen langsamer und leben bis zu zweieinhalb Jahren. Sie wachsen nicht schnell genug, um sich noch im eigenen Geburtsjahr selbst noch fortpflan-

zen zu könnnen, und sie vermögen auch keine zwei Würfe in einem Jahr zur Welt zu bringen. Sie bringen ihre Jungen zu Beginn des Frühlings zur Welt, wenn besonders viele
Beutetiere zur Verfügung stehen. Sie erreichen dies wie die Bären (siehe Seite 173)
durch eine verzögerte Einnistung der befruchteten Eizelle. Diese Art der Fortpflanzung
mit Hilfe eines Ruhekeims ist bei Musteliden derart verbreitet, daß sich wahrscheinlich
auch altertümliche Mauswiesel auf diese Weise fortpflanzten, diese Strategie dann aber
aufgaben, um ihre Geburtenrate zu erhöhen. Weibliche Hermeline tragen die ruhenden
Keime für neun Monate in ihrem Körper, bevor eine einmonatige Tragzeit beginnt. Die
Verzögerung erschwert es den Hermelinen, abzuschätzen, wie das Nahrungsangebot
zum Zeitpunkt der Geburt der Jungen aussehen wird. Vom bestmöglichen Nahrungsangebot ausgehend, produzieren sie im Schnitt acht bis zehn, maximal 19 Eizellen. Ist die
Nahrungsversorgung zum Zeitpunkt der Geburt nicht ausreichend gesichert, reduzieren
sie die Wurfgröße durch eine Mischung aus Fehlgeburten und Nestlingssterblichkeit.

Weibliche Hermeline paaren sich schon als noch nicht entwöhnte Nestlinge. Die Her-
melinmutter kommt noch während des Säugens in den Östrus, und vielleicht wird das
Fortpflanzungssystem ihrer saugenden Töchter durch die in der Muttermilch vorhandenen Hormone angeschaltet. Die weiblichen Nestlinge paaren sich mit dem gegenwärti-
gen Partner ihrer Mutter, der mit hoher Wahrscheinlichkeit nicht ihr Vater ist. Männliche
Hermeline, die man dabei beobachtete, wie sie Jungen Nahrung brachten, versorgten
wohl nicht ihren Nachwuchs, sondern investierten in die noch kindlichen Mütter ihrer
noch ungeborenen Jungen.

Sich bereits als Nestling zu paaren verdoppelt zusammen mit der verzögerten Einnistung die Zahl der Würfe, die ein weibliches Hermelin im Durchschnitt in seinem Leben
hervorbringen kann. Infolgedessen kann ein Hermelinweibchen in einem schlechten Jahr
mehr Nachkommen zur Welt bringen als ein Mauswiesel, in einem Spitzenjahr aber nicht
mehr als etwa 13 Junge. Seine Lebenserwartung liegt jedoch erheblich höher als die
eines weiblichen Mauswiesels, was seine Chance erhöht, sich in einem guten Jahr fortzupflanzen. Ihre unterschiedlichen Fortpflanzungsstrategien haben zur Folge, daß weder
Mauswiesel noch Hermeline für lange Zeit zahlenmäßig überhandnehmen, wenn sie in
einer wechselhaften Umwelt leben.

Es gibt noch andere Marderartige, die – wie das Mauswiesel – keine verzögerte Einnistung aufweisen, und einige davon sind sehr rätselhafte Tiere. Während Marder sich
beispielsweise ausnahmslos mit Ruhekeimen fortpflanzen, im Falle des Fischermarders
ruhen sie 300 Tage, kennen Europäische Iltisse keine Ruhekeime. Eurasische Fischotter haben herkömmliche Tragzeiten, wohingegen beim Nordamerikanischen Fischotter
die Einnistung verzögert erfolgt. Bei den Dachsen im Norden Eurasiens dauert die
Schwangerschaft sechs Wochen, und sie gebären ihre Jungen im Februar. Ohne verzögerte Einnistung müßten sie sich im Dezember paaren, zu einer Zeit, in der sie sich in
einem Zustand tiefer Lethargie befinden. Daher paaren sie sich früh, und die Einnistung
erfolgt verzögert. Weibliche Europäische Dachse haben ungewöhnlicherweise mindestens zwei Östrusperioden – eine oder mehr im Frühjahr und eine im Herbst – und gebären im folgenden Frühling. Ein möglicher Grund für diese zweite Fortpflanzungszeit
ist, daß sich der Status der Männchen in der Gruppe zwischen den Paarungen im Frühjahr und der Geburt der Jungen ändern kann. Darüber hinaus ist es für ein einzelnes
Männchen wahrscheinlich schwieriger, alle Paarungen für sich zu beanspruchen, und

vielleicht verringern gemischte Würfe die Gefahr der Kindestötung und der Inzucht. Es wäre interessant zu wissen, ob in einer Dachsgruppe die im Herbst gezeugten Jungen dieselben Väter haben wie die im Frühjahr gezeugten.

Weibliche Minke sind im Frühjahr viermal aufnahmefähig, wobei durch den energischen Geschlechtsakt ein Eisprung ausgelöst werden kann. Zwischen den Perioden der Aufnahmefähigkeit liegen sechs bis zwölf Tage, und während jeder kann eine neue Welle von Eizellen in die Gebärmutter gelangen. Weibchen, die sich schon früh paaren, verschieben die Einnistung um fast zwei Monate, solche, die sich spät paaren, zögern sie nur um 14 Tage hinaus, so daß alle im Mai gebären. Während jeder Hitzeperiode kann ein Weibchen von mehr als einem Männchen umworben werden, und so kann aus einem Eisprung ein Wurf hervorgehen, der mehr als einen Vater hat. Selbst wenn ein Weibchen während seiner ersten Hitze befruchtet wird, kommt es danach erneut in Hitze. Bei jedem Eisprung sichert sich das letzte einer Reihe von Männchen, die sich mit dem Weibchen paaren, den größten Teil an den Nachkommen. Dieses System geht davon aus, daß das letzte in einer Abfolge von Männchen wahrscheinlich auch das beste ist. Wahrscheinlich kann das Weibchen sich nicht aussuchen, mit wem es sich paart, aber sein Fortpflanzungssystem ermöglicht es ihm, auf einen hochwertigen Partner zu warten, ohne zu riskieren, am Ende ohne Nachwuchs zu bleiben, weil es am Anfang zu wählerisch war. Das System verleitet vielleicht auch hochwertige Männchen, in der Nähe zu bleiben, für den Fall, daß sich ein späteres Männchen die von ihm befruchteten Eizellen »aneignet«. Sich früh paarende Männchen versuchen, die Pläne der später kommenden zu vereiteln, indem sie die Weibchen durch Paarungen für sich beanspruchen, die bis zu drei Stunden dauern können und während derer sie mehrmals ejakulieren.

Die Paarung ist bei den meisten Marderartigen ein recht unfeierlicher Akt. Der männliche Europäische Iltis zum Beispiel packt das Weibchen während der Kopulation im Genick und fixiert es mit einem Biß, bei dem sogar Blut fließt. Weibliche Minke stellen ihre sexuelle Erfahrung durch ein weißes Abzeichen in ihrem Nacken zur Schau, gebildet durch weiße Haare, die dort wachsen, wo die Zähne des Männchens Narben auf der Haut hinterließen. Der männliche Tigeriltis zeigt seine Fortpflanzungsbereitschaft durch sein Fell, das von einem bescheidenen Gelbbraun zu einem aufregenden Orange übergehen kann, das um so intensiver wird, je mehr die Fortpflanzungszeit naht. Die Färbung des Männchens reflektiert seinen Testosteronspiegel, der wiederum ein Zeichen seiner Dominanz ist. Wenn ein orange geflecktes Männchen auf einen gelblichen Rivalen trifft, dominiert das leuchtender gefärbte Individuum. Ein gelblich gefärbtes Männchen, das ein Territorium übernimmt, wechselt in den darauffolgenden Wochen seine Farbe, wenn es jedoch wieder vertrieben wird, verblaßt seine orangerote Färbung wieder zu einem Gelbbraun.

Bei den Marderartigen sind die Männchen den Weibchen meist überlegen, weil sie größer sind. Männliche Vielfraße und Zorillas wiegen anderthalbmal soviel wie weibliche, männliche Fischermarder können doppelt und Mauswieselmännchen 2,24mal so schwer werden wie ihre Weibchen. Die Männchen der Europäischen Dachse und der meisten Otter sind nur geringfügig schwerer als ihre Weibchen, wohingegen männliche Seeotter und Eurasische Fischotter aus Nord- und Westeuropa — nicht aber aus Süd- und Osteuropa — bedeutend größer sind. In der Regel ist die Differenz bei jenen Arten am geringsten, bei denen Paare sich ein Territorium teilen.

Es wurde behauptet, die Größendifferenz verringere die Konkurrenz zwischen Männchen und Weibchen, wie die Ernährungspezialisierungen der Seeotter die Konkurrenz zwischen Weibchen vermindern, die sich ein Gebiet teilen. Ein männlicher Honigdachs in der Kalahari wanderte bei der Verfolgung von Hasen, Kapfüchsen und Schlangen 174 Quadratkilometer umher, während ein Weibchen und seine Tochter zusammen 54 Quadratkilometer bewohnten und dort Mäuse, Skorpione, kleine Echsen und Insekten jagten. Insbesondere die kleinen, unterirdischen Jäger benötigen eine hohe Energiezufuhr, um ihren Stoffwechsel anzutreiben; daher beschränken viele von ihnen Auseinandersetzungen auf ein Minimum. Ein Weg dazu führt über die unterschiedliche Größe und die damit einhergehenden Unterschiede in der Ernährung. Zwischenartliche Unterschiede mögen aber auch durch Konkurrenz zu erklären sein. In Großbritannien zum Beispiel leben männliche und weibliche Hermeline sowie männliche und weibliche Mauswiesel nebeneinander und wiegen durchschnittlich in dieser Reihenfolge 321, 213, 116 und 62 Gramm. Ähnlich lebt der 770 Gramm schwere Zorilla mit dem 310 Gramm wiegenden Weißnackenwiesel zusammen, während der 870 Gramm schwere Amerikanische oder Fichtenmarder sein Gebiet mit dem zwei bis fünf Kilogramm wiegenden Fischermarder teilt. Die Größenunterschiede trennen rivalisierende Arten: Kleine Arten vermögen beispielsweise in Bauen zu jagen, durch die sich ihre Konkurrenten nicht zwängen können. Dennoch war man besorgt, daß der ein Kilogramm schwere amerikanische Mink, der in Europa aus Pelztierfarmen entkam, den zehn Kilogramm wiegenden Eurasischen Fischotter verdrängen könnte. Denn Otter sind auf Fische, Krebse und Frösche spezialisiert, die auch Teil der generalisierteren Ernährung des Minks sind. In Skandinavien aber zeigen die beiden Arten im Sommer recht unterschiedliche Ernährungweisen; der Otter konzentriert sich dann auf große Fische, der Mink auf kleine Säugetiere. Im Winter leben sie in härterer Konkurrenz, weil der Frost sie beide ins offene Wasser drängt. In von Ottern belebten Seen wird man Minke nur selten sehen, aber an zugefrorenen Wasserläufen, wo das Eis den Fischfang — die Stärke des Otters — behindert. So vermögen diese beiden Arten offensichtlich als Spezialist und Generalist in Koexistenz zu leben. Daß der seltene Europäische Mink in Koexistenz mit dem Einwanderer leben wird, ist aber eher unwahrscheinlich.

Eine andere Erklärung für die Größenunterschiede zwischen den Geschlechtern ist, daß die Aufgabe der Weibchen, die Jungen aufzuziehen, sie an ihre Höhle bindet und somit ihr Territorium und damit auch ihre Körpergröße limitiert. Ohne die Hilfe seines Partners muß ein weibliches Hermelin, wenn es säugt, bis zu viermal mehr Beute pro Tag schlagen. Wäre es so groß wie ein Männchen, bräuchte es täglich noch eine Wühlmaus mehr. Um diese zusätzliche Wühlmaus zu jagen, müßte es sich länger von seinen Jungen trennen, die in den ersten fünf bis sieben Wochen auf seinen Schutz und seine Körperwärme angewiesen sind. Ähnlich muß ein Fischermarderweibchen, solange seine Jungen noch klein sind, alle vier Tage einen Hasen verzehren, alle 22 Tage ein Stachelschwein oder alle fünf Tage ein Kilogramm Aas. Wenn seine Jungen acht Wochen alt sind, braucht es das Doppelte. Es ist in einem Teufelskreis gefangen: Um Milch zu produzieren, muß es mehr jagen; dadurch verbrennt es aber mehr Energie, also muß es noch

Der Mink oder Amerikanische Nerz ist heute in Großbritannien weit verbreitet, nachdem er aus Pelztierfarmen entkommen ist. Für Fischbestände stellt er keine Gefahr dar, Schermauspopulationen kann er jedoch ebenso wie bodenbrütenden Seevogelkolonien schweren Schaden zufügen.

mehr zu sich nehmen. Fischermarder legen manchmal bis zu zehn Kilometer zurück, bis sie Beute machen, und saugende Jungtiere können ein Weibchen zwingen, 21 Stunden am Tag zu jagen, was es sehr erschöpft. Wäre das Weibchen doppelt so groß, würde sein entsprechend größerer Appetit es zwingen, rund um die Uhr zu jagen und die Jungen unbeaufsichtigt zurückzulassen.

Es wird auch die These vertreten, daß der zunehmende Körperumfang trächtiger Weibchen deren Größe begrenzt. Die Weibchen unterirdischer Jäger müssen auch während der Schwangerschaft in die Baue ihrer Beutetiere eindringen können — sie sind zu dieser Zeit hungriger denn je. Der Körperdurchmesser eines trächtigen weiblichen Mauswiesels ist mit dem eines Männchens zu vergleichen.

Andererseits stellt sich nun aber die Frage, warum Männchen größer sind. Es könnte an den unterschiedlichen Problemen liegen, mit denen beide Geschlechter konfrontiert sind. Während der Fortpflanzungserfolg eines Weibchens größtenteils von seiner Fähigkeit abhängt, die Ernährung zu sichern, hängt der eines Männchens davon ab, ob und wie erfolgreich es Weibchen zu erobern vermag. Größere Männchen mit mehr Muskelkraft können auf der Suche nach einer Partnerin weiter umherwandern und dominieren über kleinere Rivalen, wenn sie ein Weibchen gefunden haben. Außerdem wählen Weibchen — sofern sie überhaupt die Auswahl haben — eher große Männchen als Geschlechtspartner aus, in der Hoffnung, daß deren Fortpflanzungsfähigkeit auf ihre Söhne weitergegeben wird. Die Tatsache, daß der Größenunterschied zwischen den Geschlechtern bei den kleinsten Wieselarten am auffälligsten ist, könnte daher rühren, daß größere Carnivoren im allgemeinen unverhältnismäßig größere Territorien benötigen, da sie sich von größeren Beutetieren ernähren und diese in der Regel seltener sind.

Bei den meisten Marderartigen überschneiden sich die Territorien der recht einzelgängerisch lebenden Männchen und Weibchen, doch im Detail gibt es zwischen den verschiedenen Arten enorme Unterschiede. Bei den am meisten carnivoren Arten, wie dem Fischermarder, dem Mink und dem Hermelin, schließen die größeren Reviere der Männchen die kleineren Territorien solitärer Weibchen ein. Weibliche Skunks und Silberdachse sind mehr Allesfresser, und ihre Territorien überschneiden sich, wenngleich die Individuen einzelgängerisch leben. Männliche Skunks bewohnen Territorien, die jene mehrerer Weibchen umfassen, die von männlichen Silberdachsen überschneiden sich offenbar weitgehend.

Diese Unterschiede wirken sich auf das Verhalten der Männchen aus, inwieweit sie versuchen, die Weibchen für sich zu beanspruchen. Manche versuchen, sich das ausschließliche Recht auf mehrere Weibchen zu sichern, indem sie deren Territorien in ihres einschließen, andere wandern zwischen mehreren Weibchen umher. Darüber hinaus gibt es noch Abstufungen zwischen diesen beiden Formen. Bei einigen Arten beispielsweise, wie etwa Hermelinen, Fichtenmardern, Silberdachsen und Mauswieseln, tritt zu Beginn der Fortpflanzungszeit eine dramatische Veränderung ein. Die meisten dominanten Männchen verlassen ihr Gebiet, das vermutlich ein Nahrungsterritorium war, und ziehen weit umher; die Streifgebiete dominanter männlicher Hermeline vergrößern sich zu dieser Zeit um das 50fache. Selbst Männchen, deren Territorien normalerweise andere Männchen ausschließen, wie beim Mink, werden von Eindringlingen bedrängt, wenn die Weibchen in Hitze sind. Ob die Männchen es mit einer ausschließenden territorialen Polygynie versuchen oder in Promiskuität leben und zwischen verschiedenen

Weibchen umherwandern, hängt unter anderem davon ab, wie weit die Weibchen verteilt sind, und das wiederum ist von deren Ernährungsweise abhängig. Die Streifgebiete von Vielfraßen sind wie die von Bären so riesig, daß männlichen Vielfraßen vermutlich kaum eine andere Wahl bleibt, als zwischen verschiedenen Weibchen umherzuwandern. In kleinerem Maßstab stellte man dies auch beim Sibirischen Feuerwiesel in Japan fest: Wo die 600 Gramm schweren Weibchen weit verstreut waren, schloß das Territorium jedes Männchens nur das eines einzigen Weibchens ein; wo es das vorhandene Nahrungsangebot jedoch erlaubte, daß die Territorien der Weibchen enger beieinander lagen, tendierten die Männchen zur Promiskuität.

Im Gegensatz dazu leben einige Populationen der Europäischen Dachse und Eurasischen Fischotter und möglicherweise auch die Tayras in Territorien, in denen das Nahrungsangebot mehrere Artgenossen ernähren kann. Jeder wurmfressende Dachs benötigt mehrere Wiesen, jeder Otter auf den Shetlandinseln braucht ein Stück geschützte und ein Stück exponierte Küstenlinie, und jede Tayra braucht fruchttragende Bäume. Diese Nahrungsquellen ermöglichen ein Leben in der Gruppe, aber die Ernährungsweise führt zu geringfügigen Unterschieden im Sozialleben. Die Art und Weise, wie die Otter der Shetlandinseln fischen, zwingt sie dazu, alleine zu operieren, während die Wurm- und Fruchtfresser gemeinschaftlich auf Nahrungssuche gehen können. Während die tropischen Früchte der Tayra das ganze Jahr über vorhanden sind, sehen sich die Dachse der gemäßigten Zone mit einem kargen Winter konfrontiert, der sie zu einer Winterruhe zwingt; hierzu drängen sie sich in einer Gemeinschaftshöhle zusammen, wobei ihre Herzfrequenz von 55 auf 25 Schläge pro Minute sinkt.

Während das Teilen der Höhle und des Territoriums mit den Weibchen die männlichen Dachse nicht davon abhält, in der benachbarten Gruppe Jungtiere zu zeugen, scheinen Otter etwas treuer zu sein. Die meisten Otter leben monogam, wie die omnivoren Hunde, statt polygyn, wie die carnivoren Wiesel und Katzen. Man weiß zuwenig über ihre Beute, um zu erklären, warum dies so ist. Riesenotter haben zwei verschiedene Wohngebiete: Die Trockenzeit verbringen sie in der Nähe kleiner Bäche, während sie in der Regenzeit in viel größeren Gebieten umherstreifen. Dies mag ihnen vielleicht das Zusammenleben ermöglichen. Man beobachtete auch, wie Riesenotter gemeinsam mit Flußdelphinen fischten. In Peru erhöhen gesellige Riesenotter ihren Erfolg beim Fischfang, indem sie bei der Jagd kooperieren, und sie profitieren von der gemeinschaftlichen Abwehr gegen Anakondas, über die sie im Notfall gemeinsam herfallen. Die Sicherheit, die eine Gruppe gegen Haie bietet, mag auch weibliche Seeotter dazu bewegen, im offenen Wasser gemeinsam zu jagen. Doch die weiblichen Seeotter kommen auch zusammen, um in den geschütztesten Kelp-Bänken zu schlafen. Die Männchen besitzen in den Gebieten, in denen die Weibchen sich sammeln, Paarungsterritorien. Die Gesellschaftsstruktur der Seeotter erinnert an die blattfressender Antilopen. Die Tatsache, daß die Männchen außerhalb der Fortpflanzungssaison Junggesellenherden bilden, unterstreicht diese Parallele.

Zahlreiche Marderartige hatten schwer unter den Menschen zu leiden. Im Jahre 1937 schickte Kanada 50 000 Hermelinpelze als Geschenk zur Krönung von König George VI. nach Großbritannien. Wildhüter dezimierten die Europäischen Iltisse, der Schwarzfußiltis mußte zahlreichen Rinderfarmen weichen, und der Eurasische Fischotter wurde durch die Flut giftiger Chemikalien in der Landwirtschaft stark dezimiert. Nur eine Art, der Steinmarder, hat den Spieß gegen den Menschen umgedreht. Seine Geschichte beginnt gegen Ende des Eiszeitalters, als die Steinmarder sich im Gebiet der heutigen Türkei und Syriens entwickelten. Sie breiteten sich nach Norden aus, folgten dabei vermutlich den Menschen und überquerten im Mittelalter die Alpen nach Deutschland. Der Handel mit ihren Häuten hätte wahrscheinlich zu ihrer Ausrottung geführt, aber zu Beginn des 20. Jahrhunderts brach der Markt zusammen. Dann stellte sich dem Steinmarder eine unvergleichliche Herausforderung: die Eroberung der Städte. Wie erfolgreich sie dabei waren, zeigt die Tatsache, daß die Zahl der in Deutschland geschossenen Steinmarder von 5000 im Jahre 1960 auf 50 000 im Jahre 1990 anstieg.

Ihr Erfolg hatte für die Menschen unerfreuliche Konsequenzen. Der Ärger begann im Jahre 1979 in der Schweizer Stadt Winterthur, wo in einer wahren Flut von Vandalismus Automotoren beschädigt wurden. Nach monatelangen Beschwerden war der Polizist Ruedi Muggler am Ende seiner Kräfte. Deshalb postierte er sein eigenes Fahrzeug als Lockvogel und legte sich auf die Lauer. Einige Stunden später beobachtete er mit Erstaunen, wie eine Steinmarderfamilie zu seinem Wagen trottete und unter die Motorhaube kletterte. Dort machten sich die Marder an die Zündung und andere mit Gummi ummantelte Kabel, den Kühlwasserschlauch und den Isolationsschaum und begannen zu kauen.

Zunächst vergnügten sich die Steinmarder nur in der Umgebung von Winterthur auf diese Weise. Dann breitete sich diese Gewohnheit aus, wie die der Blaumeisen in England, die Verschlüsse von Milchflaschen zu öffnen. Mittlerweile werden Tausende von Fahrzeugen in der Schweiz, in Österreich und Deutschland von »Automardern« heimgesucht. Audi berichtet, daß jährlich 10 000 Fahrzeuge seiner Kunden von Mardern beschädigt werden. In einer Nacht im April 1988 wütete ein einzelner Steinmarder auf einem Parkplatz in München: 100 Autos wurden dabei in Mitleidenschaft gezogen. Allmählich gehen die Marder auch auf größere Ziele über: Sie brachten bereits Züge zum Stillstand, indem sie die Signalkabel durchknabberten, und bissen Computer- und Fernsehkabel durch. Ein besonders erfinderischer Marder verband zwei stromführende Drähte in einem Kraftwerk. Leider verlief das Experiment für ihn tödlich, und so konnte er sich nicht an der Reaktion von 25 000 Menschen ergötzen, bei denen für zwei Tage die Lichter erloschen.

Eine Erklärung für das seltsame Verhalten der Steinmarder ist, daß die Mütter ihre Jungen auf den Motoren zur Welt bringen, weil diese warm sind. Für die in den Autos geborenen Jungen stellen die Kühlwasserschläuche die erste potentielle »Nahrung« dar, mit der sie spielen können. Unter Motorhauben installierte Videokameras offenbarten jedoch, daß auch Marder, die noch nie zuvor ein Auto gesehen hatten, unfehlbar die Kabel ansteuerten. Ein weiteres Rätsel ist, warum die Marder so beharrlich sind und jede Nacht wiederkommen, um an einem der unverdaulichen Kabel zu kauen. Vielleicht lockt sie der Geschmack des Gummis oder des Kühlmittels an. Selbst stechend riechende Chemikalien haben die plündernden Marder nicht abhalten können. Mittlerweile haben Audi und Mercedes zur Abschreckung Starkstromteile entwickelt, die von der Autobatterie gespeist werden. Den auf diese Weise »schockierten« Mardern stehen die Haare zu Berge, ansonsten aber bleiben sie unversehrt.

Familienstammbaum: Marderartige

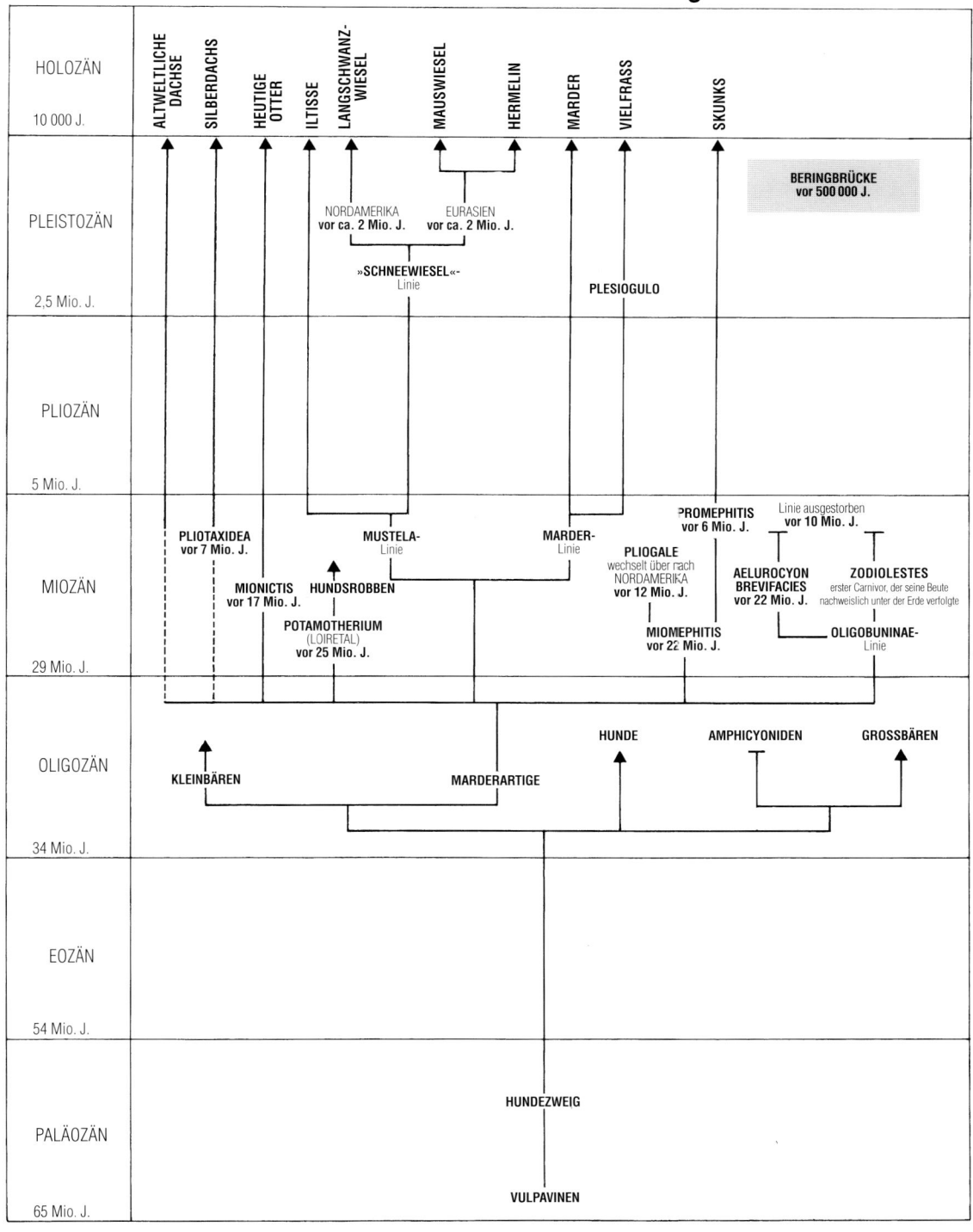

KAPITEL 7

Das Leben an der Spitze ist hart

Die Marderartigen des Hundezweiges waren nicht die einzigen, die das Handwerk der kleinen Mörder perfektionierten. In der Alten Welt bietet auch der Katzenzweig Kandidaten für diese Rolle: die Mangusten. Beide Verkleinerungen wurden durch dieselben Klimaveränderungen ausgelöst, die Savannen entstehen ließen, in denen sich kleine Säugetiere ausbreiteten. Die Wiege der Musteliden-Evolution lag jedoch weiter im Norden als die der Mangusten, und so konnten die Marderartigen das Vorstoßen ihrer südlicheren Konkurrenten zur Beringbrücke verhindern. Darüber hinaus wären die Insekten und Reptilien, von denen sich zahlreiche Mangusten ernähren, während einer winterlichen Wanderung über die nördliche Landbrücke vermutlich nicht in ausreichenden Mengen verfügbar gewesen. Folglich erreichten die Mangusten nie Amerika.

Die beiden Familien kleiner, langgestreckter Räuber sind echte Rivalen, und jede hat Vertreter verschiedener Carnivoren-Typen hervorgebracht. Das Sumpfichneumon füllt eine ähnliche Nische aus wie der Mink, das Rotichneumon gleicht dem Hermelin, und in der Größe — aber nicht in der Ernährung — kommt die Zwergmanguste dem Mauswiesel am nächsten. Einige Mangusten entwickelten jedoch eine Besonderheit, die kein Wiesel je beherrschte: die Arbeitsteilung in einer wohlkoordinierten Gruppe.

Die Abstammung der 36 modernen Mangustenarten wurde heftig diskutiert. Sie unterscheiden sich von den anderen Carnivoren in den Knochen des Mittelohres, woraus R. I. Pocock, der äußerst produktive Systematiker des Londoner Zoos, im Jahre 1916 folgerte, daß die Mangusten eine eigenständige Familie seien. Dann entschied der Taxonom George Gaylord Simpson 1945, daß sie lediglich eine Schleichkatzenform seien, also zu den Viverriden gehörten. Mit den Zibet- und Ginsterkatzen haben die Mangusten Zähne gemeinsam, die denen der frühesten Carnivoren sehr ähnlich sind. Die Mangusten unterscheiden sich jedoch von den Zibetkatzen dadurch, daß die meisten keine Tasche an ihrem äußeren Ohrrand aufweisen und ihnen bestimmte Duftdrüsen fehlen (siehe S. 28). Die Augen einer Manguste weisen in der Regel horizontale Pupillen auf, während die Viverriden — mit der Ausnahme des Palmenrollers — senkrechte Pupillen besitzen. Außerdem sind die Chromosomen aller Mangusten einander bemerkenswert ähnlich und unterscheiden sich von denen der anderen Carnivoren. Solche Einzelheiten führten schließlich dazu, daß man die Mangusten von den Schleichkatzen trennte und der Familie Herpestidae zuordnete. Nach Ansicht einiger Wissenschaftler sind ihre nächsten Verwandten sogar die Hyänen.

Die ältesten Mangusten zu bestimmen ist aufgrund der hohen Ähnlichkeit ihrer Fossilien mit denen der frühen Viverriden schwierig. Es gibt 18 bis 22 Millionen Jahre alte Kandidaten aus Europa (*Semigenetta* und *Leptoplesictis*) und aus Ostafrika (*Legetetia*). Jeder dieser Kontinente könnte die ursprüngliche Heimat der Familie sein. Die frühen Mangusten lebten wahrscheinlich ähnlich wie die Rotichneumons, die zur Gattung *Herpestes* gehören. Die Zähne haben alle Mitglieder dieser Gattung fast ohne Veränderung von ihren alten Vorfahren aus dem Katzenzweig übernommen. Rotichneumons sind die am weitesten verbreiteten Carnivoren in Afrika südlich der Sahara. Diese leidenschaftlichen, 600 Gramm schweren, hermelinartigen Jäger erbeuten kleine Nagetiere und Vögel. Sie können ihren Beutetieren mit blitzartiger Geschwindigkeit folgen und sind beweglich genug, um Hörnchen in Bäumen nachzustellen. Sie jagen am Tage, in der Regel alleine oder in loser Gemeinschaft, weil sich ihre Beute nicht ohne weiteres teilen läßt. Man hat auch schon Paare zusammen mit ihren Jungen beobachtet; in anderen Fällen teilen sich manchmal zwei oder drei Männchen freundschaftlich ein Territorium von 700 Hektar, in dem zwei oder drei Weibchen jeweils eigene Reviere besitzen. Innerhalb dieser Cliquen trifft man die Männchen gleich häufig mit einem anderen Männchen oder Weibchen an.

Bald nachdem die Mangusten Afrika besiedelt hatten, trennte sich Madagaskar ab – mit einer frühen Manguste an Bord. Ihre Abkömmlinge, die Madagaskar-Mungos, zählen heute sechs Arten, welche die Unterscheidung zwischen Mangusten und Schleichkatzen ernsthaft in Frage stellen. Alle sechs weisen nämlich die Ohrtaschen auf, die ansonsten nur bei den Zibetkatzen festzustellen sind. Darüber hinaus zeichnen sich zwei Arten, der Ringelschwanzmungo und der Bändermungo, durch schleichkatzenähnliche Duftdrüsen aus. Eine mögliche Lösung des Rätsels könnte darin bestehen, daß die Madagaskar-Mungos gar keine Mangusten sind, sondern Viverriden. Die Anatomen lehnen diese Theorie ab, aber wo genau die sechs madagassischen Carnivoren einzuordnen sind, bleibt weiterhin ein Rätsel. Nur eine Art, der Schmalstreifenmungo, wurde in der Natur eingehend studiert und liefert vielleicht einige Anhaltspunkte für die Abstammung der Mangustengesellschaft.

Schmalstreifenmungos leben in den Trockenwäldern Madagaskars, wo sie tagsüber auf die Suche nach Insektenlarven gehen. Ihren Speiseplan ergänzen sie – besonders während der Trockenzeit – durch Tausendfüßer, Schnecken, Amphibien, Eidechsen und Mausmakis (kleine Lemuren). Während der Trockenzeit gehen sie alleine oder paarweise auf Nahrungssuche und verbringen manchmal die Nacht in einem gemeinsamen Nest. In der Regenzeit bilden sie bei der Suche nach Nahrung Gruppen, und bei der Jagd auf Mausmakis und Chamäleons sollen sie angeblich kooperieren. Trotz dieses jahreszeitlichen Wechsels zwischen Trennung und Wiedervereinigung, der wahrscheinlich auch saisonale Unterschiede im Nahrungsangebot widerspiegelt, bleiben die sozialen Bande zwischen den Schmalstreifenmungos stark.

Vor über einer Million Jahren wanderten die afrikanischen Mangusten nach Osten und besiedelten Asien, wo heute zwölf Arten leben. Wie das Rotichneumon gehören sie der Gattung *Herpestes* an. Der Kleine Mungo Indiens ist am bekanntesten, wenngleich dieser 800 Gramm schwere Nagetierjäger nur auf fremdem Boden untersucht wurde. Um die Ratten in Zuckerrohrplantagen zu bekämpfen, verschiffte man im Jahre 1872 Kleine Mungos versuchsweise nach Jamaika und Hawaii sowie 1883 nach Viti Levu, der Haupt-

Die in Indien und Sri Lanka heimische Mangustenart Herpestes smithii *jagt überwiegend nachts alleine oder paarweise nach Nagern und anderen kleinen Wirbeltieren.*

insel der Fidschis. Auf Viti Levu leben sie in großer Dichte von mindestens 50 Tieren pro Quadratkilometer. Über ihre sozialen Bindungen weiß man nichts Genaueres, aber offenbar besetzen Männchen eher größere Territorien als Weibchen, und die Reviere von Männchen und Weibchen überschneiden sich weitgehend, wenn diese bei Tage alleine auf Nahrungssuche gehen.

In den Plantagen von Viti Levu jagen die Kleinen Mungos zahlreiche einheimische wie auch eingeführte Ratten. Trotzdem haben sie sich zur Bekämpfung der Nager als ineffektiv erwiesen, und ihre Einführung hatte unvorhergesehene und unglückliche Konsequenzen, denn sie bedrohen die Existenz mehrerer einheimischer Arten, darunter zwei seltene Froscharten. Auf Grenada, Puerto Rico, Kuba und in der Dominikanischen Republik zählen sie außerdem zu den hauptsächlichen Überträgern der Tollwut. Versuche, die Tollwut der Mungos zu bekämpfen, kosteten im Jahre 1973 die Regierung Grenadas 0,4 Prozent der jährlichen Steuereinnahmen. Zunächst tötete man viele Mungos, aber ihre Populationsdichte erreicht nach wie vor erstaunliche 60 Tiere pro Quadratkilometer. Inzwischen versucht man es mit einer anderen Taktik. Anders als der Rotfuchs, der Hauptüberträger der Wildtollwut in Europa, können sich die Kleinen Mungos von der Krankheit erholen und sind dann immun. Je größer der Anteil immuner

Mungos ist, desto größer die Wahrscheinlichkeit, daß die Krankheit sich selbst auslöscht. In einigen Teilen Grenadas wurde fast die Hälfte der Mungos von Natur aus immun. Diese Tiere zu töten würde bedeuten, den Weg für eine neue Generation anfälliger Mungos freizumachen. Daher versucht man statt dessen, mit Ködern, die mit einem Impfstoff gegen Tollwut versehen sind, mehr Mungos zu immunisieren. Die Tatsache, daß die Mungos eine Krankheit überleben können, die für die meisten Vertreter der Familie der Hunde tödlich verläuft, deutet darauf hin, daß sich die Tollwut wahrscheinlich zuerst bei den Mangusten entwickelt hat und so deren Immunsystem mehr Zeit hatte, sich auf diese Krankheit einzustellen.

Ebensowenig wie die madagassischen und asiatischen Mangusten wurden, von wenigen Ausnahmen abgesehen, die übrigen 36 heute lebenden Arten näher untersucht. Mindestens 22 Arten sollen einzelgängerisch leben, aber was dies genau bedeutet, wird selten ausgeführt. Nach der Lebensweise des Rotichneumons, der Selous- oder Trugmanguste, des Kleinichneumons und einer Handvoll weiterer zu urteilen, ist es wahrscheinlich, daß diese Arten paarweise leben. Ihre gemischte carnivore Ernährung erinnert ziemlich an jene der neuweltlichen Skunks. Die meisten von ihnen jagen kleine Wirbeltiere — oft bei Nacht und in Wäldern. Allesamt ergänzen ihre Ernährung zumindest mit Insekten, und alle mögen gerne Eier. Sumpfichneumons brechen Eier auf, indem sie sie mit den Vorderpfoten ergreifen, sich auf die Hinterbeine aufrichten und die Eier zu Boden werfen. Madagaskar-Mungos knacken Eier, indem sie sie auf der Seite liegend mit allen vier Pfoten umklammern und sie dann wegschleudern. Die mehr carnivoren Arten fressen manchmal auch ihre Vettern: Das Ichneumon soll angeblich Zwergmangusten töten.

Einige andere Arten sind mehr Insektenfresser und neigen als solche zu einer stärkeren Geselligkeit. Zu den schönsten gehören die 800 Gramm schweren Fuchsmangusten mit ihrer weißen Schwanzspitze. Manchmal kann man sie paarweise beobachten, wenn sie trippelnden Schrittes durch aride Gebiete des südlichen Afrika trotten. Fuchsmangustenpaare teilen sich bisweilen eine Höhle mit anderen Mitgliedern einer erweiterten Familie von zehn oder mehr Tieren; es wurde sogar schon ein Bau mit 50 Tieren beobachtet. Manchmal leben sie auch mit Erdhörnchen zusammen, wobei jede Art den Alarmrufen der anderen Beachtung schenkt, wenn Gefahr droht. In den Ebenen der Serengeti sucht die vier Kilogramm schwere Weißschwanzmanguste des Nachts nach Insekten. Die Weibchen besitzen sich überschneidende Streifgebiete und bilden lockere Clans, die ein wenig an die Gruppen von Rotfüchsen erinnern. Die Männchen der Serengeti bewohnen größere Gebiete, die sich manchmal mit den Bezirken von mehr als einem Weibchenclan überschneiden. Anderswo kann man Weißschwanzmangusten paarweise bei der Nahrungssuche beobachten, oder das Territorium eines Männchens überschneidet sich mit den kleineren Revieren mehrerer solitär lebender Weibchen.

Ichneumons kommen in weiten Teilen Afrikas und in Israel häufig vor, wo sie in der Morgen- und Abenddämmerung nach Insekten, Reptilien, Vögeln und kleinen Säugetieren jagen. In Ostafrika wandern sie zumeist paarweise umher, in Israel aber teilen zwei oder drei Weibchen ihr Territorium mit einem Männchen. Alle Weibchen der Gruppe können sich fortpflanzen, und jedes säugt auch die Jungtiere der anderen. Die Männchen, die weitaus schwerer als die Weibchen werden, sind gewissenhafte Väter und bewachen die Jungen. Alle erwachsenen Tiere versorgen die Jungen mit Nahrung, bis diese ein Jahr alt sind. Die individuellen Unterschiede machen es schwer, etwas Generelles über die Gesellschaft der Ichneumons auszusagen. Von zwei in Spanien untersuchten Männchen verbrachte beispielsweise eines 50 Prozent seiner Zeit zusammen mit einem Weibchen und dessen Jungtieren, während das andere nur fünf Prozent seiner Zeit mit seiner Familie zubrachte. Diese spanischen Ichneumons kooperierten als Familie bei der Jagd in Kaninchenbauten: Jedes Tier übernahm einen anderen Eingang. Als die Familie durch einen Pardelluchs angegriffen wurde, stellte sich das Männchen dem Luchs, während das Weibchen die Flucht ergriff.

Die Fuchsmanguste, die Weißschwanzmanguste und das Ichneumon tendieren zu einer Besonderheit, welche die Marderartigen in dieser Form nicht aufweisen: Im Gegensatz zu diesen sind nämlich acht der 36 Mangustenarten auffallend gesellig. Aber sie sind nicht nur im Sinne des Zusammenlebens der Europäischen Dachse (S. 187) oder sogar der Riesenotter (S. 192) gesellig: Ihre Gesellschaften sind so außerordentlich komplex wie die keines anderen Säugetieres mit Ausnahme der Menschenaffen. Sie leben als fest zusammenhängende Gruppe, verbunden durch gegenseitige Abhängigkeit. Zu diesen bemerkenswerten Arten gehören die Zebramanguste, die Liberia- und die Gambia-Kusimanse, die Dunkel- und die Angola-Kusimanse, die Zwergmanguste und die Surikate, auch als Erdmännchen oder Scharrtier bekannt. Alle gehören derselben Unterfamilie an, den Mungotinae, und somit stammt ihre Geselligkeit vielleicht von einem einzigen gemeinsamen Vorfahren.

Die am besten untersuchten geselligen Arten sind die Zwerg- und die Zebramanguste sowie das Erdmännchen. Die 1,8 Kilogramm schweren Zebramangusten leben in Gruppen von durchschnittlich rund 15 (bis zu 30) Tieren. Jede Gruppe umfaßt mehrere Erwachsene beiden Geschlechts, von denen zwei – in der Regel die ältesten – den Status der dominanten oder Alpha-Tiere haben. Das Alpha-Weibchen regiert die Gruppe. Es taucht jeden Morgen als erste aus dem Bau auf und entscheidet, welchen Weg die Gruppe bei der Nahrungssuche einschlägt. Die Weibchen bleiben vermutlich in der Gruppe ihrer Mutter, während die zur Fortpflanzung notwendigen Männchen von anderswoher zuwandern. Jedes Jahr pflanzen sich mehrere erwachsene Tiere fort. Alle Würfe einer Gruppe werden innerhalb von wenigen Tagen geboren und gemeinsam von bis zu drei Müttern gesäugt. Wenn die Gruppe sich auf Nahrungssuche begibt, bewachen bis zu sechs Babysitter (normalerweise aber nur zwei Weibchen und ein Männchen) die Höhle. Manche Männchen sind ständig bereit, freiwillig unangenehme Aufgaben zu erledigen.

Zwischen den Zebramangusten und den 900 Gramm schweren Erdmännchen der Kalahari gibt es viele Ähnlichkeiten. Auch ihre Gruppen bestehen aus drei bis 30 Tieren, und im Mittelpunkt steht jeweils ein Alpha-Paar. In den meisten Gruppen scheint sich vor allem das Alpha-Weibchen fortzupflanzen, es können aber bis zu drei Weibchen gleichzeitig trächtig sein, und wenn mehr als ein Wurf überlebt, säugen sie gegenseitig ihre Jungen. Es gibt jedoch auch viele Abwandlungen von diesem grundlegenden Schema. So wurde beobachtet, daß ein Weibchen, das selbst keine Jungen hatte, dem aber die Milch einschoß, als Amme für die Jungtiere des Alpha-Weibchens fungierte. In der Gesellschaft der 300 Gramm schweren Zwergmangusten pflanzt sich gewöhnlich das

Die afrikanische Sumpfmanguste (auch Sumpfichneumon) lebt semiaquatisch, besitzt aber, anders als der Mink, ihr Gegenstück unter den Marderartigen, keine Schwimmhäute zwischen den Zehen.

Alpha-Weibchen fort. Doch wenn ein dominantes Zwergmangustenweibchen starb und einen noch nicht entwöhnten Wurf zurückließ, schoß auch hier einem untergeordneten Weibchen die Milch ein, und es zog die Waisen erfolgreich auf.

Wann genau die Mangusten eine gesellige Gesellschaftsform entwickelten, ist nicht bekannt; vielleicht entstand sie zeitgleich mit dem Entstehen der offenen Grasländer vor sieben bis fünf Millionen Jahren. Dieses Ereignis führte zur Evolution riesiger Herden schnellfüßiger Huftiere, die eine Menge Dung produzierten, welcher große Insektenpopulationen ernährte. Viele der Insekten ließen sich leicht in der Wärme des Tages fangen, und so entstanden tagaktive, insektenfressende Tiere − darunter die Mangusten −, um von diesem überreichlichen Nahrungsangebot Gebrauch zu machen.

Es ist seltsam, daß kein Tier der Familie der Musteliden diesen Weg einschlug. Unter den Wieselartigen sind viele klein und zumindest teilweise tagaktiv, aber keins ist ein engagierter Insektenfresser. Vielleicht liegt es daran, daß sich die Musteliden weiter im Norden entwickelten, in den Steppen Eurasiens und Nordamerikas, über die Herden von Saigaantilopen und Bisons hinwegzogen. Womöglich führten die kälteren Winter dazu, daß die Insekten nur stark jahreszeitenabhängig als Nahrungsquelle zur Verfügung standen, und dies schloß die Evolution eines reinen Insektenfressers aus.

Die ausschlaggebende Kombination, die alle acht gruppenlebenden Mangustenarten von den anderen unterscheidet, ist, daß sie sowohl tagaktiv als auch insektivor sind. Die meisten Mangusten jagen tagsüber oder des Nachts alleine oder paarweise kleine Nagetiere, Vögel und Eidechsen. Solche Beute ist aber nicht einfach zu finden und nicht leicht zu teilen. Die carnivoren Mangusten können also weder von der gemeinschaftlichen Jagd profitieren, noch können sie es sich überhaupt leisten, sie durchzuführen. Die von den geselligen Mangusten bevorzugten Insekten kommen jedoch in ausreichenden Mengen vor, um sie in der Gruppe zu jagen. Die Mitglieder einer Gruppe Erdmännchen können Seite an Seite auf die Jagd gehen, ohne daß sich die Individuen einander in den Weg kommen. Darüber hinaus finden sie am nächsten Tag an der gleichen Stelle fast genauso viele Insekten vor wie am Tag zuvor. Im Gegensatz dazu würde eine Gruppe carnivorer Mangusten, die in einem bestimmten Gebiet Mäuse gejagt hätte, noch lange Zeit danach leere Mäusenester vorfinden. Je mehr Mangusten eine Gruppe bilden, desto schneller werden sie die Insekten in einem Gebiet dezimieren, was zur Folge hat, daß große Gruppen pro Tag weitere Strecken zurücklegen müssen als kleine. Es dauert jedoch nicht lange, bis sich die Insektenpopulationen wieder erholt haben, deshalb sind die Kosten, die für das gemeinschaftliche Leben aufzuwenden sind, dennoch rentabel. Darüber hinaus bietet das Gruppenleben Tieren, die wegen ihrer geringen Größe beständig dem Risiko ausgesetzt sind, Feinden zum Opfer zu fallen, enorme Vorteile.

Einige insektenfressende Mangusten jagen bei Nacht, wie die ostafrikanische Dickschwänzige Hundemanguste (auch Buschschwanzichneumon genannt) und die südafrikanische Selous- oder Trugmanguste. Seltsamerweise sehen diese nachtaktiven Tiere keine Veranlassung, wegen ihrer Angst vor Feinden eine gesellige Lebensform zu pflegen, und so gehen sie alleine auf Nahrungssuche. Das liegt vielleicht daran, daß 20 Augenpaare in einer mondlosen Nacht eine Eule genausowenig sehen wie eines, und lauschen und riechen können die Tiere auf sich alleine gestellt genausogut wie in einer Gruppe. Bei Nacht ist der Feinddruck wohl überhaupt geringer. Eine weitere Erklärung könnte darin bestehen, daß es in ihrem Nahrungsangebot irgend etwas bisher noch Unbekanntes gibt, das ein Leben in der Gemeinschaft weniger vorteilhaft erscheinen läßt.

Die größte Gefahr für tagaktive, insektenfressende Mangusten in offenem Gelände sind Greifvögel, die sich auf sie herabstürzen. Die damit verbundenen Probleme verdeutlichen am besten die Erdmännchen der Kalahariwüste. Das Gruppenleben der Erdmännchen erwuchs aus zwei zwingenden, aber gegensätzlichen Tätigkeiten. Einerseits sind sie räuberische Jäger: Bei jedem Schritt scharren sie an Löchern oder schnuppern in Ritzen. Wenn sie darin eine Insektenlarve riechen, fangen sie fieberhaft an zu graben und zwängen ihre Köpfe tief in die Tunnel — ihren Körper ungeschützt unter einer Kaskade von Sand in die Höhe gereckt, während die langen Krallen bei der Jagd auf die Beute tiefer und tiefer scharren. Andererseits ist jedes Erdmännchen darauf angewiesen, den Himmel nach Greifvögeln abzusuchen, denn wie beim Mauswiesel besteht ihr Dilemma darin, daß sie sowohl Räuber als auch Beute sind. Im Gegensatz zu diesem haben sie aber das Problem gelöst. Wären sie auf sich allein gestellt, könnten die Individuen nur auf ihr Glück vertrauen und besorgt zwischen Fressen und Ausschauen schwanken. Als Gruppe hingegen können sie sich die Aufgabe, nach Gefahr zu spähen, teilen. Erdmännchen haben dazu zwei verschiedene Strategien entwickelt. Bei der ersten legen einzelne Individuen einer Nahrung suchenden Gruppe ab und zu eine Pause ein, richten sich auf und suchen für einige Sekunden den Himmel ab. In der Regel schaut immer wenigstens ein Individuum umher. Je größer die Gruppe ist, desto weniger oft muß der einzelne diese unangenehme, die Nahrungssuche unterbrechende Aufgabe übernehmen. Aber dennoch unterbricht selbst in der größten Gruppe jedes Erdmännchen alle paar Minuten die Jagd. Bei der zweiten Strategie übernimmt ein einzelnes Individuum die volle Verantwortung für die Bewachung der Gruppe. Bei den Erdmännchen der Kalahari sondert sich der Wachposten von dem hektischen Treiben der Nahrungssuche ab und läuft zu einem Aussichtspunkt. Oft klettert er einen Meter oder mehr zwischen den Dornen einen Akazienbusch hoch oder auf die Spitze eines Termitenhügels. Dort setzt er sich hin und harrt in der unerbittlichen Sonne der Kalahari aus, die den Sand auf 60 Grad Celsius und mehr erhitzen kann. Inzwischen widmen sich seine Artgenossen der Nahrungssuche und wenden dabei kaum einmal den Blick gen Himmel, ermutigt durch die nervösen Piepslaute, die ihnen signalisieren, daß ein Wachposten im Dienst und auf der Hut ist. Wenn der Diensthabende schließlich erhitzt und hungrig von seinem Posten herabsteigt, übernimmt ein anderer seinen Platz als Wächter.

Alle Mitglieder einer Erdmännchengruppe in der Kalahari übernehmen nacheinander den Wachdienst — mit Ausnahme der Jungen —, aber jedes Individuum verrichtet diesen Dienst in unterschiedlichem Ausmaß. Das dominante oder Alpha-Männchen fungiert nur selten als Wachposten und dann nur für zehn Minuten oder weniger. Im Gegensatz dazu verrichten die ranghöchsten männlichen Stellvertreter oft und sehr lange freiwillig den Wachdienst. Ihre Aufgabe erledigen sie mit äußerster Gewissenhaftigkeit. Sie wählen die höchsten Aussichtspunkte mit einer Höhe von bisweilen vier Metern aus und bleiben oft für über eine Stunde im Dienst. Das Ausüben von mehreren solcher Dienste an einem Tag stellt für ein Tier, das fast ununterbrochen Nahrung suchen muß, um seinen Stoff-

Folgende Doppelseite: Skorpione sind bei den Erdmännchen der Kalahari eine geschätzte Delikatesse. Diese Skorpione der Gattung Opisthophthalmus *mit ihren großen Kneifzangen fressen die Erdmännchen mit dem Schwanz voran; bei den giftigeren Arten fangen sie dagegen am Kopf an zu fressen.*

wechsel mit Brennstoff zu versorgen, einen ernsthaften Zeitverlust dar. Auch erwachsene weibliche Erdmännchen stehen Wache, aber in der Regel kürzer und oft von weniger exponierten Aussichtspunkten. Junge Erwachsene beider Geschlechter halten am wenigsten Wache.

Zwergmangusten werden ebenfalls häufig von Feinden angegriffen; bisweilen kommt es zu anderthalb Alarmen pro Stunde, und fast einem Zehntel folgt tatsächlich ein Angriff. Zwergmangusten verbringen nahezu ein Fünftel ihres Tages damit, sich bei Luftangriffen zu verstecken. Die geringe Größe der Zwergmangusten ermöglicht zwar mehr Tieren, gemeinsam von dem vorhandenen Nahrungsangebot zu leben und erhöht somit ihre Möglichkeiten für einen kooperativen Wachdienst, aber entsprechend hoch ist auch die Zahl der Räuber, auf die sie achten müssen. Anders als bei den Erdmännchen sind die Alpha-Männchen der Zwergmangusten besonders aktiv als Wachposten. Wächter zu sein ist gefährlich, der riskanteste Moment ist die Wachablösung. Das vom Dienst kommende Individuum muß oft bis zu 100 Meter alleine laufen, um seine Gefährten einzuholen. Während dieser einsamen Langstreckenläufe ist es außerordentlich anfällig für einen Angriff aus der Luft. Da überall Gefahren auf sie lauern, benötigen Zwergmangusten jede Hilfe, die sie nur bekommen können, was zu einem bemerkenswerten Mutualismus — einer Wechselbeziehung mit gegenseitigem Nutzen — zwischen ihnen und zwei zu den Nashornvögeln zählenden Toko-Arten führte. Diese Vögel sind Insektenfresser und suchen ihre Nahrung zusammen mit den Mangusten. Die Zwergmangusten lassen dies zu, weil die Hornvögel scharfsichtige Beobachtungsposten sind. Mit einem Toko im Gefolge verbringen die Mangusten weit weniger Zeit damit, den Himmel abzusuchen, und lockern dann manchmal sogar ihr Wachsystem. Wenn ein Toko einen Feind erblickt, stößt er einen unverkennbaren Alarmruf aus. Er warnt damit die Mangusten selbst vor Greifvögeln, die für ihn selbst keine Gefahr darstellen. Er ruft jedoch nicht, wenn der Greifvogel weder zu seinen eigenen noch zu den Feinden der Mangusten zählt. Als Gegenleistung scheuchen die Mangusten unabsichtlich Beutetiere auf, welche die Hornvögel alleine nicht fänden. Auch andere Vögel gesellen sich hinzu, wie der Rüppellwürger, der Trauerdrongo und die Gabelracke.

Jeden Morgen erinnern sich die Hornvögel, in welchem Termitenhügel ihre Zwergmangusten die Nacht über schliefen. Bei Sonnenaufgang setzen sie sich in einen Baum in der Nähe des Hügels und warten, bis die Mangusten herauskommen. Wenn sie länger als eine Stunde warten müssen, werden die Vögel ungeduldig und fliegen zum Hügel hinab, stecken ihre Schnäbel in den Belüftungsschacht und lassen einen lauten Ruf ertönen. Die Mangusten reagieren auf diesen Weckruf, indem sie mit verschlafenen Augen hervorkriechen. Die Vögel drängen sie zum Handeln, indem sie auf die Spitze des Hügels fliegen, dann seitlich daran herunterlaufen, wieder zur Spitze zurückfliegen oder -gehen und diese Prozedur mehrfach wiederholen. Daraufhin begeben sich die Mangusten auf die Nahrungssuche.

Abgesehen von einem Frühwarnsystem bietet es den acht Arten tagaktiver, insektenfressender Mangusten noch weitere bedeutende Vorteile, gesellig zu leben. Ein 30 Gramm schweres, solitäres Mauswiesel, das von einem Fuchs gefangen wird, kann für seine Rettung auf nichts anderes vertrauen als auf seine eigenen Fähigkeiten. Auch wenn sie zehnmal schwerer ist, stellt eine Zwergmanguste nach wie vor für viele Räuber einen Leckerbissen dar — aber einen Leckerbissen mit bis zu 20 Gefährten, die zusammen 880 Zähne haben.

Zwergmangusten sind die kleinsten Vertreter der Familie Herpestidae und leben in den größten Sozialgruppen. Sie gehen tagsüber auf die Suche nach Insekten und schlafen des Nachts in Termitenhügeln.

Gemeinschaftliche Abwehr von Feinden ist ein Merkmal aller gesellig lebenden Mangusten. Welche Macht ein solches Mangustenkollektiv hat, beobachtete man erstmals, als ein Kampfadler — ein stattlicher Vogel mit einer gebieterischen Haube und einer riesigen Spannweite — sich auf eine Gruppe Zebramangusten herabstürzte. Der Vogel schnappte eine Manguste und flog unter heftigen Flügelschlägen mit seiner sich windenden Beute in einen nahegelegenen Baum. Als der Adler in den Ästen gelandet war, rasten die zurückgebliebenen Mangusten am Boden auf den Baum zu, kletterten an ihm immer höher, bis das dominante Männchen den Ast erreichte, auf dem der Adler saß. Es stürzte auf den Adler, der zurückwich, ungeschickt herumtapste und seine Beute schließlich fallen ließ. Die zum Tode verurteilte Manguste hatte kaum den Boden berührt, als sie sich auch schon aufrappelte und — wie durch ein Wunder unversehrt — zurück zur Schar ihrer Artgenossen rannte.

Wenn eine Zwergmanguste gefangen wird, spielt sie ihrem Gegner einen Streich: Spürt sie das Zupacken von Krallen an ihrem Rücken, fällt sie in eine völlige Starre. Sobald der Druck nachläßt, ist die scheinbar leblose Manguste wieder quicklebendig und rennt um ihr Leben. Sich tot zu stellen verringert vermutlich das Verletzungsrisiko, denn ein Adler würde seine Krallen nur noch tiefer in seine Beute eingraben, wenn diese sich windet. In der Taru-Wüste in Kenia wurde beobachtet, daß fast die Hälfte der von Greifvögeln gefangenen Zwergmangusten befreit wurde, wenn die Gruppe einen Gegenangriff inszenierte. In einem Fall geriet die Vergeltung übende Gruppe so hart mit einem Habicht aneinander, daß die Zwergmangusten ihn von den Füßen holten.

Die Erdmännchen der Kalahari fallen für gewöhnlich Kampfadlern zum Opfer, und sie rächen sich dafür an kleineren Greifvögeln, ob nun ein Artgenosse Hilfe braucht oder nicht. Beim Anblick eines Singhabichts — eines relativ leichtgewichtigen Gegners — schart sich ein Erdmännchentrupp zusammen und rennt auf ihn zu. Wenn der Habicht aufflattert, springen die Erdmännchen in die Luft und versuchen, das »Fahrgestell« des Feindes zu ergreifen.

Wenn Erdmännchen auf eine einen Meter lange Kapkobra treffen, verhalten sie sich ähnlich gnadenlos und necken die Schlange so lange, bis sie das Weite sucht. Sie nehmen dabei erschreckende Risiken auf sich, beißen die Kobra in ihren Schwanz und springen blitzartig zurück, wenn diese daraufhin zustößt. Vielleicht vertreiben die Erdmännchen mit ihren ständigen Belästigungen die Schlange sogar aus der näheren Umgebung und verringern somit das Risiko einer unerwarteten Begegnung im dunklen Inneren eines Baues.

Rudyard Kipling bemerkt in seinem Dschungelbuch: »In der Regel lassen es Mungos schön bleiben, einer Kobra in ihr Loch zu folgen.« Kiplings Rikki-Tikki-Tavi war ein Indischer Mungo, und als er Karait, die Schlange, angriff, »wußte er, daß es die Lebensaufgabe eines erwachsenen Mungos war, Schlangen zu vertilgen«. Drei Arten sind besonders bekannt für das Töten von Schlangen: der Indische Mungo, der Kleine Mungo und das Ichneumon. Ein 40 Zentimeter langer Indischer Mungo hat nachweislich eine 1,9 Meter lange Kobra getötet. Alle drei Arten sind außerordentlich geschickt und ihre Fähigkeiten werden im Mahabharata gepriesen, dem indischen Epos, das 1000 vor Christus geschrieben wurde und in dem der Mungo als Held und Helfer des Menschen gerühmt wird. Der Mungo springt zunächst rasch von einer Stelle zur anderen, stößt dabei vor und zieht sich wieder zurück. Die Kobra bewegt sich hingegen nur langsam vorwärts und stößt vor, indem sie sich erst nach unten schwingt und dann ihren Körper streckt. Wenn der Mungo schließlich immer näher herankommt, zieht sich die ermüdende Schlange etwas zurück und senkt abermals ihren Kopf, um vorzustoßen. Jetzt stürzt der Mungo jedoch nach vorne und versetzt der Schlange einen tödlichen Biß in den Nacken.

Kipling wies richtigerweise die Ansicht zurück, die Mungos würden als Gegenmittel gegen das Schlangengift das Kraut *Ophiorrhiza mungos* (Mungowurzel) fressen. Rikki-Tikki-Tavis Sieg war auf die Schnelligkeit des Auges und der Füße zurückzuführen. Die Sprünge des Mungos sind einfach schneller, als die Schlange zustoßen kann. Darüber hinaus können Mungos die sechsfache Dosis Gift ertragen, die ein Kaninchen tötet.

Zwergmangusten überleben die Bisse der Puffotter und ebenso einen Angriff der Speikobra. Wird eine Zwergmanguste von einer Speikobra mit Gift bespritzt, lecken ihr andere Gruppenmitglieder das Gift aus den Augen, und das Opfer erholt sich in der Regel innerhalb von 15 Minuten. Erdmännchen sind gegenüber dem Gift von Skorpionen immun. Sie tasten oft mit ihren Vorderpfoten unter Holzstämmen und schleudern mit einer geschickten Bewegung einen großen Skorpion hervor. Durch blitzschnelles Scharren und Schlagen versucht das Erdmännchen, den Skorpion aus dem Gleichgewicht zu bringen, um seinen Stachel abzubeißen, so daß er humpelnd und verstümmelt zurückbleibt. Sehr selten wird ein Erdmännchen Opfer eines direkten Stichs, zeigt dann aber keine Reaktion auf das Gift, das ein Kind zu töten vermag, außer, daß es sich seine Wunde leckt.

Die Fähigkeit des Indischen Mungos, Kobras zu töten, ist legendär. Die Mungos haben den Vorteil, sehr resistent gegen die Gifte von Schlangen und Skorpionen zu sein.

Wenn ein Erdmännchen verletzt wird, versuchen die übrigen Mitglieder zu helfen. Die Matriarchin einer Erdmännchengruppe ging humpelnd, mit blutverschmiertem Kopf und auf einer Seite stark geschwollenem Kiefer und Auge aus einer Auseinandersetzung mit einem Adler hervor. Nur wenige Tage zuvor hatte sie einen Wurf Junge zur Welt gebracht, die nach wie vor an die Höhle gebunden waren. Die ganze Gruppe versammelte sich um ihre verwundete Matriarchin und geleitete sie zurück zum Bau. Sie humpelte hinein und ward an diesem Tag nicht mehr gesehen. Ihre Gefährten blieben besorgt am Höhleneingang zurück und verschwanden zwischendurch immer wieder im Bau. Am nächsten Tag war sie noch zu schwach, um sich für das morgendliche Ritual des Sonnenbades aufrecht zu halten. Zwei Männchen kuschelten sich an sie, als sie zitterte, eines blieb noch 35 Minuten bei ihr, als die anderen sich schon zur Nahrungssuche aufmachten. Wenngleich eine säugende Mutter soviel fressen muß wie möglich, blieb dieses verletzte Tier den ganzen Tag mit seinen Babys alleine bei der Höhle. Am nächsten Tag war sie immer noch nicht imstande, sich aufrecht hinzustellen oder zu graben, aber sie rappelte sich auf, um zusammen mit der Gruppe auf Nahrungssuche zu gehen. Drei Tage lang fütterten ihre Gefährten — insbesondere zwei große Männchen — sie mit Insektenlarven. Auf diese Weise überlebte sie, und dank der Fürsorge ihrer Gruppe überlebten auch ihre Jungen.

Auch bei Zwergmangusten beobachtete man Fälle von Krankenpflege. Das Alpha-Weibchen scheint die fürsorglichste »Krankenschwester« zu sein, wenngleich sich auch die gesamte Gruppe um ein verletztes Tier kümmert, bis dieses sich erholt oder stirbt. Eine solche Fürsorge beschränkt sich jedoch auf erwachsene Tiere, denn der Verlust eines Jungtieres ist für die Gruppe nicht annähernd so schlimm.

Die Zusammenarbeit gesellig lebender Mangusten erstreckt sich auch noch auf andere Bereiche. Erdmännchen graben häufig zu zweit, um die vielen hundert Schlupflöcher freizuhalten, die in jedem 350 Hektar großen Territorium einer Gruppe verstreut sind. Wenn ein Tier jedoch bei der Nahrungssuche einem anderen zu nahe kommt, erhält es einen deutlichen Verweis. Nimmt ein Erdmännchen die Spur eines eidechsengroßen Sandgeckos der Gattung *Chondrodactylus* auf, der in 30 Zentimeter tiefen Erdbauten lebt — tiefer, als ein Erdmännchenkörper lang ist —, bevorzugt es allerdings die Kooperation. Das Beutetier auszugraben kann eine halbe Stunde dauern, aber es ist den Aufwand wert, weil in der Regel zwei Geckos zusammenleben. Zwei oder sehr selten drei Erdmännchen teilen sich die anstrengende Arbeit. Am Ende aber werden beide mit einer großen Mahlzeit belohnt.

Alle erwachsenen Tiere einer Erdmännchengruppe tragen gemeinsam die mühselige Last, sich um das Wohlergehen der Jungen zu kümmern, und jedes übernimmt der Reihe nach den Babysitter-Dienst. Dies bedeutet, den ganzen Tag fasten zu müssen — wahrlich ein Opfer für ein Tier, das normalerweise alle paar Minuten etwas frißt. Aber wie beim Wachdienst sind einige Individuen besonders eifrige Babysitter. Verlassen die Jungen die Höhle erst einmal und beginnen, der Gruppe hinterherzustolpern, sind sie in großer Gefahr. Wenn sich ein kleiner Falke nähert, stürzt die gesamte Gruppe zusammen und wirft sich wie eine schützende Decke über die Jungtiere. Zunächst bringen die Erwachsenen den Jungen vorgekautes Futter zur Höhle. Sobald ein Jungtier etwas selbständiger ist, geht es bei einem erwachsenen Tier »in die Lehre«, folgt seinem »Ausbilder« wie ein Schatten und bettelt ihn mit einem unablässigen, jaulenden Protestgeschrei an. Das erwachsene Erdmännchen überläßt seinem »Lehrling« die beste Beute, und dieser verteidigt seinen »Nahrungsbeschaffer« heftig gegen andere, hartnäckig etwas fordernde Jungtiere.

Wenn ein neuer Wurf den Bau verläßt, gerät der vorherige Nachwuchs in ein schreckliches Dilemma. Wurden die heranwachsenden Erdmännchen vor dem Auftauchen des neuen Wurfes noch gelegentlich selbst von Erwachsenen gefüttert, so werden sie jetzt ihrerseits von der nächsten Generation noch unselbständiger Jungtiere bedrängt. Sie füttern die Babys zwar, tun das aber zweifellos oft nur ungern. Sehnsüchtig schnuppern sie an den Schnauzen der Jungtiere, wenn diese das Futter kauen, und scheinen gegen den inneren Drang zu kämpfen, sich die Nahrung wieder zurückzustehlen. In der Tat können die heranwachsenden Erdmännchen in diesem Zeitraum ein recht schizophrenes Verhalten an den Tag legen: Bisweilen betteln sie selbst erfolgreich um Futter, das sie dann mürrisch an ein nörgelndes Baby weitergeben.

Wenn die heranwachsenden Erdmännchen geschlechtsreif werden, sehen sie sich einem anderen Problem gegenüber. Im Mittelpunkt aller der drei eingehend untersuchten Mangustengesellschaften steht ein fest miteinander verbundenes Paar, und so müssen die Mitglieder einer großen Gruppe unter Umständen lange warten, bevor sie sich selbst fortpflanzen können. Manche Männchen versuchen dem Abhilfe zu schaffen, indem sie versuchen, selbst das Kommando zu übernehmen. Bei den Erdmännchen kommt es vor, daß eine Gruppe umherstreifender Junggesellen eine etablierte Gruppe belagert, die amtierenden Männchen vertreibt und sich ihr Territorium und ihre Geschlechtspartner aneignet. Auch die Mitglieder einer benachbarten Gruppe können eine Bedrohung darstellen. In einem bemerkenswerten Fall schien das an zweiter Position der Rangfolge einer

Erdmännchengruppe stehende Männchen einen Revierkampf zwischen seiner Gruppe und einer benachbarten Gruppe zu inszenieren. Als die Nachbarn zu ermüden begannen, führte dieses Männchen zwei jüngere Männchen, deren Babysitter es gewesen war, zu einem Angriff. Das Trio vertrieb die benachbarten Männchen, entführte deren Weibchen, übernahm deren Territorium, und das zuvor zweithöchste wurde in seiner neuen Gruppe zum dominanten Männchen.

Junge weibliche Erdmännchen machen sich manchmal in großer Zahl davon und lassen ihre Gefährten zurück, um sich Junggesellen anzuschließen. Die Matriarchin wird versuchen, sie davon abzuhalten, die Gruppe zu verlassen, vermutlich weil sie ihre Arbeitskraft nicht verlieren möchte. Es kommt auch vor, daß einsame Weibchen sich einer etablierten Gruppe anschließen. In einem Fall folgte ein erwachsenes weibliches Erdmännchen einer Gruppe nachweislich 14 Tage lang in einem Abstand von 100 Metern. Während dieser Zeit war die Überläuferin nervlich überbelastet, denn sie konnte sich die Aufgabe des Wachdienstes mit keinem Artgenossen teilen. Dann gebar die Matriarchin der Gruppe ihre Jungen, und am nächsten Morgen beobachtete man die Überläuferin beim Verlassen des mütterlichen Baues. Die nächsten drei Tage blieb sie zurück, um die Jungen zu beaufsichtigen, während die Mutter und die Gruppe auf Nahrungssuche gingen. Die Überläuferin fraß kaum etwas, und ihre Dienste schienen der Preis für die soziale Akzeptanz zu sein. Und tatsächlich: Wenn sie den Bau verließ, während das alte Weibchen in Sichtweite war, griff die Matriarchin ihre Vasallin an und trieb sie zu ihren Pflichten als Kindermädchen zurück. Obwohl die Überläuferin offensichtlich noch nie selbst trächtig war, saugten die Jungen wiederholt an ihren Zitzen. Im Laufe mehrerer Wochen verloren die Angriffe gegen sie an Heftigkeit, und sie wurde zu einem integrierten Mitglied der Gruppe.

Bei den Erdmännchen ist der Hang zur absoluten Monarchie deutlich ausgeprägt, aber am kompromißlosesten ist er in der Gesellschaft der Zwergmangusten etabliert. Im allgemeinen bekommt nur ein Paar in einer Gruppe von sechs bis zwölf Zwergmangusten Junge, die übrigen Gruppenmitglieder helfen beim Babysitting, säugen die Jungen und bringen ihnen später Futter. Das sich fortpflanzende Paar bilden in der Regel die ältesten Tiere der Gruppe, und diese beherrschen die anderen Mitglieder völlig. Sind sie erst einmal an der Macht, regieren Alpha-Weibchen und die meisten Alpha-Männchen unter Umständen viele Jahre lang — einer in menschlicher Obhut lebenden Gruppe stand ein 18 Jahre altes Weibchen voran. Somit war der Fortpflanzungserfolg während ihres Lebens — der Maßstab für evolutionäre Errungenschaften — sehr hoch. Die vielen Helfer innerhalb der Gruppe und das milde Klima ermöglichen den dominanten Zwergmangusten, regelmäßig zwei bis drei Würfe pro Jahr mit jeweils bis zu sechs Jungen hervorzubringen. Die sich fortpflanzenden dominanten Tiere genießen auch alle weiteren Vorteile ihrer Führungsposition: So sind sie die bevorzugten Partner bei der Fellpflege für alle Vertreter des anderen Geschlechts.

Weibliche Zwergmangusten bleiben häufiger bei der Gruppe, in die sie hinein geboren wurden: Die Hälfte der Weibchen bleibt zu Hause, während 95 Prozent der Männchen abwandern — mit dem Ergebnis, daß in den meisten Gruppen mütterliche Linien dominieren, wobei der dominante Status von der Mutter auf ihre Töchter weitergegeben wird. Manchmal scheint es, als würde ein entthrontes dominantes Tier an »gebrochenem Herzen« sterben; in Wirklichkeit aber ist der Tod auf eine durch Streß hervorgerufene Urämie (Harnvergiftung) zurückzuführen. Wenn zwei Weibchen um die Nachfolge

kämpfen, fällt die gesamte Gruppe über sie her; wahrscheinlich wollen sie Auseinandersetzungen innerhalb einer Gemeinschaft verhindern, in der jedes Individuum auf seine Gefährten angewiesen ist. Eine neue Matriarchin wird in der Regel durch eine Art »Groomingturnier« ermittelt, in dessen Verlauf zwei Kandidatinnen sich bemühen, ihre Gegnerin im Laufe von mehreren Tagen in die Unterwürfigkeit zu »pflegen«. Die Bewerberinnen tauschen mehrmals die Position, weil jede versucht, das Fell der anderen von oben her zu pflegen, wobei sie jede Menge Speichel produzieren. Die Siegerin geht im Anschluß manchmal eine Paarbindung mit ihrem Vater ein oder wählt ein Männchen als Partner aus, mit dem sie schon seit langem verbündet ist.

Junge Zwergmangustenmännchen verlassen in der Regel ihre Gruppe, wenn diese mehrere ältere Tiere ihres Geschlechts aufweist. Sie schließen sich Gruppen an, in denen weniger alte dominante Männchen leben. Die Risiken, die sie beim Wechsel der Gruppe auf sich nehmen, und die harte Arbeit, die sie leisten müssen, um Zugang zu einer neuen Gruppe zu erlangen, werden schließlich dadurch belohnt, daß sie auf der sozialen Leiter weniger Sprossen nach oben klettern müssen. Wie bei den Erdmännchen kann eine aufmüpfige Junggesellengruppe den anwesenden Männchen einer Gruppe zahlenmäßig überlegen sein und diese verdrängen. Nicht weniger als ein Viertel der Alpha-Männchen bei Zwergmangusten gelangen auf diese Weise auf ihren Thron. Noch häufiger schließen sich umherziehende Männchen mit anderen heimatlosen Abwanderern zusammen und bilden neue Gruppen.

Der Spiegel des Geschlechtshormons Östrogen reflektiert den Rang der weiblichen Zwergmangusten. Alpha-Weibchen weisen den höchsten Spiegel auf, ältere untergeordnete Weibchen weisen einen höheren auf als jüngere. Dies entdeckten einfallsreiche Biologen, die sich die Neigung der Zwergmangusten zunutze machten, an jedem fremden Objekt Duftmarken zu setzen, und die Tiere so dazu brachten, auf kleine Gummipolster zu urinieren. Auf diese Weise konnten sie den Zyklus der Geschlechtshormone wildlebender Tiere analysieren, ohne diese zu stören.

Alle Weibchen einer Gruppe kommen gleichzeitig in Hitze, aber in der Regel baut nur das Alpha-Weibchen genügend Östrogen für einen Eisprung auf. Wenn für ein Weibchen die Fortpflanzungszeit naht, steigt sein Östrogenspiegel und regt es zur Paarung an. Die Paarung löst ein weiteres Freisetzen von Östrogen aus, was zu weiteren Paarungen führt. Auf dem Höhepunkt ihrer sexuellen Aktivität können sich dominante Zwergmangusten 50mal in der Stunde paaren, und der Östrogenspiegel der Weibchen schnellt in die Höhe. Schließlich wird ein weiteres Hormon, das luteinisierende Hormon, freigesetzt; dieses bewirkt die Abgabe der befruchtungsbereiten Eizellen in die Eileiter. Man bezeichnet dies als induzierte Ovulation. Die untergeordneten weiblichen Zwergmangusten erreichen selten dieses Stadium. Ihr geringer Hormonstatus wirkt, als würden sie die Antibabypille nehmen. Nur Weibchen mit etwas höherem Rang haben gelegentlich einen Eisprung.

Die Männchen weisen durchweg die gleiche Menge Geschlechtshormone auf, mit Ausnahme zugewanderter Männchen, die während der Tage, in denen sie sich darum bemühen, akzeptiert zu werden, und daher körperlich besonders gefordert sind, sehr

Junge Erdmännchen werden von Babysittern gehütet, die dafür häufig einen ganzen Tag opfern und alleine mit ihren Schützlingen beim Bau bleiben.

geringe Konzentrationen aufweisen. Höherrangige Männchen besitzen größere Hoden und somit wahrscheinlich eine höhere Zahl von Spermien. Wenn sich also ein untergeordnetes Männchen kurz vor oder nach dem Alpha-Männchen mit einem Weibchen paart, produziert es wahrscheinlich nur eine vergleichsweise kümmerliche Menge von Spermien, die sich mit dem umfangreicheren Ejakulat des dominanten Männchens ein Wettrennen um die Eizellen liefern müssen. Überdies können sich die dominanten Männchen aufgrund ihrer höheren Spermienproduktion öfter paaren, und sie tun dies auch. Ihr Paarungsmonopol erstreiten die dominanten Männchen jedoch nur durch brutale Gewalt. Das Alpha-Männchen hält sich in der Nähe des Alpha-Weibchens auf und greift sämtliche anderen Männchen an, die diesem zu nahe kommen. In der Serengeti paart sich das Alpha-Männchen gelegentlich auch mit untergeordneten Weibchen, in der Taru-Wüste konnte man dieses Verhalten nicht beobachten. Untergeordneten Männchen bleibt es überlassen, um den Zugang zu niedrigrangigeren Weibchen zu kämpfen. Rund zehn Prozent dieser Weibchen werden schwanger, doch die Jungen eines solchen niedrigrangigen Tieres werden oft vom Alpha-Weibchen getötet. In der Regel haben nur etwa 15 Prozent der Nachkommen untergeordnete Mütter und 25 Prozent untergeordnete Väter.

Männchen und Weibchen gehen während der Paarungszeit also mit unterschiedlichen Strategien vor: Die Weibchen weisen einen unterschiedlichen Hormonspiegel auf, während die Männchen einfach kämpfen. Dieser Unterschied ist wahrscheinlich darauf zurückzuführen, daß Weibchen mehr zu verlieren haben. Ein untergeordnetes Männchen riskiert nicht viel, wenn es sich seine Möglichkeiten zur Fortpflanzung bis in letzter Minute offenhält. Es kann seine Spermien in erstaunlichen Mengen mit geringem Aufwand produzieren, und die körperliche Belastung durch das Pulsieren von Testosteron und das Kämpfen mit Rivalen lohnt sich durchaus, wenn ein Männchen es schafft, dem dominanten wenigstens einige Paarungen »wegzuschnappen«. Außerdem besteht stets die Möglichkeit, daß das Alpha-Männchen getötet oder von einem untergeordneten Männchen verdrängt wird. Ein niedrigrangiges Weibchen müßte jedoch viel Energie in die Produktion von Jungen investieren, die dann wahrscheinlich von der Matriarchin umgebracht werden. Und wenn das untergeordnete Weibchen nach der Geburt zu erschöpft ist, um seine Aufgabe bei der Aufzucht der nahe verwandten Jungtiere voll auszufüllen, werden ihre jungen Verwandten darunter leiden, und es wird soziale Vorteile einbüßen. Gelegentlich schleust ein untergeordnetes Weibchen jedoch eines oder mehrere seiner Kinder ein und säugt sie zusammen mit denen des dominanten Weibchens. Darum ist es wohl so wichtig für die Weibchen, sich gleichzeitig fortzupflanzen: Würfe von untergeordneten Weibchen, die zur Welt kommen, wenn das Alpha-Weibchen gerade nicht säugt, werden ausnahmslos getötet. Häufiger kommt es jedoch vor, daß untergeordneten Weibchen die Milch einschießt, ohne daß sie trächtig werden, und sie als Ammen für die Jungen des dominanten Weibchens fungieren. In der Serengeti erhöht ihr Beitrag die Zahl der überlebenden Jungen eines Wurfes um mehr als ein Drittel. Aufgrund der nahen Verwandtschaft zwischen den meisten Ammen und den Jungen bedeutet dies im Prinzip, daß jedes Weibchen 0,79 eigene Nachkommen hervorbringt. Dies stellt eine höhere Belohnung dar als die 0,57 Jungen, die untergeordnete Weibchen, die tatsächlich selbst gebären, im Durchschnitt pro Wurf aufziehen.

Die Gesellschaft der Mangusten funktioniert auf der Grundlage, daß viele Hände die anfallende Arbeit leichter verrichten. Wenn beispielsweise ein weibliches Erdmännchen

Junge hat, wird es sogleich von seinen Wächterpflichten entbunden und verwendet all seine Energie darauf, genügend Nahrung zu sammeln, um Milch für seinen Nachwuchs zu produzieren. In kleinen Gruppen stellt dies für die anderen Mitglieder eine enorme Belastung dar. In einer Gruppe aus vier erwachsenen Tieren nahm dieses Problem katastrophale Ausmaße an. Als eines der drei Weibchen Junge bekam, legte es sämtliche Wachdienste nieder, und die anderen Weibchen der Gruppe übernahmen einen Großteil des Babysittings. Infolgedessen mußte das einzige erwachsene Männchen nahezu den gesamten Wachdienst übernehmen, bis zu zwei Stunden und neun Minuten stand es ununterbrochen auf Posten.

Bei den Zwergmangusten hat die Anzahl der Gruppenmitglieder ähnliche ausschlaggebende Bedeutung. Kleine Zwergmangustengruppen können nicht die Arbeitskraft aufbringen, um für einen glatten Ablauf des Wachdienstes zu sorgen — mit tödlichen Konsequenzen: Wo der Feinddruck groß ist, scheitern Gruppen von weniger als fünf erwachsenen Tieren unweigerlich bei der Aufzucht ihrer Jungen, und innerhalb von zwei Jahren sind sämtliche dieser Kleingruppen zum Tode verurteilt.

Umgekehrt können um so mehr Junge erfolgreich aufgezogen werden, je größer die Gruppe ist. In der Serengeti vermochten Gruppen von zehn oder mehr Zwergmangusten die Zahl der überlebenden Jungen pro Wurf auf maximal 4,3 zu erhöhen. Das ist immer noch eine sehr kleine Wurfgröße, vergleicht man sie mit der anderer Carnivoren wie den Afrikanischen Wildhunden und Rothunden, die ebenfalls in großen Rudeln mit einem dominanten Paar leben, das durch die gemeinsamen Bemühungen zahlreicher Helfer unterstützt wird. Wenngleich Mangusten viel kleiner und langgestreckter gebaut sind, so kann das Mauswiesel immerhin bis zu 19 Jungtiere pro Wurf zur Welt bringen, ohne zu platzen. Das Problem besteht in diesem Fall darin, daß die Jungen größerer Würfe bei der Geburt weniger weit entwickelt sind, die halbnomadische Lebensweise der geselligen Mangusten aber ein schnelles Wachsen der Jungen erfordert. Wenn eine Gruppe die Insekten in einem Gebiet dezimiert hat, muß sie weiterziehen. Sind die Jungen noch nicht selbständig genug, müssen die Tiere die Nahrungssuche vielleicht vorübergehend einstellen, oder sie müssen die Jungen von Lager zu Lager schleppen — ein außerordentlich gefährliches Unterfangen. Deshalb können junge Zwergmangusten schon in einem Alter von 25 Tagen als jüngste aller Carnivoren der Gruppe folgen. Erdmännchen sind fast genauso frühreif. Doch nicht nur der Nahrungssucheturnus wird gestört, die Gruppenmitglieder sind während dieser 25 Tage, die sie mit ihren Jungen im Lager verbringen, auch durch die Beaufsichtigung der Jungen belastet. Darüber hinaus bleiben die Grenzen ihres Territoriums unverteidigt. Manchmal entfernt sich ein einzelnes männliches Erdmännchen für ein oder zwei Tage von der Gruppe, unternimmt auf sich alleine gestellt eine Grenzpatrouille und erneuert sämtliche Duftmarken.

In der Taru-Wüste funktioniert die Nahrungssuche der Zwergmangusten mit der Präzision eines Fruchtwechsels in der Landwirtschaft. Jede Zwergmangustengruppe bewohnt ein Territorium von 80 Hektar, das rund 200 Termitenhügel umfaßt. Die Gruppe wählt jede Nacht einen anderen als Basislager aus. Die Tiere markieren das Basislager mit den Duftsekreten ihrer Anal- und Wangendrüsen. In der Regel setzten sie die Duftmarken an der Nordseite des Termitenhügels ab, so daß die vorherrschenden Passatwinde den Geruch in den Termitenhügel tragen, dieser also einen vertrauten Geruch annimmt. Im Laufe der Tage läßt der Geruch nicht nur nach, wahrscheinlich ändert er sich auch und signalisiert den Zwergmangusten auf diese Weise, welcher Zeitraum vergangen ist, seit sie in diesem Abschnitt des Territoriums »geerntet« haben. Diese Information hilft der Matriarchin wahrscheinlich, täglich die Route ihrer Gruppe festzulegen. Der Geruch schreckt wohl auch Eindringlinge ab, wenngleich er sie umgekehrt auch genausogut auf den sichersten Weg für Übergriffe führen kann.

Die Gruppenmitglieder folgen einem dreiwöchigen Turnus und kommen somit wieder in einen Sektor des Territoriums zurück, wenn dort die Duftmarken gerade ihre Wirkung verlieren. Das wirft die Frage auf, ob die Tiere ihren Turnus zeitlich so ausrichten, daß er mit der Lebensdauer des Duftes übereinstimmt, oder ob sich der Duft so entwickelt hat, daß er dem Turnus der Tiere entspricht. Das Sekret der Schabrackenhyäne ist selbst für den Menschen noch nach mindestens 30 Tagen feststellbar, und der Duft von Zebramangusten hält fünf Wochen an. Zweifellos hätten auch die Zwergmangusten bei Bedarf einen haltbareren Duft entwickeln können. Also nutzen sie wahrscheinlich einen drei Wochen haltenden Duft, weil die Botschaft nicht länger halten muß.

Die Territorien werden gegen Konkurrenten vehement verteidigt, wie man bei einem Bandenkrieg zwischen Erdmännchen beobachten konnte. Das erste Mitglied der Gruppe, das den rivalisierenden Trupp ausmachte, gab einen langen Piepslaut von sich, und bald stand die gesamte Gruppe beieinander auf den Hinterfüßen, starrte nach vorne und piepste. Um eine gute Position drängelnd, die Hälse reckend und trillernd verhöhnten sie den Feind und begannen dann, wie Kobolde auf der Stelle zu hüpfen. Mit steil über ihren Rücken erhobenen Schwänzen standen sich die Gruppen gegenüber und stürzten sich dann in einen Kriegstanz. Langsam schoben sie sich vorwärts, bis sie schließlich mit dem dominanten Männchen voran angriffen. Dann hielten sie inne, als hätten sie plötzlich moralische Skrupel, irrten zunächst ziellos umher, bildeten dann wieder Gruppen und umfaßten einander in kameradschaftlichen Umarmungen an den Schultern. Dann ließen sie sich auf alle viere nieder und gruben, aber nicht, wie sie es nach Beute tun, sondern mit kräftigen Bewegungen, die hohe Staubwolken aufwirbelten. Dies sollte womöglich ebenfalls dem Gegner gegenüber Stärke signalisieren. Wieder griffen sie an, und wie zuvor gewann die größere Gruppe. Die Sieger gaben sich anschließend einer ausgesprochen geselligen Fellpflege hin, umarmten einander, rieben sich gegenseitig ihre duftenden Analbeutel über die Flanken und statteten so alle Mitglieder mit einem gemeinsamen Duft aus. Insbesondere das dominante Männchen zeigte ein aufgeregtes Verhalten und zog seinen Analbeutel in unbeholfenen Schwüngen über Baumstämme, Baueingänge und andere Gruppenmitglieder. Es schlingerte von einer Seite zur anderen, taumelte in Pflanzen, beschmierte sie mit den Drüsensekreten seiner Wangen, bevor es begann, kleine Büsche anzugreifen. Dann scharrte die gesamte Gruppe den Boden auf und setzte ihren Kot ab.

Die Beziehungen zwischen benachbarten Zwergmangustengruppen sind nicht weniger gespannt. Auch hier gewinnt fast immer die größere Gruppe, wenngleich auch schon beobachtet worden ist, daß eine Gruppe aus sechs Tieren, die eine Wurfhöhle verteidigte, 16 Eindringlinge verscheuchte. Nicht selten wechseln Halbwüchsige nach einem Kampf die Seiten. Die Streifgebiete von Zebramangustengruppen überschneiden sich, und größere Gruppen, angeführt von erwachsenen Männchen, dominieren über kleinere.

Im Leben der Mangusten scheint die Versuchung groß zu sein, zu betrügen. Womöglich drückt sich ein Individuum bei einer Auseinandersetzung mit anderen Gruppen oder es erfüllt nicht freiwillig seine Wachpflichten, was jedoch die grundlegende Regel aller Mangustengesellschaften durchbricht, die da lautet: Gemeinsam stehen sie, getrennt fallen sie. Ein solches Verhalten konnte man bei einem Kampf zwischen zwei Erdmännchengruppen beobachten. Eine Gruppe griff einige umherziehende Männchen an, die ein Bündnis mit einigen der ansässigen, untergeordneten Weibchen bilden wollten. Nach einem langgezogenen Gefecht wurden die Eindringlinge in einen Bau gedrängt, und die Gruppe versuchte sie auszugraben. Es war ein langer und wilder Angriff, bei dem jedoch ein untergeordnetes Weibchen zurückblieb und im Schatten lag, während seine Gefährten kämpften. Schließlich gab die Gruppe den Versuch auf; zu diesem Zeitpunkt lief das Alpha-Weibchen hinüber zu der Drückebergerin und fiel mit ungehemmter Grausamkeit über sie her. Bald schlossen sich die übrigen Gruppenmitglieder an und stürzten sich auf das Weibchen, bis es zerbissen war und blutete. Es schien wie eine Bestrafung für das Vernachlässigen einer Pflicht.

Eine solche Bestrafung zu erleiden, ist aber immer noch vorteilhafter, als aus der Gruppe vertrieben zu werden, weil gesellige Mangusten derart komplexe Gemeinschaften entwickelt haben, daß einzelne Tiere keine Überlebenschancen haben. Ihre Zusammenarbeit scheint sich auf jede Form der Kooperation zu erstrecken, die man hier und da auch bei anderen Carnivoren findet. Sie teilen ihre Nahrung und den Wachdienst, stehen zusammen, um Eindringlinge und Feinde zu vertreiben, und kümmern sich um Kranke, Verletzte und Jungtiere. Der Mittelpunkt ihrer Gemeinschaft ist ein fest verbündetes Paar. Rotichneumons und andere scheinen auch zur Monogamie zu neigen, wenngleich die Beweise dafür schwach sind. Es gibt sogar Hinweise auf freundliche Beziehungen und das Teilen von Territorien unter Rotichneumon-Männchen. Das Rotichneumon hat vieles mit einem Musteliden gemeinsam, mit dem Hermelin: von der Jagd bei Tage bis zur schwarzen Schwanzspitze. Männliche Rotichneumons und Hermeline sind etwa 40 beziehungsweise 60 Prozent schwerer als weibliche. Beide Arten sind geschickte Mäusejäger, auch wenn sie ihre Beute recht unterschiedlich töten. Die mäusejagenden Mangusten zielen ausnahmslos auf die Augen, weil sie den Schädel mit einem Biß zertrümmern, während das Hermelin, wie andere Musteliden, durch einen Nackenbiß tötet. Doch trotz ihrer Ähnlichkeiten ist das Hermelin in hohem Maße polygyn, während das Rotichneumon zur Monogamie oder sogar zu Bündnissen unter Männchen tendiert. Dies ist nur eines von vielen Rätseln, die sich ergeben, wenn man das Sozialleben von Tieren innerhalb und zwischen Carnivorenfamilien vergleicht.

Ein Weg, solche Rätsel zu lösen, könnte darin bestehen, festzustellen, welches Vermächtnis die Tiere von ihren Vorfahren beibehielten. Carnivoren des Katzenzweiges sind im typischen Fall mehr carnivor als jene des Hundezweiges. In drei der vier Familien des Hundezweiges sind die Männchen der meisten Gattungen weitaus größer als die Weibchen, wohingegen sie in drei der vier Familien des Katzenzweiges eher gleichgroß sind. Ein Anhänger der Theorie »Vermächtnis aus der Vergangenheit« würde wahrscheinlich behaupten, die Carnivoren des Katzenzweiges trügen die Carnivorie und die gleiche Größe als Last ihrer Geschichte mit sich herum. Die erwachsenen Männchen wenigstens einer Art in allen Familien des Katzenzweiges teilen ihre Territorien (zum

Folgende Doppelseite: Im Wüstenwinter verbringen Erdmännchen viel Zeit damit, auf das Aufgehen der Sonne zu warten, um sich genügend aufzuwärmen. An kalten Morgen stellen sie sich in Reih' und Glied gruppenweise Richtung Sonne auf, um mit ihren dunklen, aufgeplusterten Unterseiten die Wärme aufzutanken.

Beispiel die Rotichneumons, die Palmenroller, die Schabrackenhyänen und die Geparde), aber abgesehen von größeren Hunden und den Europäischen Dachsen ist diese Praxis unter den männlichen Tieren des Hundezweiges selten. Somit könnten einige der Abweichungen zwischen den Gesellschaften der Rotichneumons aus dem Katzenzweig und der Hermeline aus dem Hundezweig aus lange bestehenden Unterschieden in der sozialen Organisation ihrer Vorfahren herrühren. Sicherlich können zwei Arten verschiedene Lösungen für ein ähnliches Problem finden, weil sie es aus unterschiedlichen Richtungen angehen. Zweifellos können Mangusten auch hermelinartige Wege einschlagen: Ein in Spanien beobachtetes männliches Ichneumon bewohnte ein Territorium, das sich teilweise mit den Streifgebieten von fünf Weibchen überschnitt.

Eine weitere Möglichkeit — oft die ergiebigste — besteht darin, nach Unterschieden in Gegebenheiten zu suchen, die Abweichungen im Sozialleben der Arten begünstigt haben könnten. Was das Rotichneumon und das Hermelin betrifft, besitzen beide Arten Reißzähne mit langen Klingen zum Zerteilen von Nagetieren, aber die Zähne des Rotichneumons sind gleichermaßen an Insektennahrung angepaßt. Und tatsächlich ergänzt es seine Nahrung aus Nagern und Eidechsen mit Heuschrecken, Termiten und Käfern. Darüber hinaus fressen Rotichneumons gelegentlich gemeinsam an einem großen Kadaver. Während Nagetiere in der Regel zu weit verstreut vorkommen, um mehr als einen einzelnen Jäger zu ernähren, treten Insekten zumeist lokal in ausreichenden Mengen auf und können so — wie große Kadaver — geteilt werden. Ein ähnlicher Vergleich läßt sich zwischen dem Hermelin und dem Mittelamerikanischen Katzenfrett (siehe Seite 150) ziehen. Katzenfrette sind nagetierjagende Kleinbären, die auch eine Menge Insekten und selbst einige Früchte verzehren. Die bruchstückhaften Informationen über sie lassen vermuten, daß sie ebenfalls dazu neigen, paarweise zu leben, auch wenn das Männchen fast 20 Prozent schwerer ist als das Weibchen.

Zwischen Carnivorengesellschaften, in denen sich das Männchen mit nur einem Weibchen (Monogamie) paart, und solchen, in denen es sich mit mehreren (Polygynie) paart, scheinen offensichtliche Unterschiede zu bestehen; diese stehen damit in Zusammenhang, daß die Männchen ähnlich groß, beziehungsweise weitaus größer als die Weibchen sind. Innerhalb dieser Kategorien gibt es bedeutende Variationen. Ein männlicher Tiger zum Beispiel verteidigt ein Territorium, das die kleineren Reviere mehrerer Weibchen umfaßt, während männliche Grizzlybären die Territorialität aufgegeben haben und zwischen mehreren Weibchen umherwandern (Promiskuität). Manche Hermeline sind irgendwo dazwischen anzusiedeln: Die meiste Zeit des Jahres herrscht bei ihnen das System des Tigers, während der Fortpflanzungszeit stellen sie sich aber auf das des Bären um. Der traditionellen Sichtweise zufolge hängt dieser Unterschied zwischen monogamen und polygynen Arten davon ab, ob die Hilfe des Männchens für die Aufzucht der Jungen gebraucht wird — dann ist es zur Monogamie verpflichtet — oder ob es frei ist für die Polygynie, weil die Vorteile, mehr Nachkommen zu zeugen, größer erscheinen als die, die Vaterpflichten zu erfüllen. Es gibt jedoch keine Hinweise darauf, ob die Jungen monogamer Kojoten und Eurasischer Fischotter mehr auf das Investment ihrer Väter angewiesen sind als jene der polygynen Rotluchse und Minke. Somit müssen wir nach anderen Faktoren suchen, die diese Arten auf ihre gegensätzlichen sozialen Bahnen lenkten.

Nahrung, die sich mit minimalem Kostenaufwand teilen läßt, könnte ein Schlüsselfaktor für die Monogamie sein, weil sie es Eltern ermöglicht, ein Territorium zu teilen.

Teilbar ist Nahrung dann, wenn sie in großen Mengen vorkommt oder die Ressourcen sich so schnell wieder erholen, wie sie gefressen werden. Beispiele sind die großen Kadaver, von denen Kojoten und Löwen fressen, die Gebiete mit Würmern, an denen die Europäischen Dachse und Liberia-Kusimansen ihre Nahrung finden, die geschützten Buchten, in denen Eisfüchse sich ernähren, die Bäume, von denen die Tayra und der Wickelbär fressen, und die Termiten, die Fuchsmangusten und Erdwölfen als Nahrung dienen. All diese Carnivoren können mit geringem Kostenaufwand zusammenleben. Andere Nahrung, insbesondere kleine Wirbeltiere wie Nager, lassen sich nicht teilen, und so wären Tiere, die diese im gleichen Gebiet jagten, unweigerlich Konkurrenten. Eltern, die auf eine derartige Nahrung angewiesen sind, brauchen zum Zusammenleben wahrscheinlich ein doppelt so großes Territorium wie ein einzelnes Tier. Dies würde besonders während der Fortpflanzungszeit Schwierigkeiten bereiten, wenn das Weibchen — darum bemüht, seine Jungen zu säugen und mit Nahrung zu versorgen — sich Anstrengungen zu ersparen versucht, indem es das kleinste Territorium bewohnt, das ihm ausreichend Nahrung bietet. Die Kosten, die für das Weibchen entstehen, wenn es sein Territorium erweitert, um ein Männchen darin aufzunehmen, sind für die zu erwartenede Gegenleistung in Form väterlicher Unterstützung zu hoch. Wegen ihres nicht teilbaren Nahrungsangebots führen diese Arten ein teilweise getrenntes Sexualleben, bei dem die Männchen größere Streifgebiete bewohnen.

Je weniger Nahrung ein Männchen aus dem Territorium eines Weibchens entnimmt, desto größer muß sein eigenes Revier sein. Wenn es beispielsweise ein Drittel seiner Nahrung aus dem Territorium eines Weibchens bezieht, wird es zum Leben etwa drei solcher Gebiete benötigen (oder mehr, weil es durch die weiteren Wanderungen einen größeren Appetit entwickeln wird). Durch die Erweiterung seines Territoriums könnte ein Männchen jedoch auch Zugang zu mehr Weibchen erhalten, und darum wird es sich bemühen, mehr Raum zu verteidigen, als es nur zum Fressen benötigt. Um aber in einem größeren Gebiet effizient umherzuziehen, zu jagen und es zu verteidigen, zahlt es sich aus, so groß zu sein, wie es das Nahrungsangebot erlaubt. Größer zu sein bedeutet wiederum, daß diese Männchen noch ausgedehntere Territorien benötigen, um sich zu ernähren. Je größer das Streifgebiet eines solchen Männchens ist, desto weniger wird es die Ressourcen der Weibchen anzapfen, mit deren Gebieten sich sein Revier überschneidet, und desto weniger wird seine Anwesenheit die Jungtiere benachteiligen, die vielleicht seine eigenen sind. Im Gegensatz dazu zahlt es sich für Weibchen aus, so klein wie möglich zu bleiben, damit ihr Appetit nicht zu groß wird und sie somit ihre Jungen nicht so lange alleine lassen müssen. In Konkurrenz um Nahrung hätten die Weibchen wegen der Größe der Männchen in direkten Auseinandersetzungen kaum Chancen; durch eine gewisse größenbedingte Abweichung in der Ernährung verbessert sich aber wiederum ihre Situation. Diesem Szenario zufolge entstehen die Unterschiede zwischen zusammenlebenden Carnivoren und solchen, die teilweise getrennt leben, nicht aus dem größeren oder geringeren Bedürfnis nach väterlicher Fürsorge, sondern dadurch, inwieweit ihre Nahrung sich teilen läßt.

Dadurch, daß sie teilweise getrennt von den Weibchen leben, sind sich umherziehende Männchen wohl ihrer Vaterschaft nicht sicher genug, um irgendwelche Anstrengungen auf die Sorge um die Jungen zu verwenden. Territorial und von den Weibchen teilweise getrennt lebende Männchen bewachen ebenfalls nur selten Jungtiere und versorgen sie kaum einmal mit Nahrung; sie setzen ihre auf mehrere Familien verteilte väterliche Energie wohl lohnenswerter ein, indem sie kindesmordende Plünderer und Nahrungskonkurrenten abwehren. Von den zusammenlebenden Erdwölfen, Europäischen Dachsen, Abessinischen Füchsen und Rotfüchsen weiß man, daß die Männchen ihre Weibchen betrügen. Nachdem sie sich mit ihrer »monogamen« Partnerin gepaart haben, machen sich die Männchen auf, um sich jede nur mögliche Verbindung mit anderen Weibchen zu sichern. Danach kehren sie wieder zurück, um sich auf ihre väterliche Fürsorge für den Wurf zu konzentrieren, an dem sie am meisten interessiert sind. Die männlichen Graufüchse der kalifornischen Channel Islands zum Beispiel ziehen während der Fortpflanzungszeit weit umher, begleiten aber nur ein Weibchen während der Zeit des Werfens. Männchen, für die dies hoffnungslos oder mit untragbaren Kosten verbunden ist, laufen anderen Weibchen nicht nach. Zu ersteren gehören die schwächlichen Männchen der Schabrackenhyäne und der Hauskatze, deren einzige Chance darin besteht, zu Hause zu bleiben und den dominanten Tieren ab und zu mit einer Paarung zuvorzukommen.

Manchmal haben leichtgewichtige Männchen jedoch verborgene Stärken, wie die überproportional großen Hoden kleiner Exemplare der Wildkatze, die diesen vielleicht ermöglichen, aus jeder der seltenen Chancen, sich zu paaren, das Beste zu machen. Zu jenen Männchen, die es sich nicht leisten können, sich zu amüsieren, zählen auch die der geselligen Mangusten, weil es für sie einfach zu gefährlich wäre, alleine umherzuziehen, zudem alle aufnahmefähigen Weibchen in Gruppen leben. Im schlimmsten Fall müßten zurückkehrende männliche Mangusten oder auch Löwen feststellen, daß ihre Gruppe von anderen Männchen übernommen wurde. Wenn sie jedoch bei ihrer Gruppe bleiben, schafft es vielleicht manch eine männliche Zwergmanguste, den Dominanten das eine oder andere Mal bei einer Paarung zuvorzukommen.

Unter den Tieren, die zusammenleben, gibt es viele Unterschiede, insbesondere bei jenen, die zusammenhängende Gruppen bilden. Die meisten Gruppen weisen ein annähernd gleiches Geschlechterverhältnis auf, und in manchen davon, wie bei den Zebramangusten, den Tüpfelhyänen der Serengeti und einigen Populationen der Europäischen Dachse, pflanzt sich regelmäßig mehr als ein Individuum beider Geschlechter fort, wohingegen dies bei anderen, wie den Wölfen, den Zwergmangusten und den Erdmännchen, seltener zu sein scheint. Unter den übrigen gibt es Gruppen mit weniger Weibchen, so etwa bei den Wildhunden, Rothunden, Abessinischen Füchsen und Schabrackenhyänen, oder mit weniger Männchen, wie bei den Rotfüchsen, Eisfüchsen, Waschbären, Weißschwanzmangusten, Nasenbären und Tüpfelhyänen. In Gruppen, in denen die Männchen überwiegen, pflanzt sich gewöhnlich nur ein Weibchen fort, und vermutlich ist ein Männchen an den meisten Paarungen beteiligt — wenngleich über die Vaterschaft wenig bekannt ist. In Gruppen mit einem überwiegenden Anteil von Weibchen paaren sich in der Regel alle erwachsenen weiblichen Tiere, in manchen Rot- und Eisfuchspopulationen jedoch nur eines. Die meisten Gruppen mit einem Weibchenüberschuß begleitet nur ein Männchen; bei Löwen und Hauskatzen sind es jedoch mehrere — und alle können sich paaren. Einige Populationen von Geparden, Rotichneumons und Palmenrollern verbinden Merkmale des Zusammenlebens mit einer teilweise getrennten Lebensweise, wenn sich mehrere Männchen ein größeres Territorium teilen, das die kleineren Reviere solitär lebender Weibchen umfaßt.

Zebramangusten suchen bei Tage in großen Gruppen, die mehrere sich fortpflanzende Weibchen umfassen können, nach Insekten.

Will man feststellen, nach welchem Muster eine Art lebt, sind mindestens fünf Fragen von Bedeutung: Läßt sich ein kooperatives Zusammenleben mit einer Mutterschaft vereinbaren? Welches Geschlecht ist als Gruppenmitglied nützlicher? Welches Geschlecht hat als Schürzenjäger wahrscheinlich mehr Erfolg? Welches Geschlecht wird sich am ehesten den Status eines Fortpflanzenden sichern, und wird es dies eher zu Hause oder anderswo tun? Und wie sehen die genetischen Beziehungen unter den Gruppenmitgliedern aus? Darüber hinaus gilt es zu bedenken, welches Geschlecht hinsichtlich der Fortpflanzung für den gleichgeschlechtlichen Elternteil am schwierigsten zu kontrollieren ist. Mehrere Weibchen pflanzen sich zumeist in jenen Gesellschaften fort, deren Nahrung sich am ehesten teilen läßt und von der es zu gewissen Zeiten ein Überangebot gibt; Beispiele hierfür sind die Früchte und Nüsse, von denen sich die Europäischen Dachse im Herbst ernähren, die Seevogelkolonien, welche die Füchse auf den Aleuten ausräubern, und die wandernden Herden, auf welche die Tüpfelhyänen lauern. In solchen Gesellschaften gehören zur Kooperation Aufgaben, die mit einer Mutterschaft durchaus vereinbar sind, wie das gemeinschaftliche Säugen bei Hauskatzen, Löwen, Nasenbären und Zebramangusten. Einen Extremfall, bei dem die weibliche Fortpflanzung nicht die Effektivität der Gruppe bei der Jagd beeinflußt, verkörpert der Europäische Dachs, der — abgesehen von der gemeinsamen Verteidigung des Territoriums — nichts weiter kooperativ tut, als sich mit Gruppenmitgliedern im Winter gemeinsam zusammenrollen, um sich gegenseitig warmzuhalten. Im Gegensatz dazu könnte es die Jagderfolge des Rudels ernsthaft schwächen, wenn sich mehr als ein weiblicher Afrikanischer Wildhund pro Rudel gleichzeitig fortpflanzen würde. Jedes zusätzliche Weibchen mit Jungtieren würde nicht nur die Gesamtzahl der Jungen erhöhen, sondern auch als weitere wichtige Arbeitskraft für das Rudel ausfallen. Außerdem kann ein weiblicher Wildhund bei guten Bedingungen riesige Würfe gebären – der Rekord steht bei 21 Welpen. Analog dazu bedeutet jedes zusätzlich sich fortpflanzende weibliche Erdmännchen, daß eines weniger für die Pflichten des Wachdienstes und Babysittings zur Verfügung steht. Eine Erdmännchengruppe aus beispielsweise zwei Männchen und zwei Weibchen wäre nicht in der Lage, die Jungen angemessen zu bewachen und zu füttern, wenn beide Weibchen sich fortpflanzten. Würden sich jedoch beide Männchen mit nur einem Weibchen paaren, würde dies die Überlebenschancen des Wurfes erhöhen. Bei guten Bedingungen bekommen mehrere weibliche Erdmännchen Junge: Das dominante kann sowieso keinen großen Wurf gebären, weil die nomadische Lebensweise der Erdmännchen eher frühreife Junge und daher kleine Würfe erfordert.

Ein offensichtlicher Unterschied zwischen zusammenlebenden und teilweise getrennt lebenden Carnivoren ist, daß die Männchen der ersteren tendenziell ähnlich groß sind wie ihre Weibchen, wenngleich es auch hier zahlreiche verblüffende Ausnahmen gibt. Die Weibchen der gruppenlebenden Tüpfelhyänen und Zebramangusten sind größer als die Männchen, wie auch jene der Binturongs und der Fossas, über deren Gesellschaftsform man nichts weiß. Bei zusammenlebenden Vertretern wie Waldhunden, Erdmännchen, Europäischen Dachsen, Riesenottern und Makibären sind die Männchen zwar kaum größer als die Weibchen, bei den Löwen hingegen erheblich. Das könnte ein Vermächtnis ihrer Vorfahren sein, die wie die meisten Großkatzen teilweise getrennt lebten. Besonders groß sind die Männchen dort, wo die Weibchen in einer solchen Dichte vorkommen, daß es nicht erforderlich ist, große Gebiete zu patrouillieren, um einen Harem zu versammeln. Männliche Eisbären finden ihre Weibchen in der Nähe der Robben; ihre massigen Körper haben sie von ihren kriegerischen Grizzlyvorfahren geerbt. Welchem System ein bestimmtes Männchen folgt, hängt von den jeweiligen Umständen ab, wird aber auch durch sein Erbe beeinflußt. Obwohl die Geschlechter bei Schabrackenhyänen ähnlich groß sind und bei Grizzlybären außerordentlich unterschiedlich, haben sich die Männchen beider Arten für eine Polygynie entschieden und ziehen zwischen den verschiedenen Weibchen umher, weil diese so weit verteilt sind, daß es ihnen nicht gelingt, mehrere für sich zu beanspruchen. Zu dieser weitläufigen räumlichen Verteilung kommt es, weil die Bären so groß sind und die Nahrung der Hyänen so spärlich ist; das Fehlen einer festen Fortpflanzungszeit in der Kalahari könnte das kontinuierliche Umherwandern der Hyänenmännchen ebenfalls begründen.

Auch andere Faktoren können die Größe der Geschlechter beeinflussen. Geparde beispielsweise könnten in der Größe nicht sehr variieren, ohne ihre hohe Schnelligkeit aufs Spiel zu setzen. Männchen und Weibchen der meisten Otter sind etwa gleich groß, was daran liegen mag, daß ihre Nahrung sich teilen läßt; vielleicht zwingt aber auch der Kampf gegen den Wärmeverlust im kalten Wasser beide Geschlechter dazu, so groß wie möglich zu sein. Der Fall der Eurasischen Fischotter entkräftet letzteres Argument allerdings, weil die Geschlechter in Nordwesteuropa unterschiedlich groß sind: Die Männchen sind hier größer, die Weibchen gleich groß wie ihre Basen im Südosten. Ob die Nahrung der Otter im Nordwesten sich weniger gut teilen läßt, ist nicht zu beantworten.

Ein nicht ganz so augenscheinlicher Unterschied zwischen zusammenlebenden und teilweise getrennt lebenden Arten besteht im System ihres Eisprungs. Wenn die Weibchen auf mehrere getrennte Territorien verteilt sind, hat das Männchen, welches diese Gebiete in seinem Territorium einschließt, wahrscheinlich Schwierigkeiten, immer zur richtigen Zeit am richtigen Ort zu sein und das jeweils aufnahmefähige Weibchen zu finden, obwohl dies wegen der Duftmarken eher unwahrscheinlich ist. Es wäre darüber hinaus sicher nicht imstande, sämtliche Weibchen in seinem Revier zu begatten und zu bewachen, wenn diese zufällig alle gleichzeitig in Hitze kämen. Daß das Weibchen auf das beste Männchen warten muß, könnte erklären, warum mehrere teilweise getrennt lebende Arten sich für ein Fortpflanzungssystem entschieden haben, das man als induzierte Ovulation bezeichnet: Die Weibchen kommen zwar in den Östrus, die Eizellen werden aber erst nach einem Stimulus durch den Paarungsakt in die Gebärmutter abgegeben. Geparde, Pumas, Jaguare, Hauskatzen, Mauswiesel, Iltisse, Minke, Waschbären und Fossas führen alle ein teilweise getrenntes Sexualleben — und bei allen kommt es zur induzierten Ovulation. Man vermutet, daß sie ihren Östrus sogar verlängern können, wenn sie sich nicht paaren, nachweisen ließ sich dies aber noch nicht. Wenn Tiere mit einem spontanen Eisprung, deren Eizellen wie beim Menschen in einem Zyklus in die Gebärmutter wandern, sich nicht planmäßig paaren, verpassen sie die Gelegenheit, schwanger zu werden. Bei den Carnivoren pflanzen sich Wolf, Rotfuchs, Löwe, Tüpfelhyäne, Großer Panda und Europäischer Dachs nach diesem System fort; sie alle leben — mit Ausnahme des Großen Pandas — in Gruppen, Männchen und Weibchen leben also Seite an Seite, oft teilen sie sich sogar eine Höhle.

Bei beiden Kategorien gibt es jedoch Ausnahmen. Hermeline mit ihren umherziehenden Männchen kennen keine induzierte Ovulation, vermutlich weil die Männchen sich mit einem ganzen Nest kindlicher Weibchen paaren. Weibliche Hauskatzen und Waschbären leben beide in Gruppen, weisen aber beide eine induzierte Ovulation auf. In beiden Fällen jedoch müssen die Weibchen auf die besten Männchen warten, weil in Gruppen, in denen viele Weibchen gleichzeitig aufnahmefähig sind, die Spitzenmännchen wahrscheinlich »alle Hände voll zu tun« haben. Die dominanten Kater der Hauskatzen wandern manchmal zwischen mehreren Weibchenkolonien umher, und ihre Aufmerksamkeit erstreckt sich auf zahlreiche Weibchen in jeder Kolonie.

Ungeachtet des Fortpflanzungssystems erhöht eine längere Periode der Aufnahmefähigkeit die Wahrscheinlichkeit für ein Weibchen, eine Gruppe von Bewunderern um sich scharen zu können, so daß letztendlich der Beste das Rennen macht. Zudem sinkt die Wahrscheinlichkeit, daß ein gutes Männchen ein Weibchen verläßt, weil es Angst hat, daß ein späterer Bewerber ihm »Hörner aufsetzt«. Man könnte annehmen, daß alle Weibchen von einer induzierten Ovulation und einem verlängerten Östrus profitieren würden. Beides hat jedoch auch seine Nachteile. Bei weiblichen Iltissen, Frettchen und Minken, die sich nicht paaren, kann die verlängerte Hitze zu tödlichen Infektionen der Geschlechtsorgane führen. Darüber hinaus kann der Östrus für Weibchen gefährlich sein, wenn sie in Kämpfe der Männchen verwickelt werden. Auch für die Männchen ist die ganze Angelegenheit oft recht brisant: Männliche Rotfüchse fressen in den drei Tagen, in denen sie einem aufnahmefähigen Weibchen folgen, kaum etwas, Löwenmännchen sind völlig erschöpft, und Erdmännchen sind so von ihrem Wachdienst abgelenkt, daß sie gezwungen sind, sich unter der Erde zu paaren. Wie dem auch sei: In vielen Fällen hat das Weibchen, wenn es sich das beste Männchen gesichert hat, ein begründetes Interesse am Überleben dieses Männchens, und das ist gefährdet, je länger der Streit um das Weibchen anhält.

Wir wissen nicht, inwieweit die beiden Methoden des Eisprungs Waffen der Weibchen sind, um das Verhalten der Männchen zu manipulieren, oder Lösungen, um sich anzupassen. Da verwandte Arten unterschiedliche Systeme haben können, handelt es sich nicht einfach um ein Erbe, das eine gesamte Familie gemeinsam hat. Unter den Marderartigen zum Beispiel haben Mauswiesel eine induzierte Ovulation und Fleckenskunke einen spontanen Eisprung, obwohl beide offenbar polygyn sind. Diesbezüglich können wir nur Vermutungen anstellen – und viele der Mutmaßungen mögen sich als falsch erweisen. So ging man beispielsweise davon aus, daß die »Ausschmückung« des männlichen Gliedes mit kleinen »Häkchen« darauf hindeute, daß das Weibchen einen induzierten Eisprung aufwiese und diese Fortsätze dazu dienten, ihn auszulösen; diesen »Schmuck« fand man inzwischen aber auch bei einigen Arten mit spontanem Eisprung. Nur eine verschwindende Minderheit der Carnivorenarten wurde bisher detailliert untersucht, und so benötigen wir eine Menge mehr Informationen, um ihre Lebensweise zu verstehen. Leider werden die Gelegenheiten, die übrigen Arten zu studieren, immer weniger, denn die Carnivoren sind in der modernen Welt zunehmenden Bedrohungen ausgesetzt. Insbesondere jene Raubtiere, die der Carnivorie treu geblieben sind, sehen sich mit der Erkenntnis konfrontiert, daß das Leben an der Spitze der Nahrungspyramide hart ist. Zwar scheinen die Beutetiere den Räubern – vom Mauswiesel bis zu Eisbär – hilflos ausgeliefert zu sein: In einer Auseinandersetzung von Angesicht zu Angesicht hat eine Wühlmaus keine Chance gegen das Mauswiesel und das Gnu keine gegen den Löwen. Letztlich jedoch sind die Räuber von ihren Beutetieren abhängig: Ohne Präriehunde gäbe es keine Schwarzfußiltisse und ohne Ringelrobben keine Eisbären.

Schwankungen in der Zahl der Beutetiere sind auf mehrere Faktoren zurückzuführen, darunter bisweilen auch auf die Anzahl und das Verhalten der Carnivoren selbst. Nach einer weitverbreiteten Ansicht wirkt sich das Verhalten der Carnivoren kaum langfristig auf die Populationen ihrer Beute aus; sie entfernen nur Individuen, die ohnehin durch Verhungern oder Krankheiten zum Tode verurteilt sind. Doch selbst Carnivoren, die sich nur auf todgeweihte Beutetiere beschränken, können die Größe der Beutetierpopulation beeinflussen. In Kanada jagen Wölfe durch Hungertod und Witterung ohnehin zum Sterben verurteilte Elche. Ohne die Wölfe würden solche Elche jedoch länger überleben und weiterhin mit gesünderen Individuen um die Nahrung konkurrieren, und das wiederum könnte bei den Elchen in einem harten Winter zu einer Hungersnot führen. Daher kann paradoxerweise die Bejagung durch Wölfe die Zahl der Elche erhöhen, weil sie verhindert, daß ohnehin zum Tode verurteilte Tiere mit ihren Artgenossen um Nahrung konkurrieren.

In einigen Fällen jedoch begrenzen Carnivoren eindeutig ihre Beutetierpopulationen. Die Kalifornischen Seeotter limitieren die Zahl der von ihnen bevorzugten Seeigel, und in Australien setzen Rotfüchse der Zahl der Felsenkänguruhs Grenzen. Wo man die Füchse ausrottete, verdreifachte sich die Zahl der Känguruhs, die Pflanzendecke wurde überweidet, und die Känguruhs verloren an Gewicht. Nahrung und Wetter begrenzen die Anzahl der Beutetiere ebenfalls, vermutlich wirken alle drei Faktoren – Nahrung, Wetter und Feinde – oft zusammen. So ist beispielsweise die Bejagung durch Luchse die Haupttodesursache des Schneeschuhhasen; die Luchse sortieren aber nur die Beutetiere aus, die sich in einem körperlich schlechten Zustand befinden. In diesen geraten die Hasen, wenn ihre Futterpflanzen voller Gifte sind, deren Funktion es ist, Pflanzenfresser zu schädigen. Diese chemischen Abwehrstoffe herzustellen ist aufwendig, und

Pflanzen produzieren sie vor allem dann, wenn die Hasen am zahlreichsten sind und die Pflanzen am stärksten beweiden. Die durch die Gifte geschwächten Hasen werden dann durch den Luchs dezimiert. Daraufhin schränken die Pflanzen — »sich in Sicherheit wiegend« — die Produktion der Gifte ein, und die Hasenpopulationen dehnen sich wieder aus. In diesem dreistufigen System beeinflussen die Gifte die Beweidung der Pflanzen durch die Hasen und somit die Anfälligkeit der Hasen für die Bejagung durch den Luchs.

Die Populationen der Gipfelräuber wiederum werden nicht nur durch das Beuteangebot begrenzt, sondern viele von ihnen weisen auch Merkmale auf, die für Tiere tendenziell immer gefährlich sind. Eines davon ist die Spezialisierung, wie etwa jene des Schwarzfußiltisses, der sein Schicksal mit dem der Präriehunde verknüpfte. Generalisten wie die Waschbären und die Rotfüchse können in der Nahrungspyramide einfach nach oben oder unten klettern, denn sie sind gleichermaßen geschickte Fleisch-, Insekten- und Fruchtfresser. Ein weiteres Charakteristikum gefährdeter Tiere ist die Tatsache, daß sie nur sehr selten vorkommen, und Gipfelräuber werden im Vergleich zu ihrer Beute immer selten vorkommen. Das liegt daran, daß die oberen Ebenen der Nahrungspyramide weniger Platz bieten, und je größer der Carnivor ist, desto mehr Beutetiere der unteren Ebenen braucht er, aber desto seltener kommt er eben auch vor. Diese Zusammenhänge verdeutlicht exemplarisch der Jaguar. Als passionierte Fleischfresser sind Jaguare Spezialisten und stehen auch an der Spitze der Nahrungspyramide, während ihre enorme Größe ihre Anfälligkeit erhöht. Diese Großkatzen benötigen eine Menge Platz — in Belize bewohnen Männchen Territorien von 30 bis 40 Quadratkilometern, die der Weibchen sind zwölf Quadratkilometer groß. Außerdem haben sie sich aufgrund ihrer Größe auf große Beutetiere wie Pekaris (Nabelschweine), Gürteltiere und Hirsche spezialisiert, die heutzutage selbst bedroht sind. Die von Natur aus bereits brisante Situation des Jaguars wurde vom Menschen zusätzlich enorm verschärft. In den vierziger Jahren kamen Mäntel aus dem Fell gefleckter Katzen zunehmend in Mode. Dieser Trend nahm im Jahre 1962 nochmals zu, als Jacqueline Kennedy, die Frau des amerikanischen Präsidenten John F. Kennedy, in einem Leopardenmantel auftrat. Schon bald erreichten etwa 15 000 Jaguarfelle jährlich die Märkte in den USA und in Europa. Ein hochwertiges Jaguarfell konnte Preise von bis zu 20 000 US-Dollar erzielen. 1969 hatte die Pelzindustrie die Jaguare stark dezimiert, und obwohl sie seit 1975 weitestgehend gesetzlich geschützt sind, werden sie immer noch wegen ihres Fells getötet.

Die vielleicht größte Bedrohung für Jaguare und ähnlich große Räuber ergibt sich aus dem Umstand, daß ihre einst umfangreichen Lebensräume auf kleine Fragmente reduziert wurden. Viele der Tiere, die man wegen ihres Fells oder aus anderen Gründen verfolgte, haben mittlerweile in Reservaten und Nationalparks eine neue Heimat gefunden. Doch selbst das größte Reservat kann nur eine begrenzte Zahl großer, fleischfressender Carnivoren aufnehmen, von denen jeder sehr viel Platz benötigt, um sich genügend Beute sichern zu können. Männliche und weibliche Floridapumas zum Beispiel bewohnen Territorien von durchschnittlich 301 beziehungsweise 194 Quadratkilometern und erbeuten im Jahr 50 Tiere von der Größe eines Hirsches. In Florida gibt es jedoch kein einziges Wildnisgebiet mehr, das groß genug wäre, um eine lebensfähige Pumapopulation zu beherbergen. Die 30 noch lebenden Vertreter dieser Unterart des Pumas werden Berechnungen zufolge mit einer Wahrscheinlichkeit von 85 Prozent in den nächsten 25 Jahren aussterben. Infolge der Lebensraumzerstörung existieren Gipfelräuber heute generell nur noch in kleinen Populationen — und diese sind der Alptraum eines jeden Artenschützers.

Eine Gefahr für alle kleinen Populationen ist die Inzucht, die den Verlust der genetischen Variabilität zur Folge hat. Wenn sich zwei Tiere paaren, geben beide Allele an ihre Nachkommen weiter. Jeder Nachkomme erhält hierbei wahrscheinlich zwei verschiedene Allele eines Gens für jedes Merkmal, zum Beispiel für die Fellfärbung. Nahe Verwandte sind sich jedoch genetisch sehr ähnlich, und wenn sie sich paaren, könnte ihr Nachwuchs auch zwei identische Allele eines Gens für ein Merkmal erhalten. Das stellt kein Problem dar, solange die Allele intakt sind. Unglücklicherweise verändern sich solche Allele aber manchmal — sie mutieren — während des Kopiervorgangs, wenn sie von den Eltern an ihre Nachkommen weitergegeben werden. Gewöhnlich wird ein Nachkomme, der ein fehlerhaftes Allel von einem Elternteil erbt, vom anderen ein gesundes bekommen, und dieses wird die schlechten Auswirkungen der Mutation aufheben. Unter nahen Verwandten besteht jedoch das Risiko, daß beide Elternteile das gleiche fehlerhafte Allel besitzen und beide es an einige ihrer Nachkommen weitergeben, bei denen sich dann die Mutation bemerkbar macht. Darum sprechen Tierzüchter davon, »frisches Blut« in ihre Bestände einzubringen, um so zu versuchen, die Inzucht auf ein Minimum herabzusetzen.

Der Gepard scheint von Natur aus in gewisser Weise das Produkt einer Inzucht zu sein. Vor ungefähr 10 000 Jahren gab es fünf Gepardenarten, und diese kamen vermutlich weltweit vor. Dann starben vier Arten aus unbekannten Gründen aus. Der heutige Gepard wurde zahlenmäßig reduziert, überlebte zwar, wurde dann aber vor etwa 100 Jahren durch menschliche Jäger weiter dezimiert. Während dieser sogenannten »Flaschenhälse« der Population kam es wohl zu Inzucht unter den überlebenden Tieren. Dies könnte unter anderem erklären, warum die Gene verschiedener Geparde heute so erstaunlich uniform sind, insbesondere jene, die das Immunsystem kontrollieren. Wenn also ein Krankheitserreger die Abwehr eines Geparden überwinden würde, könnte er wohl den Großteil der Population auslöschen. Eine solche Abfolge von Ereignissen könnte auch beim Schwarzfußiltis aufgetreten sein, der nach seiner zahlenmäßigen Dezimierung an genetischer Vielfalt einbüßte und schließlich durch die Hundestaupe vernichtet wurde.

Auch andere Arten werden durch genetische Flaschenhäse gezwungen. Während die Löwen der Serengeti schon immer sehr zahlreich waren, stammen jene im Ngorongoro-Krater sämtlich von nur sechs bis 15 Überlebenden eines katastrophalen Angriffs von Stechfliegen im Jahre 1962 ab. Ähnlich verhält es sich mit den Löwen des Gir-Waldes in Nordindien, die Anfang dieses Jahrhunderts weniger als 20 Tiere zählten. Heute sind es insgesamt um die 250 Exemplare. Wie die Geparde sind die Löwen von Ngorongoro und Gir genetisch weitaus weniger variabel als ihre Artgenossen in der Serengeti. Außer einer erhöhten Anfälligkeit gegenüber Krankheiten hat dies wahrscheinlich noch andere weitreichende Auswirkungen. Die genetisch verarmten Geparde weisen 71 Prozent abnormaler Spermien auf im Vergleich zu 30 bis 40 Prozent bei den meisten anderen Katzen. Vier männliche Floridapumas hatten einen Anteil mißgebildeter Spermien von 94 Prozent. Die Löwen von Ngorongoro und Gir weisen weniger männliche Hormone, eine geringere Ejakulatmenge und mehr mißgebildete Spermien auf als die Löwen der Serengeti. In menschlicher Obhut lebende Schneeleoparden weisen genetisch besorgniserregende Ähnlichkeiten und ein hohes Maß verkrüppelter Spermien auf. Die hohe Jungensterblichkeit und die Infektionsanfälligkeit, die Geparde aufgrund von Inzucht erleiden, stehen vielen seltenen Carnivoren vielleicht kurz bevor.

Doch damit nicht genug: Weitere Gefahren bestehen für kleine Populationen. So wurde der Lebensraum der Grizzlybären zerstückelt, und so sind diese Tiere heute auf sechs Gebiete verstreut, die nicht über Korridore miteinander verbunden sind. Dies führte zu sechs Teilpopulationen mit jeweils weniger als 1000 Individuen. Ein einziges Feuer könnte ein Sechstel der Population auslöschen. Wenn alle der wenigen Weibchen in einem Gebiet in einem Jahr zufällig Söhne bekämen, würde die gesamte Teilpopulation dadurch aus dem Gleichgewicht gebracht. Artenschützer haben versucht zu berechnen, wie viele Bären nötig wären, um jeder Teilpopulation eine reelle Chance zu geben, eine solche Pechsträhne zu überleben. Die erste Schätzung ging von 50 Bären aus. Dann wurde auch das Risiko der Inzucht miteinbezogen, und schon stieg die Schätzung auf 70 bis 90 sich fortpflanzende Bären. Solche Berechnungen vertuschen viele Komplexitäten, tragen aber eine deutliche Botschaft: Viele Reservate sind vermutlich zu klein, um große Carnivoren vor Katastrophen zu schützen. Ähnlichen Berechnungen zufolge werden Populationen des Afrikanischen Wildhundes von weniger als 350 bis 500 Tieren — und dazu zählen die meisten Populationen — wahrscheinlich aussterben. Im Jahre 1991 litten die Populationen der Afrikanischen Wildhunde in den Grasländern der Serengeti und von Masai Mara sowie die Populationen der Abessinischen Füchse in der äthiopischen Hochebene beide unter einer Dezimierung durch Tollwut, die sich als irreparabel erweisen könnte.

Etwa 40 der 236 Carnivorenarten (oder 17 Prozent) sind vom Aussterben bedroht. Schließt man die kleineren Arten der Familien Mangusten, Schleichkatzen und Marderartige aus, dann steigt die Ziffer auf 33 Prozent. Fast alle großen Carnivoren sind in Schwierigkeiten, und wenn wir nicht bereit sind, auf ihre Bedürfnisse einzugehen, werden sie aussterben.

Die Geschichte der Carnivoren reicht mehr als 40 Millionen Jahre zurück. Die Zukunft dieser prachtvollen Tiere ist ungewiß, aber über einige Aspekte können wir mutmaßen. Löwen können mit ihrer beträchtlichen Körperkraft einen Kadaver fortschleppen, für den es zehn Männer brauchte, um ihn anzuheben. Aber diese Stärke vermag weder sie zu schützen, noch den Eisbär, noch irgendeinen anderen dieser unschuldigen Mörder, die heute nur noch in Reservaten oder unbewohnten Gebieten außerhalb der Reichweite des Menschen überleben können. Der Gepard, ein Denkmal für den planlosen Konstrukteur der Evolution, übertrifft seit Beginn der Zeitrechnung jedes Säugetier an Schnelligkeit, vermag aber nicht den Folgen seiner genetischen Uniformität zu entkommen. Andere zeigen Stärke im gemeinsamen Vorgehen mehrerer Individuen, etwa beim Teamwork eines Erdmännchentrupps, oder wenn aus einem wilden Haufen Afrikanischer Wildhunde eine kooperative Einheit wird. Und da ist auch noch die Charakterstärke, die sich in der Vielseitigkeit und Wendigkeit zeigt, mit welcher der Steinmarder Autos in Besitz nimmt und Rotfüche ohne Schwächung den Prozeß der Urbanisierung überleben. Diese Generalisten vermögen nach unseren Regeln zu spielen und gewinnen sogar dabei. Doch das wirklich Faszinierende an den Carnivoren ist ihre Individualität — jeweils geformt durch ihre Abstammung, ihre Ökologie und ihre Gesellschaftsform.

REGISTER

DAS BUCH DES LEBENS
Stephen Jay Gould (Hrsg.)

Der Bühnenaufbau begann bereits vor 4,6 Milliarden Jahren. Der Vorhang öffnete sich jedoch erst vor 600 Millionen Jahren für die Aufführung der Geschichte des Lebens mit einer schwindelerregenden Fülle von Akteuren: der abwechslungsreiche Auf- und Niedergang manchmal seltsamer Geschöpfe, von Bakterien und Vielfüßern über Schnecken, Panzerfische, Amphibien und Dinosaurier bis zu Vögeln und Menschen. Im *Buch des Lebens* gehen Stephen Jay Gould und sein Wissenschaftler-Team der Evolution auf den Grund.

„… Dies wird mit einer Fülle hervorragend aufbereiteten Faktenmaterials eingelöst – auf lehrreiche, nicht doktrinäre Weise und fast immer unterhaltsam."
(Dr. Bruno P. Kremer, Universität Köln, in *Spektrum der Wissenschaft* 6/1994)

„… Text und reiche Bebilderung ergänzen sich hervorragend … Für die entsprechenden Zielgruppen, seien es interessierte Laien oder Fachkollegen, ist das Buch ein echter Gewinn. …"
(M. Bertling in *Paläontologie aktuell*, Münster)

„… Ich kenne kein vergleichbares Buch, das derart viele Details kompetent vermittelt."
(Klaus Bock für den ekz-Informationsdienst Reutlingen)

256 Seiten, 200 Farbabbildungen

vgs verlagsgesellschaft Köln